고백록, 윤리를 말하다

『고백록』과 함께 읽는 아우구스티누스의 윤리

고백록,
윤리를 말하다

『고백록』과 함께 읽는 **아우구스티누스의 윤리**

존 F. 하비 지음
문시영 옮김

북코리아

CONTENTS

일러두기

- 영어원서에 적용된 각주 시스템의 번호는 그대로 유지하면서도 독자 여러분의 편의를 위해 각주들을 종합편으로 뒷부분에 모아두었다.

- 각주에 있던 『고백록』 인용문은 본문 안으로 올려 넣었으며 표기법은 영어원서를 따랐다. **예** (1, 1, 1) → 『고백록』 1권 1장 1문

- 영어원서에서 각주에 라틴어 원문으로 인용한 『고백록』의 문구들은 라틴-영어 대역판 중에서 W. Watts, *St. Augustine's Confessions* (Harvard University Press, 1968)을 중심으로 번역하였다. 한글 표현은 선한용, 『성 어거스틴의 고백록』(대한기독교서회, 1990)을 기준으로 삼았음을 밝혀둔다.

약어표

Conf., *Confessiones.*
Contra acad., *Contra Academicos.*
Contra advers. leg. et proph., *Contra Adversarium Legis et Prophetarum.*
Contra Ad., *Contra Faustum.*
Contra Faust., *Contra Adimantum.*
De civ. Dei, *De Civitate Dei.*
De doct. Christ., *De Doctrina Christiana.*
De dono persev., *De Dono Perseverantiae.*
De lib. arbi., *De Libero Arbitrio.*
De mus., *De Musica.*
De Trin., *De Trinitate.*
De vera rel., *De Vera Religione.*
Epist., *Epistula.*
Enar. in Ps., *Enarratio in Psalmum.*
Quaest. in Hept., *Quaestiones in Heptateuchum.*
Retract., *Retractationum libri Duo.*
Serm., *Sermo.*

이 책은

이 책은 아우구스티누스의 『고백록』에 담긴 윤리를 성찰하는 데 목적이 있다. 따라서 『고백록』에 대한 주해도 그렇고 아우구스티누스의 다른 저술들 역시 『고백록』의 윤리를 더 분명하게 설명하려는 목적에서 다루게 될 것이다. 더구나, 아우구스티누스의 윤리는 그의 문장에서만 아니라 그의 삶에서도 구현된 것이라는 점에서, 그 두 가지 모두에 유념해야 할 것이다.

아우구스티누스의 윤리에 대한 성찰에 앞서, 『고백록』의 본질, 목적 및 타당성과 원천에 관련된 배경지식을 간략하게나마 설명할 필요가 있어 보인다. 단어에 담긴 이중적 의미 그대로, 『고백록』은 아우구스티누스에게 베풀어주신 하나님의 풍성한 섭리에 대한 찬양과 감사의 기도문이기도 하고, 세례 받기 이전의 방황과 죄를 겸허하게 고백하는 글이기도 하다.[1] 『고백록』 전체에 하나님 중심의 분위기가 흐르고 있다는 점에서, 이 책을 단순한 자서전이라고는 할 수 없다. 자신의 과거에 대한 회상에서도, 아우구스티누스는 스스로에게 몰입하기보다는 객관적인 관점을 유지하고자 애쓴다.[2]

또한, 『고백록』의 인간에 대한 성찰에서도 하나님과의 관계를 염

7

두에 두고 신 중심적 관점을 이어가고 있으며, 인간의 행복은 최고선이자 모든 도덕적 선의 원천이신 하나님을 향한 경배와 하나님께 대한 지식을 떠나서는 불가능하다는 점을 지속적으로 강조한다.[3]

『고백록』을 집필할 때, 아우구스티누스에게는 몇 가지 목적이 있었다. 무엇보다도, 자신을 깊은 죄악으로부터 건져내시고 하나님께 나아오게 하신 긍휼을 찬양하며 감사드리고자 했다. 또한 하나님 은혜가 자신의 삶을 어떻게 변화시켰는지 보여주고 싶었다. 말하자면, 자신의 내러티브를 통해 독자들로 하여금 아우구스티누스 자신에게 엄청난 선을 베풀어주신 하나님을 묵상하게 함으로써 그들의 마음을 고양시키고 싶었던 셈이다. 특별히, 자신의 이야기가 과거의 자신과 같은 처지에 있는 자들에게 습관화된 죄악의 사슬을 끊어내도록 격려하는 메시지가 되기를 기대하는 마음으로 집필했던 것이라 하겠다.[4]

말하자면, 아우구스티누스는 자신에 대한 진실을 밝혀줌으로써 자신에 과거를 둘러싼 과장된 해석들을 바로잡아주고 그가 하나님에게서만 얻을 수 있었던 행복을 사람들이 깨달을 수 있기를 바랐던 셈이다. 자신이 겪은 진실과 진리가 모든 사람들로 하여금 하나님을 찬양하도록 이끌어줄 수 있으리라 생각한 것이다.[5] 이렇게 보면, 『고백록』의 집필목적 자체에 그 정당성이 이미 내포되어 있었다고 하겠다.

알파릭(P. Alfaric)을 비롯한 일부 해석가들은 아우구스티누스가 은혜의 치유능력을 드러내기 위해 16세 때의 죄를 과장했다고 주장하면서 『고백록』의 정당성을 의심하기도 한다. 이에 대해, 보이어(C. Boyer)는 『고백록』의 정당성을 입증하고자 했다. 보이어의 논증에는 세 가지 요점이 있다. ① 아우구스티누스의 고백이 하나님께 대한 것이요,

하나님이야말로 아우구스티누스의 기억을 그에 해당하는 사건들과 연관 지어 주시는 증인이시라는 관점들이 많다는 점, ② 구체적인 사실들이 양심적으로 정확하게 들어맞는다는 점, 그리고 ③ 아우구스티누스의 내러티브가 종교적 논조를 지니고 있다는 점, 이 세 가지이다.[6]

　이러한 입장에서, 보이어는 아우구스티누스가 자신의 경험들에서 하나님의 은혜를 설명하려는 목적으로 특정한 사건들을 선택했다고 해서『고백록』의 정당성에 문제가 되는 것은 아니라고 주장한다. 아우구스티누스가 선택하여 내러티브로 전해준 일들이 다른 사람들에게는 의미가 없어 보일지 몰라도, 그 자신이 보기에 중요하다고 생각한 것들을 선택했다는 해석인 셈이다. 예를 들어, 영아기의 질투심이나 배서리 사건 등은 아우구스티누스가 보기에 인간의 원죄와 의지의 타락에 대한 설명으로 확장시킬 여지가 있는 사건들이었다.[7] 그 밖에, 회심 이후『고백록』을 쓰기까지의 기간에 많은 일들을 잊고 있었을 것이라는 반론도 있다. 하지만 보이어가 보기에, 아우구스티누스가 의미 있는 일들을 망각할 정도로 긴 시간은 아니었다(아마도 12년을 넘지는 않았을 것이다).[8]

　『고백록』의 정당성에 대한 그 밖의 논의들은 아우구스티누스의 다른 저작과 관련하여 조금 더 살펴볼 수 있겠지만, 특히 아우구스티누스 자신이『재론』(Retractiones)에서 했던 말을 기억할 필요가 있다. 이 책에서 그는『고백록』이 너무도 방대한 순환구조를 지니고 있음을 시인하고 몇 가지 소소한 교정사항들을 언급했다. 또한,『재론』이전의 다른 두 권의 책에서 아우구스티누스는『고백록』이 자신에 대한 진솔한 자화상이라고 말하기도 했다.[9] 요컨대, 저술의 본성상, 저자의 진정성에 비추어볼 때, 그리고 『고백록』 이후의 책들에 나타난 관점들을 미루어볼 때, 『고백록』의 정당성은 충분해 보인다. 대부분의 비평가들 역시 이 점을 인정하고 있다.[10]

우리가 관심을 가져야 할 또 다른 대목은 『고백록』의 출처이다. 『고백록』에는 성경인용문과 암시가 무척이나 많다. 이는 신구약 50권 이상의 책들에서 인용된 것으로서, 특히 다윗의 시편과 바울서신은 아우구스티누스가 가장 좋아한 성경이었다.[11] 성경의 강력한 영향에 더하여, 『고백록』에는 신플라톤주의 철학의 흔적들이 나타난다. 이에 대해서는 간략하게라도 살펴볼 필요가 있다.

특히, 플로티누스의 영향이 두드러진다. 『고백록』에서 아우구스티누스는 '플라톤주의자들의 글'에 대해 말한다.(7, 9, 13) 스위탈스키(B. Switalski)는 『고백록』에 영향을 주었던 플로티누스의 책은 다름 아닌 『엔네아데스』(*Enneades*)라고 주장한다.[12] 보이어, 스위탈스키, 그리고 앙리(P. Henry) 등의 연구를 보면 이 책의 영향이 어느 정도였는지를 알 수 있다.

보이어에 따르면, 플로티누스의 이 책은 『고백록』에 대략 다음과 같은 영향을 주었다. ① 이 책은 아우구스티누스에게 하나님을 영적 존재로 생각할 수 있도록 이끌어주었다. 하나님이 진리 자체이시라는 관점은 아우구스티누스가 지니고 있었던 물질주의적 신관념을 떨쳐버릴 수 있게 해주었다. ② 진리에 대한 이러한 관념은 진리가 창조능력을 지니고 있음을 깨닫게 해주었다. 만물은 진리를 통해 지음받았다는 생각이다. ③ 또한 이 책은 진리가 인간의 영혼을 조명해줄 것이며 진리를 소유하면 행복해질 수 있다는 생각을 갖게 해주었다. ④ 이 책은 진리를 얻기 위해 영혼이 정화되어야 함을 일깨워주었다.

세상의 것들에 대한 관심들에서 벗어나야만 한다는 점을 깨닫게 해주었다는 것이다. 요컨대, 『엔네아데스』는 아우구스티누스를 물질주의적 관념에서 벗어날 수 있게 해주었고, 영혼의 상승을 자극해준 셈이다. 하지만, 보이어가 보기에 이 책은 아우구스티누스의 윤리에는 영향을 주지 못했다.[13]

보이어에 따르면, 『엔네아데스』에 대한 아우구스티누스의 관점에 결정적인 영향을 준 것은 신앙이었다. 아우구스티누스는 웅변형식을 빌려, 자신이 이집트 사람들에게서 얻은 것은 진리라는 황금뿐이라고 말한다. 그리고 진리가 하나님께로부터 온다는 것을 깨닫는 것으로 족하며 그 황금으로 우상을 만들어 숭배해서는 안 된다고 했다. 그들의 사상에 내재된 다신론은 거부하면서도 그들의 진리론이 기독교의 진리론에 근접한 것이라는 점에 대해서는 긍정한 셈이다.

아우구스티누스의 관점을 기초로, 보이어는 플로티누스의 영향에 대해 이렇게 결론을 짓는다. ① 비록 아우구스티누스에 대한 신플라톤주의의 영향이 지대하기는 했지만, 기독교의 주도적인 영향에 종속되는 것이었으며, ② 아우구스티누스가 기독교의 영향을 받지 않은 상태에서 신플라톤주의자가 되었다거나 신플라톤주의가 아우구스티누스의 신앙에 영향을 주었으리라는 등등의 일반적인 관점들은 근거가 희박하다. 『엔네아데스』보다는 바울서신, 그리고 하나님 은혜의 내적 작용이 아우구스티누스에게 더 큰 영향을 주었다는 해석이다.[14]

스위탈스키는 아우구스티누스가 『고백록』의 매우 중요한 부분들에서 『엔네아데스』를 인용하기는 했지만, 문자적인 의미에 지나지 않으며, 플로티누스의 문학구조를 활용한 부분 역시 이와 다르지 않다고 말한다. 8권 8장 19문의 첫 구절에서, 그 어떤 형식의 물체적 운동으로도 하나님께 도달할 수 없다고 말한 부분은 『엔네아데스』의 첫 문장과 유사한 구조를 지닌다. 아우구스티누스가 플로티누스의 문체와 사상을 모방하여 하나님은 오직 의지의 작용을 통해서만 소유할 수 있다는 점을 선언했다는 것이다.[15]

또한, 스위탈스키는 플로티누스가 아우구스티누스로 하여금 죄와 악에 대한 바른 개념을 가질 수 있도록 도와주었지만, 아우구스티누스가 신플라톤주의 철학을 맹목적으로 답습한 것은 아니었다는 점을 지적한다. 회심 이전에도, 아우구스티누스는 『엔네아데스』에서 기독교의 계시에 어긋나지 않는 개념들만을 선택하여 사용했다는 것이다. 말하자면, 아우구스티누스가 플로티누스의 철학과 기독교 사상 및 윤리를 조화시켰다는 해석인 셈이다.[16]

이에 대해, 앙리는 아우구스티누스가 플로티누스의 것을 자신의 사상으로 수용하기 이전에 근본적으로 변형시킨 것이라고 해석한다. 『엔네아데스』가 철학자들의 신을 말했다면, 아우구스티누스는 신을 초자연적 계시의 살아계신 하나님으로 소개했다는 것이다. 그리고 『엔네아데스』에 교만이 두드러지게 나타나는 것과는 대조적으로 『고백록』에서는 겸손이 강조된다는 점도 지적할 수 있겠다.[17]

『고백록』이 지닌 또 다른 차별성, 분명한 형태로 드러나는 것은 아니어도 윤리를 말하고 있다는 점이다. 아우구스티누스는 특정한 사건을 설명한 후에, 그 사건에서 윤리적 교훈을 도출해낸다. 때로는 좀 더 광범위하게 적용될 수 있는 윤리원칙을 다루기도 한다. 사소한 일에 대한 분석에서조차, 아우구스티누스는 그 일의 근본동기가 다른 죄악들과 얼마나 공통적인 것인가를 설명해낸다. 배서리 사건의 배후에 있는 동기를 설명해내는 방식과 알리피우스의 죄를 예로 들어 그의 경솔함을 묘사한 부분 등은 이러한 윤리적 교훈을 구체적으로 보여준 예라고 하겠다.[18]

물론, 『고백록』이 아우구스티누스 윤리의 완전성 혹은 완성도를 보여주려는 목적에서 집필된 것은 아니다. 하지만 윤리적 교훈을 주된 목적으로 삼은 것은 아니라 해도, 우리는 『고백록』에서 아우구스티누스가 윤리를 실천적으로 적용하고 있다는 점을 분명하게 알 수 있다.

필자로서는, 이제껏 대부분의 연구자들이 『고백록』의 역동성에 집중한 나머지 너무 소홀히 다루었던 윤리 문제를 다루는 책을 펴낼 수 있다는 것 자체가 무척이나 다행스러운 일이라 생각된다. 이 책의 논지는 다음과 같이 요약될 수 있겠다.

『고백록』 첫 장에서 아우구스티누스는 하나님만이 인간을 만족시키는 목적이 되신다고 선언한다. 인간의 모든 행위는 그 진정한 완성을 향하는 것이어야 하며, 그렇지 못할 경우 좌절에 이르게 될 것이다. 이러한 논의구조에 맞추어, 필자는 1장에서 무수히 반복적으로 선언되어 온 주제, 즉 인간의 목적으로서의 하나님에 대해 성찰하고자 한다.

인간이 목적에 관한 성찰은 그것을 얻기 위해 어떻게 해야 하는가 하는 질문으로 연결된다. 이러한 뜻에서, 2장은 하나님께 이르는 길을 다룬다. 이와 관련된 『고백록』의 교훈들을 요약하자면, 율법, 양심, 기도, 그리고 다양한 덕목들이 하나님과 행복에 이르는 길이다.

길을 따라 가노라면, 장애물을 만나게 마련이다. 하나님께 나아가는 길 역시 예외는 아니다. 3장에서는 이 문제, 즉 하늘에 이르는 길에 만나는 장애요소들을 다루고자 한다. 여기에는 무지, 음욕, 의지의 분열, 나쁜 습관, 타락한 교육관행, 그리고 모든 종류의 죄들이 포함된다. 아마도 분량상으로 가장 길 듯싶다. 『고백록』의 윤리 대부분이 완성을 향한 길에 마주치게 되는 도덕적 장애요소들을 다루는 것이기 때문이다.

아우구스티누스는 이러한 부정적 요소들의 분석을 통해 다양한 해법을 구체적으로 제시한다. 성경 읽기, 모범이 되는 선한 모임, 겸손, 그리고 불경건의 습관을 이기도록 하시는 하나님 은혜의 작용이 그것이다. 이러한 뜻에서 4장은 장애요소의 치유책을 다루게 된다. 마지막으로, 『고백록』이 무척이나 중요한 윤리적 의의를 지닌다는 점을 강조하고 싶었다. 결론부에서 필자가 말하고 싶었던 것이 바로 이것이다.

1) J. Mausbach, *Die Ethik des heiligen Augustinus* (2. ed. Freiburg, 1929) 1.8-9., A. Vega, *Obras de San Agustin* (Bibliotheca de autores cristianos, Madrid, La Editorial Catolica, S.A., 1946), 301.

2) J. Campbell and M. McGuire, *The Confessions of St. Augustine* (New York: Prentice-Hall, 1936), 16-17; E. Pusey, *The Confessions of St. Augustine* (Oxford, 1838. reprinted by Dutton, 1936), Preface, 15-28.

3) B. Switalski, *Plotinus and the Ethics of St. Augustine* (Chicago: Capital Press, 1946). 40.

4) 2, 3, 5., 10, 3-4, 4-6.

5) *Epistula*, 231, 6.

6) Pr. Alfaric, *L'évolution intellectuelle de saint Augustine* (Paris, Nourry, 1918). 이와 반대되는 입장에서 저술한 책으로, Boyer, *Christianisme et Neo-Platonisme dans la formation de saint Augustine* (Paris, Beauchesne, 1920)을 참고할 수 있겠다.

7) Boyer, *Christianisme et Néo-Platonisme dans la formation de saint Augustine* (Paris, Beauchesne, 1920), 12.

8) A. Vega, *Obras de San Agustin* (Bibliotheca de autores cristianos, Madrid, La Editorial Catolica, S.A., 1946), 302. 이 책에서 그는 de Labriolle, Les Confessions de saint Augustin (Paris, Societe d'Edition, 1925)의 견해를 따르고 있다.

9) *Retractiones*, 2, 6.

10) C. Boyer, *op. cit.*, 137-140, 192-193; Campbell and McGuire, *op. cit.*, 55.

11) P. Konell, *Confessionem* (Teubner, Leibzig, 1898), 334-345.

12) B. Switalski, *op. cit.*, 82.

13) C. Boyer, *op. cit.*, 79-102.

14) *Ibid.*, 131.

15) 이 책의 3장을 참고하라.

16) Switalski, *op. cit.*, 87-96.

17) P. Henry, *Plotin et L'occident* (Louvain, 1934), 104-116.

18) 6, 8-9, 13-14.

I

인간의 목적이자 행복이신
하나님

행복한 삶이란 당신을 즐거워하고 당신께 나아가며 당신 때문에 기뻐하는 것, 바로 그것입니다. 그것 말고 다른 길은 없습니다.(Et ipsa est beata vita, gaudere de te, ad te, propter te: ipsa est, et non est altera.)(10, 22, 32)[1]

하나님은 행복을 향한 인간의 바람을 완전히 충족시키신다. 『고백록』은 이 진리를 무척이나 풍요로운 표현으로 수없이 반복한다. 이러한 이유로, 『고백록』 첫 장은 하나님 안에 쉬기까지는 인간의 마음이 쉼을 얻을 수 없다고 고백한다. 이는 아우구스티누스가 책을 통해 배운 것이 아니라 오랜 세월을 허비한 끝에 깨달은 것이었다.

낭신께서 우리를 지으실 때, 당신을 향하여 살도록 창조하셨으므로 당신 안에서 쉴 때까지는 우리 마음이 쉴 수 없기 때문입니다.(1, 1, 1)[2]

아우구스티누스는 자신의 여러 쓰라린 경험 끝에, 피조물들을 통해서는 행복에 이를 수 없음을 깨달았다.

하나님, 당신께서는 영존하시는 아름다움이시며 전혀 새로운 아름다움이십니다. 나는 당신을 너무 늦게 사랑하게 되었습니다. 당신께서는 내 안에 계셨지만 나는 밖으로 나가서 당신을 찾아 헤맸습니다. 나는 추악해졌고 이내 당신께서 아름답게 창조하신 피조물 속으로 타락해버리고 말았습니다. 당신께서는 나와 함께 계셨습니다. 하지만 나는 당신과 함께 있지 못했습니다. 피조물들의 아름다움에 매료되어 나는 당신에게서 멀리 떠나버리고 말았습니다. 하지만 피조물의 아름다움도 당신 안에 있는 것이 아니라면 존재하는 것 자체가 불가합니다. … 당신께서 내게 손을 대어 주신 이후로 나는 당신의 평화가 더욱 간절해지고 있습니다.(10, 27, 38)[3]

아우구스티누스의 이러한 인격적이고 내성법적인 관점은 인간 영혼에 대한 체험적 지식에서 나온 것이었다. 그는 진리를 추구하는 자라면 누구라도 자신의 결론에 동의할 수 있으리라 생각했다. 그가 말한 행복은 추상적인 것이 아니었다. 그는 구체적인 것으로서의 행복한 삶에 대해 고심했다. 아우구스티누스는 행복한 삶이야말로 모든 인간이 욕구하며 모두가 바라는 것이라고 보았다.

모두가 행복을 원하고 있지 않습니까? 행복하게 살고 싶지 않은 사람이 어디 있겠습니까?(10, 20, 29)[4]

근본적으로, 행복한 삶이란 진리를 소유할 때 이루어진다. 진리를 완전히 소유하는 것이란 곧 하나님을 소유하는 것이기 때문이다.

행복한 삶이란 진리 안에서 기뻐하는 것입니다. 말하자면, 나의 빛이시며 진리이신 당신을 기뻐하는 것입니다. … 모두가 이러한 행복한 삶을 추구합니다. … 모두가 진리 안에서 기뻐하고 싶어 합니다. 남 속이기를 즐겨하는 사람들이 많지만, 정작 자신은 속아 넘어가기를 원하지 않습니다.(10, 23, 23)[5]

이러한 행복한 삶은 진리이신 하나님을 알 때 비로소 가능하다.[6] 하나님을 인간의 지성이 바라는 진리라고 보는 관점은 자연스럽게 하나님에 대한 지식과 피조물에 대한 지식을 비교하는 과정으로 이어진다. 피조물에 대해서는 박식하면서도 하나님을 알지 못하는 사람은 비참한 존재이다. 반면에 하나님을 아는 사람은 비록 피조물에 대해 아는 것이 없다 해도 행복할 수 있다. 피조물에 대한 지식이 무의미하다는 것이 아니다. 하나님에 대한 지식에는 마침내 인간을 행복에 이르게 하는 하나님의 영화로우심이 수반되기 때문이다.[7]

아우구스티누스는 하늘의 기쁨이란 하나님의 지혜를 마음껏 마시는 것과도 같다고 말한다. 아우구스티누스는 살아생전에 지혜를 구하다 별세한 친구 네브리디우스(Nebridius)가 이제는 하늘에서 하나님의 지혜의 샘에서 진리에 대한 목마름을 기쁨으로 해갈하고 있으리라고 생각하기도 한다.

> 그는 이제 아브라함의 품에 거하고 있습니다. … 그는 자신이 지금 거하고 있는 그곳에 대해 이 미련하고 불쌍한 자에게 자주 질문하곤 했습니다. 그는 내 대답을 들을 필요도 없이 당신의 샘에서 지혜를 실컷 마실 수 있습니다. 그는 영원히 행복할 것입니다.(9, 3, 6)[8]

그러나 아우구스티누스의 행복 개념은 지적인 것에 그치지 않는다. 그는 인간의 의지를 자신에게로 이끌어 가시는 하나님 안에서 인간의 의지가 진정한 평화를 누리게 된다고 말하기도 한다.

> 당신께서 선물로 주신 성령 안에서 우리가 쉼을 얻을 수 있으며 성령 안에서만 당신을 향유할 수 있을 것이기 때문입니다. 당신께서 주신 선물이 우리의 쉼이며, 우리가 마땅히 있어야 할 곳에 있을 때

비로소 쉼을 얻게 됩니다. 사랑은 우리가 마땅히 있어야 할 그곳을 우리를 끌어올려줍니다.(13, 9, 10)[9]

이 점을 설명하기 위해, 아우구스티누스는 아름다운 비유 하나를 소개한다. 창조의 요소들은 우주에서 각각의 고유한 지위를 추구하면서 일정한 패턴을 따르게 마련이다. 불은 위로 오르고, 돌은 아래로 향한다. 물에 쏟아진 기름은 물 위로 떠오르고, 기름에 물을 부으면 아래로 가라앉는다. 각각의 피조물은 특정한 방향으로 끌어당기는 경향성을 지닌다. 아우구스티누스는 이것을 무게라고 부르고, 인간의 무게는 사랑이라고 말한다.

사랑의 무게를 따라 인간의 영혼은 하나님 안에서 그 고유한 자리를 찾아 움직인다. 더구나, 하나님을 향한 움직임에서 영혼은 하나님의 사랑이라는 선물에 의해 불타오르게 되고 성령의 주입하심으로 (infused by the Holy Spirit) 힘을 얻게 된다. 그 결과 영혼은 하늘의 예루살렘을 향하게 되고 그곳에서 완전한 만족을 누리면서 영원히 그곳에 살기를 바라는 것 외에 다른 무엇도 원하지 않는 단계에 이를 수 있다.

물체는 그 무게를 따라 자리를 찾아 움직입니다. 무게란 밑으로만 내려가게 하는 것이 아니라, 제자리를 찾게 해줍니다. 예를 들어, 돌은 밑으로 떨어지고, 불은 위로 타오릅니다. 이처럼 각각 자기의 무게를 따라 자리를 찾아 움직입니다. 물에 기름을 부으면 위로 올라오고, 기름에 물을 부으면 밑으로 내려갑니다. 이처럼, 모든 것은 무게를 따라 자리를 찾아 움직입니다. 그 각각이 자리를 벗어나면 불안정해지며, 자리를 찾아 다시 돌아가게 되면 안정을 얻게 됩니다. 내게 있어서는 사랑이 내 무게입니다. 어디로 움직이든지, 나는 사랑이 이끄는 대로 움직이게 됩니다. 당신의 성령으로 인해 우리의 사랑은 불붙어 위로 올라갑니다. … 우리 영혼이 당신의 선한 불에 타오르며 진보를 보이게 되는 것은 우리가 '예루살렘의 평안'(시 122:6)을 향하여 위로 올라가기 때문입니다.(13, 9, 10)**10**

이처럼, 숭고한 인간의 목적에 관한 사유에서 아우구스티누스는 이교도 철학자들을 훨씬 더 넘어선다. 이교도 철학자들은 인간의 영혼이 하늘을 향하여 나아가는 여정에서 인간의 의지를 불붙게 하시는 하나님의 사랑 자체를 알지 못한다. (이 책 후반부에서 초자연적 요소들에 대해 다루게 될 것이다.)**11**

행복의 대상이 지닌 특질에 대한 성찰에서, 아우구스티누스는 하나님의 불변성을 강조하면서 피조물의 한시적 본성들과 대비시킨다.

당신 이외의 모든 것에 대해 성찰해보았습니다. 그 결과, 모든 것은 절대적 존재도 아니고 절대적 무(無)도 아님을 깨달았습니다. 모든 것이 존재하게 되는 것은 오직 당신을 통해서입니다. 그것들은 당신 아니면 존재할 수 없습니다. 진정으로 존재하는 것이 되려면 불변하는 존재이어야만 합니다.(7, 11, 17)**12**

아우구스티누스는 『고백록』 여러 곳에서 이러한 논지를 반복하고 있다. 창조주의 특성은 피조물의 특성과 대비된다. 하나님은 불변하시고, 필연적이시며, 영원하시고, 존재로 충만하신 분이시다. 반면에 피조물은 가변적이고, 우연적이며, 죽게 되어 있는 것들이며, 그들의 존재 그 자체를 하나님께 의존하고 있다.

> 당신께서는 변하지 않으면서도 모든 것을 변화시키십니다.(1, 4, 4)
> … 오, 내 주여, 헤아려 주옵소서. 불변하시는 당신께서 헤아려 주옵
> 소서.(4, 16, 29) … 나는 이제 당신께서 존재하신다는 것, 당신께서는
> 무한하신 분이시기 때문에 유한 혹은 무한의 공간을 차지하는 분이
> 아니시라는 것, 그리고 당신은 항상 동일하신 분이시기에 변하시지
> 않는 분이라는 점을 확실히 깨닫게 되었습니다. 또한 모든 것이 존재
> 하고 있다는 사실만으로도 그것들이 당신으로부터 왔다는 점을 증
> 명할 수 있음을 확실하게 알게 되었습니다.(7, 20, 26) … 당신은 항상
> 존재하시는 분이십니다.(7, 21, 27)[13]

아우구스티누스는 학생 시절 절친한 친구의 죽음을 경험하면서,
피조물이란 가변적인 것이라는 점을 확실하게 깨달았다. 자신의 슬
픈 경험담을 이야기하면서, 아우구스티누스는 피조물이란 영속적인
존재일 수 없다는 점을 분명하게 말한다. 피조물들이 영혼을 행복하
게 하기에 적합하지 못하다는 이유가 바로 이것이다. 인간의 영혼은
피조물들에게서 벗어나 하나님께 붙어 있어야 하며, 하나님 안에서
비로소 쉼과 평화를 누리게 될 것이다.

> 우리의 영혼이 당신께 향하지 않는다면 비참해지고 말 것입니다.
> 당신 밖에 있는, 나 자신 밖에 있는 아름다움을 추구하는 경우에도
> 마찬가지입니다. 당신께로부터 유래하지 않는 아름다움이란 존재조
> 차 할 수 없기 때문입니다. 세상의 아름다움이란 있다가 사라져버립

니다. 그것들은 존재의 시작이 있고 성숙의 단계에 이르기 위한 성장 과정을 겪으며, 마침내 노쇠해지고 소멸되어 버립니다. … 이것이 존재의 법칙이겠지요.(4, 10, 15)[14]

인간의 영혼이 하나님에게서 만족을 누릴 수 있는 이유가 있다. 하나님을 소유하게 되면 다른 모든 기쁨들이 완성되며 심지어 기쁨들 자체도 초월하게 되기 때문이다. 이것을 표현해주는 『고백록』의 아름다운 문구가 있다. 다음과 같은 질문형식의 문구가 그것이다.

내가 당신을 사랑한다고 고백할 때, 내가 사랑하는 것은 무엇인가요?(10, 6, 8)[15]

아우구스티누스에 따르면, 그가 하나님을 사랑한다고 말할 때 그 사랑의 대상이란 매혹적인 감각적 아름다움이 아니다.

그것은 물체의 아름다움도 아니요, 시구(詩句)의 아름다움도 아니며, 눈을 즐겁게 해주는 밝은 빛도 아니요, 노래들의 고운 소리도 아니며, 꽃, 기름, 향료에서 나는 향기도 아니요, 만나와 꿀도 아니며, 사랑하는 마음으로 포용할 때 느끼는 육체의 포근함도 아닙니다. 내가 하나님을 사랑한다고 말할 때 내가 사랑하는 것은 이런 것들이 아닙니다.(10, 6, 8)[16]

그러면서도 아우구스티누스는 그 사랑에 빛과 음성, 향기, 맛, 그리고 포근함이 포함된다고 말한다.

어떻게 보면, 내가 하나님을 사랑한다고 말할 때 특정한 빛, 소리, 향기, 음식, 포근함을 사랑하고 있는 것이기도 합니다.(10, 6, 8)[17]

아우구스티누스는 사랑의 대상이 그 어떤 공간에 의해서도 감춰질 수 없는 빛이요, 영원한 음성이며 향기로운 냄새이자, 먹어도 없어지지 않는 자양분이요, 결코 지겨워지지 않는 포근함이라고 한다. 그 사랑의 대상은 창조되지 않은 아름다움이요 예전이나 지금이나 여전한 아름다움이다.[18]

이러한 설명을 통해 아우구스티누스는 창조된 것들의 다양한 아름다움을 넘어서 창조되지 않은 아름다움에 이른다. 아우구스티누스는 창조된 아름다움을 경멸하라고 말하지 않았다. 우리는 창조된 아름다움을 보고 하나님을 찬양해야 하겠지만, 창조된 아름다움에 끌려다니는 노예가 되어서는 안 될 것이다. 그렇게 되면, 피조물들의 매력이 인간의 영혼을 방해하여 피조물에 지나지 않는 그것들이 영원히 남아 있기를 바라는 허황된 바람으로 이어지고 말 것이기 때문이다. 아우구스티누스가 제안하는 요점은 피조된 것들로부터 눈을 돌려 하나님 안에서 행복을 찾으라는 것이다.[19]

영혼을 행복하게 해줄 말씀의 영속적인 선하심과 그 능력에 대한 성찰을 통해, 아우구스티누스는 하나의 실천적 행동지침을 제시한다. 육체의 욕망이 자신을 지배하게 버려두지 말고 육체적 욕망을 다스리라고 말이다.

내 영혼아, 왜 그리도 어긋나서 네 육체에 휘둘리느냐? 네 육체가 너를 따르게 해야 한다.(4, 11, 17)[20]

감각적 쾌락의 본성들을 설명하면서, 아우구스티누스는 이 쾌락들이 영혼을 만족시키기에 얼마나 불충분한 것인지를 입증해 보인다. 쾌락에는 두 가지 측면에서 한계가 있다. 한시적인 것들이요, 인간의 일부를 만족시킬 뿐 인간의 전체를 만족시킬 수 없다는 점에서 말이다. 감각적인 것들 및 그 쾌락들을 창조하신 하나님을 추구해야만 한다. 그렇게 함으로써, 인간의 특정 부분만 만족시키는 것보다 전체를 만족시키며 시간과 연속의 양태를 따라서가 아니라 단번에 완전하게 만족을 구하는 것이 훨씬 더 낫다. 하나님을 소유하는 것은 이들 부분적 쾌락 모두를 넘어서는 것에 해당한다.

네가 육체의 감각을 통해 알 수 있는 것은 부분적인 것에 지나지 않는다. 전체를 알지 못하고 있다. 물론 부분적인 것들이 어느 정도는 너를 즐겁게 해줄 수 있다. 하지만 육체의 감각이 벌을 받은 탓에 전체의 한 부분만 알도록 제한받은 상태에 있지 않고, 전체를 알 수 있는 능력이 보존되어 있었더라면, 너는 전체를 즐기려는 마음에서 현재 드러난 부분적인 것들이 지나가 주기를 바랄 것이다. 말을 할 때 육체의 감각으로 그 말을 듣는 과정에서 말의 음절이 계속 머물러 있기를 원치 않고 다음 음절이 따라와서 전체의 문장을 다 들을 수 있게 되기를 원하는 것과도 같은 이치이다. 존재에 있어서도 마찬가지이다. 부분적인 존재들이 동시에 존재하고 있으며 그 모든 부분들이 모아지면 전체를 이루게 된다. 전체를 동시에 파악하는 것이 부분들 각각을 아는 것보다 더 큰 즐거움을 준다. 하지만 모든 것을 만드신 그분은 모든 것보다 더욱 선하고 위대하시다. 그분이 바로 우리 하나님이시다. 그 어떤 존재도 그분을 밀쳐내고 나타날 수 없기 때문

에 그분은 과거로 밀려 나가시지 않으시는 분이시다.(4, 11, 17)²¹

감각적 쾌락으로는 행복에 이를 수 없다는 아우구스티누스의 성찰은 그 삶의 겪은 쓰라린 경험을 통해 검증된 것이었다. 어쩌면, 이 점이야말로 경험적 발견을 강조하는 현대인에게 호소력이 있는 것일지도 모르겠다. 아우구스티누스의 성찰에는 설득력이 넘쳐난다. 그 자신이 육체적 쾌락 없이는 살 수 없을지 모른다는 두려움을 겪어봤던 사람이기 때문이다. 사실, 이 두려움이 그의 회심을 지체시킨 원인이었다.

여전히 나는 땅에 속해 있었습니다. 그래서 당신의 병사가 되고 싶지 않았습니다.(8, 5, 11) ⋯ 잠자는 자여 깨어서 죽은 자들 가운데서 일어나라. 그리스도께서 네게 빛을 비추시리라(엡 5:14)는 당신의 음성이 있지만, 나는 대답하지 못했습니다. 당신은 여러 가지로 당신께서 말씀하신 것이 진리라는 점을 내게 증명해 보여주셨습니다. 하지만 나는 그 진리를 확신하면서도 '조금 더, 조금만 더, 좀 더 잘 수 있게 두세요.' 하며 말할 뿐이었습니다.(8, 5, 12)²²

하지만 회심 이후에, 아우구스티누스는 하나님께 대한 사랑을 새롭게 발견한다. 그는 그 사랑에서 지극한 기쁨을 누렸다. 하나님은 그의 영혼에서 감각적 쾌락을 뽑아내 버리셨고 바로 그 자리에 들어오셨다.

진리이시며 선하신 당신께서 내게서 그것들을 뽑아내 버리시고 그 자리에 친히 들어와 주셨기 때문입니다. 당신은 모든 쾌락보다 더 감미로우시지만 이는 혈육이 주는 감미로움이 아닙니다. 당신은 모든 빛보다 더 밝으시지만 내 마음 깊은 곳보다 더 깊이 계십니다. 당신은 모든 존귀에 뛰어난 존귀를 받으실 분이시지만 자기를 높이는 자들은 이를 알 수가 없습니다.(9, 1, 1)[23]

그 후, 아우구스티누스는 하나님을 소유하는 것이야말로 모든 감각적 쾌락보다 더 감미로우며, 땅 위의 그 어떤 빛보다 더 밝은 빛이라는 사실을 체험하게 된다. 육체적 쾌락의 방식이 아니라, 초월적 방식으로 말이다.

이처럼, 『고백록』은 인간에게 기쁨을 주시는 진리로서의 하나님, 인간의 의지와 영혼을 만족시키시는 선으로서의 하나님을 소개해주는 책이다. 하나님은 인간의 모든 열망을 초월적으로 만족시키신다. 『고백록』은 인간이 죄 지은 존재임에도, 하나님에게서만 찾을 수 있는 행복을 추구하는 존재라는 사실 또한 깨닫게 한다. 인간은 오직 하나님에게서만 완성될 수 있는 대상을 추구하고 있다는 사실을 놓쳐서는 안 될 것이다.[24]

예를 들어, 교만은 위대함을 추구하며, 잔학함은 권력을, 나태함은 편안함을 추구하고 감각적인 것들은 관능적인 쾌락을 추구한다. 모두가 지속적이며 순수하고 완전한 가치들을 추구하지만, 이러한 만족은 오직 하나님 안에서만 가능하다. 하나님의 선하심만이 영혼을 만족시키기에, 인간은 하나님을 모방하기를 원한다. 심지어 하나님에게서 멀어져 있다고 하더라도 말이다. 이 점에서, 죄란 인간이 하나님처럼 되고자 하는 것을 뜻한다.

사실, 당신을 버리고 당신을 거스르고 스스로를 높이려는 모든 교만은 당신을 어긋나게 모방하는 것입니다. 하지만 그들이 당신을 어긋나게 모방하는 행위에서조차 당신께서 모든 자연을 지으신 창조주이심을 시인하고 있는 것이며 인간은 그 어디로 도피하더라도 결코 당신을 떠날 수 없음을 고백하는 것과 같습니다.(2, 6, 14)**25**

아우구스티누스에 따르면, 인간에게 나타나는 이러한 모습은 그들이 하나의 행복을 서로 다른 대상에서 찾고 있음을 보여준다.

어떤 이는 이런 방법으로, 다른 이는 다른 방법으로 각각 기쁨을 추구하고 있지만, 그들 모두가 기쁨에 도달하고자 한다는 것, 즉 그 기쁨을 얻고자 애쓰고 있다는 것만은 분명합니다.(10, 21, 31)**26**

아우구스티누스가 보기에, 거짓된 대상을 추구하는 자라 할지라도, 여전히 행복해지기를 원하고 있다.

행복의 다른 길을 추구하는 사람들은 다른 기쁨을 추구하는 자들입니다. 하지만 그것은 참된 기쁨일 수 없습니다. 하지만 그들의 의지가 기쁨의 그림자에서 아주 등을 돌린 것은 아니라는 점은 틀림없습니다.(10, 21, 32)**27**

말하자면, 비록 모든 사람이 행복해지기를 원하지만 행복에 이르지 못하는 것은 의지의 약함과 분열이 감각적 쾌락과 결탁하여 하나님보다 열등한 것들에게서 만족을 찾으려 하는 데 원인이 있는 셈이다.

모두가 행복한 삶을 원하지만, 육체의 소욕이 성령을 거스르고 성령의 소욕이 육체를 거스름으로써 자기들이 원하는 것을 이루지 못할 때(갈 5:17), 각자가 할 수 있는 것에 결탁하여 그것으로 만족하려는 것 아닙니까? 그 이유는 무엇입니까? 할 수 없는 일을 하려고 할 때 그것을 성취하고자 하는 의지가 약해져서 그런 것입니까?(10, 23, 33)[28]

아우구스티누스는 깊은 성찰을 통하여, 인간의 의지가 손쉽게 얻을 수 있는 것들을 선호한 나머지, 숭고한 이상들을 포기하게 되는 문제와 씨름하게 된다. (이 책에서는 의지의 능력에 대한 부분에서 논하게 될 것이다.)[29]
분명한 것은, 하나님을 사랑하는 자에게는 하나님께서 스스로 보상이 되어주시며 도덕적 선을 행할 수 있게 하신다. 사실, 아우구스티누스가 보기에 하나님을 기뻐하는 것 이외에 다른 보상도 없고 다른 기쁨도 없다.

내가 세상에서 그 어떤 기쁨을 누린다 해도 그것이 나를 진정으로 행복하게 해줄 수 있으리라 착각하지 않게 하옵소서. … 행복한 삶이란, 당신을 즐거워하고 당신께 나아가며 당신 때문에 기뻐하는 것, 그 외에 다른 길은 없습니다.(10, 22, 32)[30]

아우구스티누스의 이러한 관점은 그의 시편강해들에서도 반복적으로 강조된다.

나로 하여금 당신께만 붙어 있게 하소서.(7, 11, 17)[31]

또한 『고백록』 마지막 권에서 아우구스티누스는 인간이 선을 행하게 되는 것은 오직 하나님의 은혜에 의해서라고 말한다.[32] 마침내, 아우구스티누스는 암묵적으로 그의 궁극목적을 하나님과 동일시하고 있는 셈이다. 아우구스티누스는 별세하기 직전의 모니카와 함께 하늘에까지 타올랐던 체험을 회상하면서, 감각적인 쾌락들은 아무것도 아니라고 해야 할 정도로 느꼈던 하늘의 지극한 쾌락을 누렸던 일을 말하기도 한다.[33]

요점을 정리하자면, 『고백록』은 인간의 영혼이 행복과 완성으로서의 하나님을 향하는 경향성을 지니고 있다는 근본적인 도덕의 사실을 반복하여 강조하고 있다. 창조주이신 하나님은 모든 존재의 근원이시다. 또한 최고선이신 하나님은 모든 의식을 지닌 행위들, 즉 모든 의지의 원천이시다. 따라서 도덕이란 우리의 자유를 하나님께 맞춰가는 것이라 하겠다.[34] 이 점에서, 『고백록』은 궁극목적에 이르는 길을 제안해주는 책이기도 하다. (이에 대해서는 다음에서 다루게 될 것이다.)

유의해야 할 것은, 『고백록』이 말하는 인간의 목적에 대한 문구들마다 성경이 깊숙이 삼투해 있다는 점이다. 우리가 이제껏 살펴본 문구들에서도 마찬가지이다. 아우구스티누스가 인간의 자연적 목적과 초자연적 목적을 구분했다는 뜻이 아니다. 그는 인간의 완성을 위한 목적을 성찰하되 그것을 이성만으로 도달할 수 있는 것으로 간주하기보다 초자연적 신앙의 빛 하에서 성찰했다. 말하자면, 아우구스티누스가 인간의 목적으로서 추구한 하나님은 시편의 하나님이시며, 계시의 하나님이시다.

1) 10, 22, 32

2) 1, 1, 1

3) 10, 27, 38

4) 10, 20, 29; J. Mausbach, *Die Ethik des heiligen Augustinus* (2. ed., Freiburg in Breisgau, 1929), Ⅰ. 53. 마우스바하는 행복에 대한 욕망이 가장 중요한 심리적 사실로서, 자기애로부터 솟아나며 모든 노력을 기울이게 하는 역동적 원천이라고 말한다.

5) 10, 23, 23

6) 10, 23, 23; 10, 24, 35. E. Gilson, *Introduction à l'étude de saint Augustin*, 9, 134-137.

7) 5, 4, 7

8) 9, 3, 6

9) 13, 9, 10

10) 13, 9, 10. 이 부분은 인간이 초자연적 목적과 하늘의 예루살렘에서의 평화에 대해서도 말하고 있다. 그곳에 이르기 위해서는 하나님께서 보내신 성령을 통해야 한다는 점을 말해주고 있다.

11) 이 책의 2장과 4장을 참고하라.

12) 7, 11, 17

13) 그 외에 11, 31, 41; 13, 16, 19 등을 참고하라.

14) 4, 10, 15. 그리고 9, 4, 11도 참고하라.

15) 10, 6, 8

16) 10, 6, 8

17) 10, 6, 8

18) 10, 6, 8

19) 4, 10, 15. 그리고 4, 11, 6을 참고하라.

20) 4, 11, 17

21) 4, 11, 17. 그리고 6, 16, 26도 참고하라.

22) 각각 다른 장에서 인용했기에, (역자가) 출처를 인용문에 표기하였다.

23) 9, 1, 1

24) 2, 6, 13

25) 2, 6, 14

26) 10, 21, 31

27) 10, 21, 32

28) 10, 23, 33

29) 이 책의 3장을 참고하라.

30) 10, 22, 32

31) 7, 11, 17. 마우스바하의 해석에 따르면, 아우구스티누스는 우리들의 존재의 근원이신 하나님을 인식하며 하나님 없이는 살 수 없다는 사실을 깨우처주기 위해 이 문구를 사용하고 있다. 우리의 의지를 하나님께 고정시키면 지성의 상승 또한 얻게 된다는 것이다.

32) 13, 38, 53

33) 9, 10, 24; 9, 10, 26

34) E. Portailè, "*Augustin*", DTC (Paris, 1909)

II

하나님께 나아가는 길

① 하나님의 법을 따라 살라

『고백록』에 나타난 율법에 관한 몇 가지 언급에는 율법에 대한 개념규정이나 형식적 구분 등을 찾아볼 수 없지만, 율법에 대한 설명과 하나님께서 구약의 족장들과 예언자들에게 주신 특별한 계명들에 대한 성찰들을 찾아볼 수 있다. 특히 율법의 목적 및 그 보상에 대한 몇 가지 이야기와 함께 하나님의 법에 대한 성찰이 진행된다.

만물은 하나님의 영원법이 정한 질서를 따라 존재한다. 다른 모든 법은 영원법이 정한 질서를 그 기초로 삼아야 한다.

> 하나님은 무상한 만물의 여러 원인과 변화하는 만물의 불변한 근원이요, 이성적인 것들을 넘어서는 것과 시간적인 존재들의 영원한 원리이십니다.(1, 6, 9) … 당신께서는 모든 것을 당신의 법에 따라 질서 있게 다스리십니다.(1, 7, 12)[1]

따라서 진정한 의미에서의 정의로움이란 가장 정의로운 하나님의 법에 그 기초를 둔 것이어야 하며, 인간의 모든 관습들은 하나님의 영원법을 따르는 것이어야 한다. 하나님의 법은 시대와 장소를 초월하는 동일성을 지닌다. 동시에 그 적용방식과 관습들은 시대와 장소를 따라 다양해진다.

당신의 정의는 모든 장소와 모든 시대의 관습에서 그 장소와 시대에 알맞게 변용되어 적용됩니다. 하지만 당신의 법 그 자체는 시간과 장소를 넘어 변함이 없습니다. 어느 곳에서는 이렇고 다른 곳에서는 저렇고 등등으로 변덕스러운 것이 될 수 없습니다. 아브라함, 이삭, 야곱, 모세, 다윗을 비롯하여 하나님으로부터 칭찬을 받은 모든 사람들은 이러한 내적 정의를 따라 의롭다고 칭함을 받았습니다. 하지만 어리석은 자들은 그들이 의롭지 못했다고 말합니다.(3, 7, 13)[2]

이 문구에서 아우구스티누스는 영원법이 불변한다는 점을 강조하고 있다. 이어지는 문구에서는, 자신이 마니교도 시절에 구약성경을 읽으면서 당혹감을 가졌던 족장들의 행위들의 의미를 풀이해준다.

아우구스티누스에 따르면, 족장들의 행위들 중 어떤 것은 시대적 특수성을 기준으로 평가되어서는 안 되며, 불변하고 영원한 하나님의 율법을 기준으로 평가해야 한다. 그는 우리들이 인간의 도덕이라는 것을 각자의 시간과 공간에만 적합한 관점에서 평가하는 경향이 있다는 점을 지적해주기도 한다.

과연, 정의의 기준은 하나가 아니고 항상 바뀌는 것인지요? 아닙니다. 정의가 적용되는 시기가 다를 뿐입니다. 시간이란 머물러 있지 않고 늘 변화합니다. 이 땅 위에서 짧게 살고 가는 인간들이 지금 당장 경험한 것으로 경험해보지 못한 옛 시대와 당시 사람들의 형편 등을 비교하여 말하기는 쉽지 않습니다. 다만, 같은 사람의 몸에서, 같은 날의 시간에서, 그리고 같은 집안에서는 자신의 몸의 지체들, 같은 날의 시간의 흐름, 그리고 집안의 인물들이 서로 어떻게 조화를 이루는지를 설명해낼 수 있겠습니다.(3, 7, 13)[3]

아우구스티누스는 자신의 입장을 전개하면서, 바울이 말한 '사람의 판단'(ex humano die, 고전 4:3)이라는 표현을 인용한다.

족장들이 사람의 판단으로 평가하거나 자신들의 특정한 관점과 부분적인 도덕의 협소한 규범을 가지고 인류의 도덕 일반을 평가하려 하기 때문입니다. 이는 바르지 못한 판단입니다. 마치 갑옷을 입을 때 신체 각 부분에 어떤 장비를 맞춰 입어야 하는지 모르는 사람이 무릎 보호대를 머리에 쓰고 투구를 발에 신어놓고서는 몸에 맞지 않는다고 불평하는 것이나 다름없습니다.(3, 7, 13)[4]

이어서 아우구스티누스는 다양한 조건들을 따라 변용된 인간의 법과 하나님의 뜻을 구현하시기 위해 하나님께서 변용시키신 하나님의 법(일상적으로, 율법의 적극적 용법이라 할 수 있는 부분)을 대조시킨다. 인간은 국가의 테두리 안에서 각각의 상이한 조건들에 따라 상이한 규제들을 만들어낸다. 하나님께서는 특정한 조건을 따라, 어떤 것은 합법적으로 허락하기도 하시고 다른 어떤 것은 금지하기도 하신다.

하나님께서 그때마다의 시간적 사정에 맞추어 어떤 때는 그렇게 하라고 명하시기도 하고 지금 시대에는 그렇게 하지 말라고 명하신 다는 말에 불평하는 사람들이 있습니다. 하지만 과거에도 현재에도 똑같이 의로운 뜻을 따르는 것이라는 점은 변함이 없습니다. 같은 사람, 같은 날, 같은 집에서도 경우에 따라 각각 다른 일들을 행하게 되고, 과거에는 용인되었던 일이 다른 때에는 금지되는 경우가 있고, 어느 곳에서는 용인되고 실행하라고 명하는 일이 다른 곳에서는 금지되고 처벌받는 경우들이 있습니다.(3, 7, 13)[5]

이러한 뜻에서, 하나님의 법이 어떤 원칙을 지니고 있는지 성찰할 필요가 있다. 시문학에서 운율이 다양하게 적용될 수 있지만 그 원칙만큼은 여전히 통일성을 유지하듯, 하나님께서 각각 다른 시대에 정해주신 계명들은 하나님의 정의 안에서 통일성을 이룬다. 하나님의 정의는 변덕스러운 것이 아니라 단일한 것으로서, 그것이 점진적으로 시대마다 다양하게 적용된다고 해서 논리적 모순이 되는 것은 아니다. 하나님의 법은 한 번 확정되면 모든 시대와 장소에 적용되어야 하는 경직된 명령이라기보다, 각각의 시대와 지역에 따라 적절한 형태로 변용되어 적용되어온 셈이다.

마찬가지로, 시대마다 다르게 주신 하나님의 뜻은 선하고 거룩한 자들이 정의에 순종함으로써 더욱 고귀하고 탁월한 방식으로 일정한 도덕적 질서를 세워가는 것이라 하겠습니다. 정의의 본질은 변하지 않으나 어느 시대에서나 경직되게 명하여진 것이 아니라, 시대와 장소에 따라 적절하게 분배된다는 점을 모르고 있었던 것입니다. 하나님의 명령하시고 감동을 주시는 대로 살아가면서 하나님께서 계시하시는 그대로 미래를 예언해주는 경건한 믿음의 조상들을 제대로 알지도 못하면서 욕하고 있었습니다.(3, 7, 14)[6]

하나님의 정의는 불변하는 원칙이지만, 다양하게 변용되어 특수한 경우들에 적용된다. 하나님의 법은 순수한 적극적 계명이며 족장 및 예언자들의 행위는 그 변용에 해당한다. 그들의 행위는 본성을 거슬러 죄가 될 수밖에 없는 행위들에 속하지 않는다. 그 다음 문구들이 이를 설명해준다.

모든 민족이 소돔에서의 죄를 자행했다면, 그들 모두는 하나님의 율법 앞에서 동일한 죄를 지은 죄인이 된다. 탐욕이 인간의 본성을 왜곡시키면 인간을 지으신 분과 인간의 본성 사이에 세워져야 마땅한 관계 또한 뒤엎어지고 만다.

인간의 본성을 거스르는 악행은 언제 어디서나 혐오의 대상이 되어야 하고 벌을 받아 마땅합니다. 소돔 사람들이 저지른 것이 바로 그것이었습니다. 백성 모두가 그런 행동을 했다고 해도 하나님의 법은 그들 모두를 동일한 범죄자로 간주하여 심판을 행하시는 것이 마땅합니다. 하나님께서는 죄를 짓는 데 악용하라고 법을 주신 것이 아닙니다. 인간의 왜곡된 욕정이 하나님께서 지으신 인간의 본성을 훼손시키면 이는 하나님과 인간의 교제를 망가뜨리는 것이 되고 맙니다. 인간의 관습일지라도 그것을 거스르는 행동은 하지 않는 것이 좋겠습니다.(3, 8, 15)[7]

덧붙여, 아우구스티누스는 하나님의 자연법에 내재한 불변성을 강조하기 위해 다른 예를 든다. 그는 불경건하고 불법을 일삼았던 카르타고의 학생들이 처벌을 받지 않았다는 것은 정의롭지 못한 것이라고 말한다. 그들은 다만 타락한 관습에 의해 보호를 받고 있는 셈이다. 그들이 비록 인간의 제재로부터 벗어날 수 있을지 몰라도, 결국에는 하나님의 심판을 면할 수는 없다. 하나님의 자연법으로는 결코 허용하지 않는 짓을 저지른 것이기 때문이다.[8]

하나님의 법과는 달리, 인간의 법에는 불변성을 적용할 수 없다. 인간의 법은 특정한 문화 및 각각의 사회마다 그 필요에 의해 제정된다. 인간의 법은 공동체의 공동선을 위해 제정되는 것이기 때문에, 거주민이나 방문객을 막론하고 누구라도 불법을 저지를 경우 용납되지 않는다. 이러한 뜻에서, 아우구스티누스는 인간의 법에 있어서 사회적 규범, 즉 공동체의 공동선에 관해 말한다. 소극적으로 표현하자면, '전체와 조화되지 않는 모든 것은 공격적인 것'이라 할 수 있다.

한 도시와 국가에서 관례나 법으로 제정한 것을 시민들이나 방문자들이 자의적으로 어기는 것은 옳지 않습니다. 부분들이 전체와 조화를 이루지 못하게 되면 추해지고 맙니다.(3, 8, 15)[9]

이어서, 아우구스티누스는 하나님의 법과 인간의 법이 상충되는 경우, 언제나 하나님의 법이 우선한다고 말한다.

하나님께서 인간의 관습 혹은 협정에 어긋나는 명을하시는 경우, 전례가 없었던 것이라 해도 그 명령을 반드시 실천해야 합니다. 하나님의 법을 순종하지 않았다면 실행해야만 하고 법으로 정해지지 않았다면 꼭 법으로 제정해야 합니다.(3, 8, 15)[10]

인간사회에서 통치자는 공동의 동의를 얻어 사회를 다스린다. 법을 제정하는 것은 그 사회의 권리이며 시민은 법에 복종해야 하는 의무를 지닌다. 사회의 공동선을 위한 것이기 때문이다. 인간이 우주의 왕이신 하나님께 복종해야 하는 것도 같은 이치이다. 인간은 하나님의 법에 절대적으로 복종해야 한다. 인간사회에 권위의 위계질서가 있어서 하급자가 상급자에게 복종해야 하고 그 최종적인 권위의 자리에 왕이 있다면, 하나님이야말로 만왕의 왕이시며 인간이 가장 우선하여 복종해야 할 분이시다. 마치 신하와 백성들이 왕에게 복종하는 것처럼, 세상의 왕들까지도 하나님께 복종해야 한다.

나라를 다스리는 통치자가 이제까지 누구도 시행하지 않았던 법을 새로 정하여 나라를 다스리는 것은 부당한 일이 아닙니다. … 왕에 대한 복종이 인간사회의 공통법칙이라면, 모든 피조물을 다스리시는 하나님께 무조건 복종해야만 하는 것 아니겠습니까? 인간사회에서 권력의 위계상 하급자가 상급자의 명령을 받는 것처럼, 하나님은 모든 것 위에 계신 분이시므로 우리는 가장 먼저 하나님의 명령에 복종해야만 합니다.(3, 8, 15)[11]

말하자면, 하나님의 명령이 가장 우선시되어야 한다. 하나님의 뜻이 분명하게 드러나지 않은 경우이거나 인간의 관습을 거스르는 것처럼 보이는 명령이라 해도 말이다.

겉으로 드러나는 행동과 그런 행동을 하는 자의 마음도 다르고 그 행동을 하는 순간의 정황이 다를 수 있기 때문입니다. 하지만 당신께 서 이제까지 인간이 생각하지도 못했고 그런 예도 없었고 더구나 그 것을 당신이 금지하시기도 했던 일을 지금에 와서는 행하라고 명령 하신 경우를 생각해봅니다. 그 명령이 특정한 인간 사회의 관습에 위 반되고 우리로서는 당신께서 그렇게 명령하신 이유를 알 수 없는 경 우일지라도 우리는 분명히 그 명령을 지켜야 합니다. 당신의 명령에 복종하는 사회가 진정으로 정의로운 사회일 수 있기 때문입니다. 하 지만 당신께서 주시는 명령을 제대로 알고 행하는 자는 복된 자입니 다.(3, 9, 17)[12]

이처럼, 아우구스티누스는 하나님의 법이 최우선이라는 점을 분 명히 한 후에, 겉보기에는 죄라고 할 수밖에 없지만 실재로는 죄가 되지 않는 행위들도 있다고 말한다.

경우에 따라서는 무질서한 격정이나 폭력이라는 죄에 해당하는 듯 보일 수 있습니다. 하지만 하나님이신 주님, 당신을 거역하는 것 도 아니고 인간사회를 거스르는 것도 아니라는 점에서 죄라고 할 수 없는 것도 있습니다.(3, 9, 17)[13]

그 예로, 아우구스티누스는 하나님께서 이삭을 제물로 바치라고 명하신 경우(창 22:2 이하), 이집트에서의 약탈을 허락하신 경우, 호세아 에게 음탕한 아내를 얻으라고 하신 경우(호 1:2) 등을 소개한다. 이들 모두는 죄를 지은 것으로 볼 수 있지만, 그것이 하나님의 명백한 명

령이라는 점에서 인간으로서는 순종해야만 했던 경우들이다.[14]

사실, 족장들과 예언자들이 행한 모든 것은 그 시대에 필요한 것이 무엇인지를 교훈하기 위한 것이거나 혹은 그리스도의 강림 및 그리스도의 몸된 교회를 상징화하기 위해 실행된 것이라 할 수 있다. 그들의 말에서만 아니라 행위에서도, 또한 그들에게 일어난 일들에서도 그리스도의 예표가 나타난 셈이다.

당신을 섬기는 종들의 행동 모두는 그 당시에 필요한 것을 보여주거나 혹은 장차 이루어질 일을 예견하고 예언해준 것이라 할 수 있습니다.(3, 9, 17)[15]

사실, 인간이 용인하지 않는 행위 중 많은 것이 하나님의 증언에 의해 용인되기도 하며 인간이 용인하는 많은 것들이 하나님께는 정죄의 대상이 되는 경우들이 있다. 인간의 규범과 하나님의 뜻 사이에 이러한 차이가 나타나는 데에는 몇 가지 이유가 있다. 경우에 따라, 어떤 행위는 우리에게 익히 잘 알고 있는 행위자의 성향과는 다른 것처럼 보일 수 있다. 극소수의 사람들만이 알아챌 수 있는 경우이기는 하지만, 그 행위의 정황들을 고려해야 하는 때가 있다. 예를 들어, 그 자체로 죄가 되지 않는 행위라 해도 비난의 대상이 되는 동기를 따라 시행되는 경우가 있다. 어려운 때를 대비하여 필수품을 모아두는 경우, 소유욕 때문에 그렇게 했다고 단정할 수 없을 듯싶다. 또한 법정에서 행위를 교정시킬 목적으로 시행하는 행위의 경우, 남에게 해를 끼치려 했던 것이라고 단정할 수 없다.

사람의 관점으로는 용인될 수 없는 행위들 중 많은 것이 하나님 당신의 증언에 의해 용인되는 경우도 있습니다. 또한 사람들의 칭송을 받는 자들이 하나님 당신의 증언을 따라 용인되지 않는 경우도 있습니다. … 겉으로 드러난 행위와 행위자의 마음, 그리고 단정 지을 수 없는 그 당시의 정황이 각각 다르기 때문입니다. … 어려운 때를 대비하여 필수품을 모아두는 행동을 소유욕에서 생긴 것이라고 단정할 수는 없습니다. 교정을 위해 법정에서 어떤 행동을 했을 때에도 그것이 다른 이의 삶에 해를 끼치려는 것이었다고 단정할 수 없습니다.(3, 9, 17)[16]

법의 목적에 관한 아우구스티누스의 관점은 절제와 연관된다. 법은 어린 시절부터 자유에 대한 유익한 절제수단이었다. 법은 또한 쾌락을 제어하여 쾌락의 맹목적인 유혹에 넘어가 하나님으로부터 멀어지는 일이 없도록 조절하는 역할을 한다.

이것으로 미루어보면, 분명히 모든 배움에서 두려움에 의한 배움보다는 자유로운 호기심에 자극을 받은 배움이 훨씬 더 낫습니다. 오, 하나님, 하지만 당신의 법은 지나친 자유를 징계로 제어하십니다. 이는 선생님의 매질을 통해서도 드러나고 순교자가 시련을 받는 것을 통해서도 작용합니다. 당신의 효과적인 법은 유익한 쓴맛을 섞어서 우리를 이전에 당신께로부터 분리시킨 해로운 쾌락에서 불러내어 다시 당신께로 돌아가게 합니다.(1, 14, 23)[17]

법의 이러한 방어적 기능은 또한 죄의 자아파괴적인 본성에 대한 성찰에서 온 것일 수 있다. 하나님의 계명을 거스른다고 해서 하나님께서 해를 입으시는 것은 아니다. 하나님은 모든 해악으로부터 자유로운 분이시기 때문이다. 인간 자신에게만 해악을 미칠 뿐이다. 인간은 죄를 지음으로써 자신의 행복을 거스르고 마는 셈이다.[18]

하나님의 계명을 준행하면 행복의 길을 계속해서 걸어갈 수 있다. 이것이 바로 율법의 적극적 목적이다. 법은 인간으로 하여금 카리타스를 따르도록 이끌어준다. 예수 그리스도께서 모든 계명을 하나님 사랑과 이웃 사랑으로 환원시키셨기 때문이다.[19]

하나님께서 명하신 카리타스를 따르는 자에게 하나님은 하나님 자신이 보상이 되어주신다. 그들에게 행복을 허락해주시고 하나님께로부터 등을 돌리지 않도록 지켜주신다. 이러한 보상은 율법을 판단하는 자보다 율법을 행하는 자에게 주어진다.[20]

2
양심을 따라 살라

아우구스티누스가 『고백록』에서 양심의 문제를 별도로 다룬 것은 아니지만, 여러 곳에서 실천적 도덕판단의 문제와 연관되어 나타난다. 아우구스티누스는 먼저 양심의 기초는 글자로 기록되기 이전에 마음에 새겨져 있다고 말한다. 인간은 글자에 대한 지식 이전에 정의에 대한 지식을 이미 가지고 있는 셈이다.

> 이제 나는 글로 기록된 지식이 아니라 해도, 남에게 그런 대접을 받기 싫으면 너도 남에게 그런 일을 하지 말라는 양심의 글보다 더 내면성을 가진 글은 없다는 것을 확실히 알게 되었습니다.(1, 18, 29)**21**

아우구스티누스는 사도 바울을 따라(롬 2:15) 마음에 새겨진 법(scripta)이라는 표현을 사용하면서, 인간이 아무리 죄를 지어도 마음에 새겨진 율법이 삭제되는 것은 아니라고 한다.

오, 주님, 도둑질은 당신의 법과 우리 마음에 새겨진 법에 따라 금지된 사항입니다. 인간의 죄악이 감히 그 법을 지워버릴 수는 없습니다.(2, 4, 9)[22]

우리의 양심이 서로를 사랑하지 않는 자들을 옳다고 하지 않는 이유는 바로 이 때문이다.[23] 양심에 대한 이러한 설명 이외에, 아우구스티누스는 두 가지 서로 연관된 관점을 제시한다. 자아에 대한 적절한 지식을 얻기란 쉽지 않다는 것, 그리고 자기합리화 및 영적 무지를 비롯한 장애요소들에도 자아에 대한 지식에 이르게 하는 초자연적 은혜의 빛에 관한 설명이 그것이다. 둘 중에서 먼저 자기이해라는 것이 쉬운 일은 아니라는 점부터 살펴본 후에, 자기이해를 심화시켜주는 하나님의 은혜에 대해 생각해보자. 이러한 성찰을 통해, 우리는 자기이해에 있어서 절정에 해당하는 것이란 다름 아닌, '회심'이라는 사실을 확인할 수 있을 것이다.

자기이해에 관한 아우구스티누스의 생각은 이렇다. 인간이란 하나님만이 알 수 있는 심연이며 마음에 작용하는 동기들이 얼마나 많은지 일일이 헤아리는 것보다 머리카락 수를 세는 것이 쉬울 것이라는 생각이다.

사람이란 스스로도 알 수 없는 심연입니다. 주님, 당신은 사람의 머리털까지 세시며 그중 하나라도 잃어버리시지 않으십니다. 하지만 인간의 머리털을 세는 것이 인간 마음의 사랑과 감정을 헤아리는 것보다 훨씬 쉬울 것 같습니다.(4, 14, 22)[24]

아우구스티누스는 스스로를 해결되지 않은 난제로 여긴다.[25] 인간은 자신에 대해 알 수 없다. 자신에 대한 지식은 하나님 은혜의 빛이 조명해주실 때 비로소 얻을 수 있다.

내가 자신에 대해 알게 되는 것 역시 당신께서 빛을 조명해주셔야만 가능한 일입니다.(10, 5, 7)[26]

아우구스티누스는 하나님의 은혜에 의해서만 자기이해가 증진될 수 있다는 점을 강조한다. 은혜의 인도하심을 받지 못한 영혼은 무기력하다.

진리 위에 든든하게 서지 못하면 무기력해져서 흔들리게 됩니다.(4, 14, 23)[27]

더구나, 유혹을 받게 되면 어떻게 반응해야 할지 몰라 당황하게 된다.(자기이해의 이러한 측면은 유혹 부분에서 다시 다루게 된다.)[28]

『고백록』에서 말하는 아우구스티누스의 양심 개념의 배경에는 신중심적 관점이 깔려 있다. 하나님은 인간 내면에서 양심에 빛을 조명해주신다. 인간은 스스로에게서, 그리고 진리에게서 떨어져 나와 방황하는 상태에 있으며, 진정한 자아로, 그리고 진리이신 하나님께로 되돌아가야 한다.

'모든 것은 그분에게서 왔고 그분 안에서 존재한다. 보라, 그분은 과연 어디에 계신지 살펴보라! 그분은 진리가 있는 곳에 계신다.(4,

12, 18)[29] … 죄인아, 네 마음으로 되돌아가 너를 지으신 그분을 든든히 붙들어라.(4, 12, 18)[30]

또한 시편 57편 주해에서도, 아우구스티누스는 인간이 스스로에게서 떠나 낯선 자가 되었음에도 인간에게는 마음에 새겨진 율법, 즉 양심이 주어져 있다고 말한다.[31] 인간은 마음에 새겨진 율법을 떠나 길을 잃고 말았다. 자신의 체험을 바탕으로, 아우구스티누스는 양심을 저버리는 것은 스스로를 오류에 빠뜨리고 절망의 벼랑으로 내몰릴 것이라고 경고한다.

　하지만 나는 어둠 속에서 위험천만한 길을 다니며 나 자신의 외부에서 당신을 찾고 있었습니다. 그 결과 나는 내 마음에 계신 하나님을 찾을 수 없었습니다. 바다의 밑 깊은 곳까지 내려가 살펴보았지만, 진리를 발견할 수 있으리라는 희망과 확신을 가질 수 없었습니다.(6, 1, 1)[32]

아우구스티누스는 플로티누스의 책을 읽고 자기이해의 중요성을 깨달은 후에 인간 내면에서 자기이해를 추구하기로 한다. 하나님의 은혜가 그를 이끌고 계셨던 것이다.

　이 책을 통해 내 안으로 들어가라는 권고를 받았고 당신께서 인도해주신 은혜를 힘입어 영혼 안으로 깊이 들어갈 수 있었습니다. 당신께서 인도해주신 은혜가 있었기에 가능한 일이었습니다. 영혼 안으로 들어가는 순간, 비록 내 영혼의 눈은 희미했지만, 내 영혼의 눈보다 더 높은 곳에, 그리고 내 영혼 위에 불변하는 빛이 빛나고 있음을

볼 수 있었습니다.(7, 10, 16)**33**

마침내, 영적 지각변동이 생겨났다. 하나님 은혜의 눈부신 빛의 조명을 받아 아우구스티누스는 자신의 모습을 발견했다. 그 사랑과 두려움에 떨면서, 아우구스티누스 자신이 얼마나 하나님으로부터 멀리 떨어져 방황하고 있는지를 비로소 깨닫는다.

그 은혜의 빛을 따라 아우구스티누스는 하나님께서 자신의 죄를 심판하실 것이라는 사실을 깨닫는다. 그 빛이 도덕의 영역만 조명해 준 것이 아니었던 셈이다. 자아와 죄에 대한 깊은 자각을 통해 하나님을 영적 존재로 볼 수 있게 해주었다.

당신은 찬란한 큰 빛을 내게 비추시어 내 시력은 희미했지만 밝게 볼 수 있도록 해주셨습니다. 나는 사랑과 두려움으로 떨고 있었습니다. 그때 나는 당신으로부터 너무도 멀리 떨어진 전혀 다른 영역에 내가 있다는 사실을 깨닫게 되었습니다. 그리고 지극히 높은 곳에서 들려오는 당신의 음성을 듣는 것만 같았습니다. 당신께서 이렇게 말씀하시는 것 같았습니다. '나는 성인이 되게 하는 음식이다. 너는 나를 음식으로 삼아 성장하라. 하지만 먹은 음식을 네 몸으로 변화시키는 형태로 나를 네 몸의 음식 삼지 말고, 너 자신을 나와 같이 되도록 변화시켜라.' 나는 또한 당신께서 죄 지은 사람을 징계하시는 분이시며 마치 거미에게 잡혀먹힌 것처럼 내 영혼을 빈약하게 하신다는 것도 알 수 있었습니다. 그때 나는 생각해 보았습니다. 진리가 유한한 공간이나 무한한 공간을 차지하는 것이 아니라면, 존재하지 않는 것이라는 말인가? 당신은 멀리서 나에게 말씀하셨습니다. '나는 스스로 있는 자니라.'(출 3:14). 당신의 말씀은 내 가슴을 향하여 밀려왔습니다. 더 이상 의심거리는 없을 것 같았습니다. 진리는 주께서 지으신 만물을 통해 분명히 알려집니다.(롬 1:20) 따라서 진리란 과연 존재하는가를 의심할 필요가 없어졌습니다. 오히려 내가 살아 있다는 그 사실을 의심하는 것이 더 쉬울 것 같았습니다.(7, 10, 16)[34]

(이는 영적 무지에 대한 분석에서도 볼 수 있는 내용이다.[35] 이에 대해서는 다음에서 다루게 된다.) 분명한 것은, 아우구스티누스가 도덕적 지평에서 자신을 변화시키기 시작했다는 점, 그의 지성이 빛의 조명을 받아 하나님과 악에 대한 거짓 개념을 소멸시켰다는 점이다.

하나님의 은혜가 아우구스티누스의 자기이해에 얼마나 큰 영향을 주었는지 보여주는 또 다른 예들이 있기는 하다. 그 예들에서 유념해야 할 것이 있다. 은혜의 빛을 조명받아 자기이해를 증진시켜가는 과정에서 특정한 요소들이 강조되는 예도 있기는 하지만, 자기이해에 이르는 과정 자체가 점진적인 것이었다는 사실, 바로 그것이 중요하다. 물론, 아우구스티누스가 폰티티아누스의 이야기를 들으면서 스스로 부끄러워 자신에게서 얼굴을 돌려버리고 싶었고 내적 성찰의 충격에 휩싸인 것처럼 신속한 반응이 나타나는 경우도 있기는 하다. 하나님의 은혜는 아우구스티누스로 하여금 자신이 얼마나 어리석은 자인지를 깨닫게 했다. 아우구스티누스가 관심사를 다른 것들로 돌려보려 했지만, 은혜의 빛은 여전히 그를 양심 앞에 서게 했다. 마침내 아우구스티누스는 자신의 죄를 보았다. 그리고 스스로를 혐오하게 된다. 사실, 아우구스티누스는 그 영혼의 상태를 이미 알고 있었지만, 마치 모르고 있는 것처럼 애써 태연한 표정을 짓고 있었다. 아우구스티누스로서는 죄를 생각하기도 싫고 모두 잊어버리고 싶었겠지만, 하나님의 은혜는 그를 향하여 강력하게 역사했다.[36]

하나님의 은혜는 선한 모범이 되는 사람들의 이야기들을 통해 아우구스티누스의 양심 언저리에 눌러앉은 자기합리화의 보호막을 걷어내었다. 아우구스티누스로서는 더 이상 변명할 수 없게 된 셈이다. 비록 죄악에 가득 찬 삶을 단숨에 박차고 일어나기란 그리 쉽지 않겠지만, 이제 그는 적어도 자신의 죄를 인정할 수 있는 정직성을 회복한 셈이다.[37] 이러한 자기이해의 과정은 영적으로 매우 점진적인 것이었다. 아우구스티누스의 회심을 놓고 보면, 그의 회심 전 과정에서 이 단계는 유익한 혼란과 내적 불만의 단계에 해당한다.[38] 양심이 회복되는 과정에서 일반적으로 나타나는 특징들을 볼 수 있는 단계이다. 이러한 내적 소란은 죄에 대한 징벌의 일부분이기도 하다.

> 마음에 동요가 이어지는 것 자체가 징벌입니다. 이는 당신께서 정하신 법이요, 당연한 일입니다.(1, 12, 19)[39]

이러한 불안상태는 회개와 회심의 출발점이 될 수 있다. 아우구스티누스의 경우에서는 너무도 분명했다. 그러나 내적 고통을 당하면서도 아우구스티누스는 그것에 내재한 선한 영향을 알아차리지 못했다.[40] 이 대목에서 우리가 유념할 것이 있다. 양심에 유익을 주는 고통이 결과적으로는 우리 영혼을 하나님께 인도하는 과정에 속한다는 점, 바로 그것을 놓치지 말아야 한다.

더구나, 내적 갈등에는 중요한 의미가 있다. 아우구스티누스의 경우 비록 죄악 속에 살더라도 하나님을 기억하면서 여러 소란스러움

속에서 들려오는 부르심의 음성을 듣고 있었으며 마침내 하나님을 사랑하게 되었고 슬픔을 통해 하나님께 돌아왔다.

나는 당신에게서 떨어져 나와 어둠 속에 떨어져서 결국 어두운 존재가 되고 말았습니다. 하지만 어둠속에서도 당신을 사랑하고 있었습니다. 길을 잃고 방황할 때도 여전히 당신을 기억하고 있었습니다. 등 뒤에서 돌아오라고 부르시는 당신의 음성도 들려왔습니다. 하지만 평화의 원수들이 소란스럽게 떠들어 대는 통에 그 음성을 분명하게 듣지는 못했습니다. 이제 당신의 샘물을 마시고픈 갈증을 가지고 당신께 돌아갑니다.(12, 10, 10)[41]

이 시기에 아우구스티누스가 체험한 갈등에 대한 성찰을 통해 도덕이란 무엇인지 정리해볼 수 있을 듯싶다. 영혼이 고통스러워하는 것은 죄 때문이다. 아우구스티누스의 경우, 죄에 대한 인정은 결과적으로 건전한 불만으로 이어졌고 바르지 못한 동기 대신에 하나님을 선택하도록 이끌어주었다.[42] 반면에, 자기합리화와 도덕적으로 죄를 인정하지 않으려는 태도는 결국 영적 무지에 이르게 한다.

우리는 하나님을 자신에게서 숨길 수 있을지 몰라도, 하나님께 우리 자신을 숨길 수는 없다.[43] 솔직히, 자아에 대한 건전한 불만은 하나님을 향한 고백과 다르지 않다.

내가 악한 존재일 때 내가 드리는 고백은 당신 앞에서 나 자신을 불만스럽게 여기는 것과 다르지 않습니다.(10, 2, 2)[44]

아우구스티누스에게서, 하나님께로부터 자신에 대한 이야기를 듣게 되는 것 자체가 곧 자기이해의 길이다.

왜 그들은 내가 누구인가에 관해 말해달라고 하면서도 자신들이 누구인가에 관해 당신께서 말씀하신 것은 싫어하는지요?(10, 3, 3)[45]

하나님 은혜의 빛의 조명과 자기이해의 증진 사이에는 긴밀한 연관성이 있다. 정원에서의 이야기는 그 연관성이 생생하게 입증되고 있다.[46]

정원에서의 회심에는 자기통찰이라는 가장 집약적인 과정이 드러난다. 영적 고통이 극에 달하여 마침내 자신의 죄악과 비참함을 철저하게 깨닫도록 이끌어주는 계기가 있었던 것이다. 짓누르는 죄책감이 인간으로 하여금 스스로를 면밀히 성찰하게 하고 마침내 기존에 지니고 있던 자신의 모든 가치관을 무너뜨린 셈이다.[47] 결국 하나님의 은혜를 구하는 그의 기도가 이루어졌다. 그는 사도바울의 서신을 집어 들고 읽었다. 그는 어머니 모니카가 지녀온 기독교신앙과 그리스도에게로 완전히 귀의하게 할 구체적인 해결책을 찾을 수 있었다.[48] 회심이 바로 그것이다. 그는 새로운 가치관, 새로운 관점을 얻었다. 하나님 은혜의 빛의 조명을 받아 점진적으로 자기이해를 발전시켜 온 모든 과정이 마침내 완성된 것이다.

훗날, 아우구스티누스는 『고백록』에서 시편 4편을 묵상하는 가운데 이 말씀을 스스로의 삶에 어떻게 적용시켰는지, 자신의 도덕적 갱신을 위한 해결책을 어떻게 도출했는지에 대해 이렇게 말한다.

'떨며 범죄하지 말라'(시 4:4)는 말씀을 읽었습니다. 오, 나의 하나님. 이 말씀에서 너무도 큰 은혜를 받았습니다. 과거의 나 자신에게 분노해야 한다는 것을 배웠습니다. 앞으로는 죄 짓지 않게 하기 위해서 말입니다. … 내가 추구해야 할 것은 더 이상 나밖에 있는 것이 아니며 눈에 보이는 세상에서 혈과 육으로 추구해서는 안 된다는 것을 깨달았습니다. 이러한 눈에 보이는 것에서 기쁨을 누리려는 자들은 연기처럼 사라져버릴 것들을 쫓아가고 있으며, 눈에 보이는 한시적인 것들에 마음을 빼앗겨 심각한 허기를 이기지 못해 그림자라도 먹어보려 애쓰고 있습니다. 그들은 굶주림에 지쳐 '우리에게 선을 보일 자 누구인가?'(시 4:6) 하고 소리쳐댑니다. … 나는 성경을 읽으면서 부르짖었습니다. 그리고 그 뜻을 마음으로 분명하게 알게 되었습니다.(9, 4, 10)[49]

이 문구를 포함하여 정원의 이야기를 비롯한 양심에 관한 다양한 문구들에서, 아우구스티누스의 양심 개념이 순수하게 철학적인 것이 아니라 하나님 중심적인 것이요, 역동적인 개념이라는 점이 드러난다. 아우구스티누스에게서 양심이란 특정한 현상이 아니라, 삶의 다양한 정황들 속에서 드러나는 전 인격의 복합작용이다. 우선, 하나님의 은혜의 영향을 받은 영혼의 작용이라 할 수 있다. 또한 스스로 하나님을 숨기려 하는 자들이 은혜를 거절함으로써 강퍅해진 상태를 지칭하는 것이라고도 할 수 있다. 아우구스티누스의 양심 개념을 따르자면, 양심이란 죄를 솔직하게 인정하고 하나님의 은혜의 빛을 구하게도 하지만, 그 반대의 경우로 인간을 영적 무지에 빠뜨릴 수도 있다. (이에 관해서는 '무지' 부분에서 다시 다루게 된다.)[50]

아우구스티누스는 『고백록』에서 양심의 연약함을 보여주는 몇 가지 경우들을 말하고 있다. 그는 다양한 형태의 유혹들을 다루면서, 자신의 당혹스러웠던 경험을 소개한다. 예를 들어, 그는 시편 찬양 듣기를 좋아했지만, 감각적 쾌락에 과도하게 압도되어 쾌락에 빠져들지 않을까 두려워했다. 그는 찬송소리를 듣고자 하는 욕망과 들음 그 자체에서 저지를 수 있는 죄에 대한 두려움 사이에서 고심하기도 했다.⁵¹ 죄의 그림자까지도 분별해내려는 노력도 있다. 식도락(食道樂)의 문제가 그 예가 되겠다.⁵² 두 경우 모두에서, 아우구스티누스는 양심의 극히 작은 무질서조차도 회피하고자 애를 쓰고 있는 셈이다.

아우구스티누스는 심지어 찬송가를 듣는 즐거움이 죄가 되지나 않을까 염려했지만, 이것은 죄의 구성요건을 갖춘 것이라고 하기는 어려워 보인다. 음악이 주는 쾌락 자체에 이끌렸던 것인지는 찬송을 듣고 난 후에 스스로 자문해보는 것이 옳을 듯싶다. 다만, 우리는 회심 직후에 아우구스티누스가 시편 찬송을 들으면서 오로지 기쁨만 누릴 수 있었다고 했던 부분을 회상할 필요가 있다. 회심 직후, 아우구스티누스는 음악의 감미로움 그 자체에 유혹되지 않게 되었다는 뜻이다. (역주: 아우구스티누스의 이러한 태도를 해석할 때, 음악 그 자체의 즐거움보다 찬송의 내용에 유의해야 한다는 권면인 동시에 그가 음악이 주는 쾌락에 유혹을 받게 되지나 않을까 싶을 정도로 양심적 민감성을 지니게 되었다는 뜻으로 이해하는 것이 무리가 없을 듯싶다.)

이 경우, 나는 무의식적으로 죄를 지은 셈입니다. 하지만 나중에서야 죄를 지었다고 의식하게 됩니다.(10, 33, 49)⁵³

양심에 대한 아우구스티누스의 이러한 신중한 태도는 하나님만을 사랑하려는 그의 간절한 바람을 표현해준 것이라 할 수 있다.[54] 그가 아름다운 형태나 색상에서 드러나는 것들에 집착하지 않고 그의 마음을 지켜나가고자 조심스러워했던 것도 이러한 맥락에서 이해되어야 한다. 온전한 사랑의 대상을 향하여 마음을 집중하지 못하게 하는 부주의함에 빠지지 않고자 하는 고민의 흔적인 셈이다.[55] 아우구스티누스는 이러한 고민과 궁리 끝에, 스스로를 하나님의 긍휼에 내어 맡긴다.

> 나는 이런 것들로 가득한 존재에 지나지 않습니다. 당신의 긍휼만이 나의 소망입니다.(10, 35, 57)[56]

마찬가지로, 어머니 모니카를 여읜 슬픔에 대해 성찰하는 결론부에서 아우구스티누스는 그의 독자들에게 죄 문제에 대해 부질없는 질문들만 제기할 것이 아니라, 하나님께 소망을 두라고 권한다.[57] 같은 맥락에서, 몽정(夢精)의 문제를 예로 들면서 아우구스티누스는 자신이 꿈속에서는 유혹을 받다가도 깨어나면 이내 안정을 되찾는다고 말하는 대목이 있다.

> 내 기억 속에는 그동안의 악한 습관이 새겨놓은 다양한 쾌락의 이미지들이 남아 있습니다. 깨어 있을 때는 그 이미지들이 생각나는 경우에도 그다지 영향을 받지 않고 이겨낼 수 있습니다. 하지만 꿈에서는 그 이미지들이 밀려와 나를 흥분시키기도 하고 내 동의까지 얻어서 마치 깨어 있을 때와 유사하게 행동하도록 영향을 줍니다. … 꿈에서 유혹을 받다가도 깨어나면 안정을 되찾게 되지만, 비록 꿈속의

행위일지라도 그 일을 자행했다는 사실이 우리를 슬프게 합니다.(10,
30, 41)[58]

양심에 관한 우리의 논의에서 유념해야 할 것은 하나님에 대한 사
랑과 하나님의 긍휼의 위탁이라는 두 요소이다. 두 가지는 양심이라
는 민감한 문제와 관련된 덕목들이기는 하지만, 세심하게 설명될 필
요가 있다. 어쨌든, 아우구스티누스가 어머니의 장례식에서 슬픔을
억눌렀던 경우는 엄숙주의에 해당하는 것이었다는 생각이 든다.[59]

3
은혜의 사람이 되라

　이제까지 하나님께 이르는 길의 표지판인 율법과 양심의 문제를 살펴보았다. 아우구스티누스는 양심에 관한 『고백록』의 언급에서, 하나님 은혜에 대해서도 말하고 있다. 좀 더 완전한 설명을 위해, 또한 기독교윤리와 조직신학의 연관성을 설명하기 위해서라도 이쯤에서, 『고백록』이 말하는 섭리와 은혜에 대해 요약할 필요가 있어 보인다. 두 요소에 대한 모든 문구들을 세밀하게 분석하려는 의도가 아니라, 두 요소가 아우구스티누스의 윤리에 큰 영향을 주었다는 점을 말하고 싶은 셈이다.

　아우구스티누스는 비록 오랫동안 하나님께 대한 잘못된 관념에 사로잡혀 있기는 했지만, 언제나 하나님의 존재 자체는 믿고 있었으며 하나님께서 인간을 돌보신다는 사실 또한 믿고 있었다.

> 어떤 때는 강하게, 어떤 때는 약하게, 당신이 존재하신다는 것과
> 당신께서 우리를 돌보신다는 것을 늘 믿고 있었습니다.(6, 5, 8)[60]

아우구스티누스는 하나님께서 어머니의 기도에 응답하셔서 자신을 신비하고도 놀라운 방법으로 다루고 계셨다고 생각했다. 이것을 그는 섭리의 관점에서 해석한다.

오, 나의 하나님, 당신의 손이 은밀한 섭리 가운데 내 영혼을 버리지 않으셨기 때문입니다. 또한 어머니께서 가슴이 찢어지는 마음으로 매일같이 나를 위해 눈물로 당신께 예배드렸기 때문입니다. 또한 당신께서 신비한 방법으로 나를 다루셨기 때문입니다.(5, 7, 13)[61]

아우구스티누스는 섭리를 시각화하여 설명하면서, 가장 친절한 손길이자 마음에 부드럽게 속삭이는 설득, 혹은 죄를 바로잡아 회개하게 하는 능력으로 표현한다.

주님, 당신께서 부드럽고도 긍휼이 넘치는 손으로 나를 어루만져 주시고 내 마음이 차츰 안정되게 하셨습니다.(6, 5, 7) … 그들은 당신을 보지 않으려고 피해 다니지만, 당신은 항상 그들을 지켜보시며 그들의 눈을 어둡게 하시어 당신에게 부딪혀 당신을 만나게 하십니다. 당신께서는 손수 만드신 것 중 어느 하나라도 버리시지 않습니다.(5, 2, 2)[62]

아우구스티누스는 또한 알지 못하는 사이에 자신을 암브로시우스(Ambrosius)에게 인도해주신 일,[63] 자신을 알리피우스를 바로잡아주는 우연한 도구로 삼아주신 일 등등을 섭리의 예라고 설명한다.[64]
하나님의 섭리는 아우구스티누스 자신과 알리피우스와 모니카의 삶에서뿐만 아니라, 모든 인류의 삶에서 역사하신다.[65] 모든 인류를 위해 중보자이신 예수 그리스도를 보내신 일,[66] 교회를 세워 구원의 빛이 되게 하신 일 등 모든 것이 하나님의 섭리이다.

> 우리의 이성만으로는 진리를 발견하기에 너무 약합니다. 그래서 성경의 권위가 필요합니다. 당신은 모든 곳에서 성경에 탁월한 권위를 부여하시어 우리가 그것을 통해 당신을 믿고 찾도록 하시는 것이라고 믿기 시작했습니다.(6, 5, 8)[67]

이처럼, 하나님은 교회라는 외적 매개체와 은혜라고 하는 내적 방식 두 가지 모두를 통해 인간을 돌보시는 사랑을 베푸신다.

『고백록』에서 아우구스티누스가 하나님의 은혜를 말한 문구들은 매우 다양하고도 상이하기 때문에, 은혜의 일반적 설명과 은혜에 대한 특별한 설명, 즉 악덕의 치유능력으로 구분하여 살펴보는 것이 좋겠다. 우선 하나님의 은혜의 일반개념을 다루는 문구들을 살펴보고, 은혜의 특별한 설명, 즉 죄에 대한 치유의 능력으로서의 은혜에 대해서는 나중에 다시 다루기로 하자.[68]

아우구스티누스는 사도 바울의 서신을 읽으면서, 은혜의 신비에 대한 통찰을 얻을 수 있었다. 은혜는 하나님을 구하려는 마음을 단념한 자에게 다시금 하나님을 소유할 힘을 얻게 한다. 하나님은 인간의 도덕적 이상이시다. 뿐만 아니라, 인간 내부에서 인간의 본성을 강하게 하시어 인간이 추구하는 목표를 성취할 수 있게 하시는 분이다. 하나님은 그분에게서 멀리 떨어져 길을 찾지 못하는 자에게도 그 길을 찾아 하나님께 굳게 붙어 있게 하신다. 인간은 자신을 자랑 삼을 것이 아니라 하나님의 은혜를 자랑해야 한다. 자신이 알고 있는 부분에서만이 아니라, 그 앎의 능력 자체를 주심을 인하여 하나님을 자랑해야 한다.[69]

같은 문구에서, 아우구스티누스는 이교도 철학자들을 산꼭대기에 올라 멀리서 평화의 땅을 바라보기만 할 뿐, 그곳에 도달할 수 없는 사람들에 비유한다.

> 무성한 숲을 이룬 산 정상에서 평화의 땅을 바라보면서도 그곳에 이르는 길을 찾지 못하는 것과 황제의 군대가 경호하는 속에서 그곳에 이르는 길을 따라 가는 것은 완전히 다릅니다. 앞의 경우는 도망병들이나 이탈자들이 그 두목인 사자와 용의 지시하에 남들을 방해하고 습격하는 위험천만한 길을 가는 것이요, 뒤의 경우는 하늘의 군대를 이탈하여 강도짓을 자행하는 자들이 전혀 없으며 하늘의 이탈자들이 그렇게 하는 것을 귀찮아할 정도로 안전한 길을 가는 것과 같습니다.(7, 21, 27)[70]

이들 철학자들이 자연적 이성에 의해 할 수 있고 또한 해온 일은 하나님이 존재하신다는 것을 아는 정도뿐이지만, 은혜의 필요성과 겸손의 덕에 대해서는 알 수가 없다.

> 내가 당신의 성경을 읽기 전에 이 책들을 읽게 된 것은 당신의 뜻이었습니다. 이 책들을 통해 나는 내가 성경으로 정화되어야 하고 내 상처가 당신의 손으로 고침을 받아서 교만과 고백의 차이를 알게 되었고, 가야할 목적지는 알지만 그 길을 모르는 자들과 축복의 본향을

보여주시며 그곳에서 살도록 이끌어주시는 길의 차이를 식별할 수 있게 되었습니다.(7, 20, 26)[71]

철학자들의 길과는 전혀 다르게, 아우구스티누스는 그의 회심이 하나님의 은혜에 의한 것이라고 고백한다.

내 뜻을 전부 내려놓고 당신이 뜻하시는 것을 바라게 되었습니다.(9, 1, 1)[72]

하지만 회심에 이르는 점진적 과정에서 자연적 영향을 배제해야 한다는 뜻은 아니다. 아우구스티누스가 플로티누스의 『엔네아데스』를 통해 하나님을 영적 존재로 인식하게 된 것은 그의 회심을 위한 준비단계였다. 결정적으로는 그의 회심에 영향을 준 것은 사도 바울의 책을 통해서였다.[73] 플로티누스에게서 시작하여 사도 바울에게서 종결된 셈이다.[74]

더구나, 은혜의 빛에 대해 인간은 하나님 앞에 아무것도 주장할 것이 없다. 아우구스티누스의 영혼이 계몽되고 위를 향하여 상승되는 것 모두는 하나님의 은혜를 통해 이루어진 일이었다.

영적 피조물이 당신께 생명체가 될 수 있도록 빛을 비추어달라고 주장할 수는 없습니다. 비록 영적 피조물이 이미 존재하게 되었다고 하더라도 그 자신이 당신의 빛의 조명을 받을 만한 가치있는 존재라고 스스로를 내세울 수는 없는 노릇입니다. 영적 피조물은 당신의 빛을 받기 전까지는 당신께서 기뻐하시는 대상이 아니었습니다. 당신께서 빛을 조명해주셨을 때, 비로소 당신께 기쁨이 될 수 있었습니다. 영적 피조물이 빛이 되는 것은 단지 존재한다는 사실에 근거한 것이 아니라, 빛을 조명해주시는 당신의 빛을 향하며 당신에게 의존하고 있기 때문입니다. 따라서 영혼이 존재하게 되고 빛을 받아 행복하게 살기 위한 길은 당신의 은혜밖에는 없습니다. 당신의 은혜를 힘입어 영혼은 더 선하게 혹은 더 악하게 변하지 않으시는 당신을 향함으로써 더 좋은 상태가 될 수 있습니다.(13, 3, 4)[75]

아우구스티누스에 따르면, 인간이 지닌 초자연적 진리에 대한 지식은 성령께서 주신 것이라 할 수 있다.

> 우리가 당신의 영을 통해 당신께서 지으신 것들을 볼 때 당신은 우리 눈을 통해 당신이 만드신 것을 보십니다. 우리가 당신이 지으신 것을 좋다고 볼 때, 당신도 그것을 좋다고 보십니다. 어떤 것이 우리에게 기쁨이 되는 것은, 실제로는 당신께서 그것을 통해 우리에게 기쁨을 주신 것이라 하겠습니다. 어떤 것이 당신의 영을 통해 우리를 기쁘게 할 때, 실제로는 그것이 우리를 통하여 당신을 기쁘시게 하는 것입니다. '사람의 사정은 사람의 속에 있는 영 이외에 누가 알리요. 이와 같이 하나님의 사정은 하나님의 영 이외에는 아무도 알지 못하느니라. 우리가 세상의 영을 받지 않고 오직 하나님께로부터 온 영을 받았으니 이는 우리로 하여금 하나님께서 우리에게 은혜로 주신 것들을 알게 하려 하심이라'(고전 2:11-12)고 말씀하신 그대로입니다.(13, 31, 46)[76]

아우구스티누스는 하나님을 모든 진리의 교사라고 생각한다. 여기에서 말하는 진리에는 자연적인 질서와 초자연적인 질서의 진리 모두가 해당한다.

언제 어디서나 진리가 그 빛을 비추게 하시는 진리의 교사는 오직 당신 이외에는 없습니다.(5, 6, 10)[77]

우리를 불변의 진리에 이르게 하시는 분은 오직 하나님뿐이시다. 심지어 가변적 피조물에 의해 진리를 바르게 깨닫게 하기도 하시지만, 진리에 이르는 길은 오직 하나님을 통해서만 가능하다.

우리가 가변적인 피조물을 통해 무언가를 배우게 될 때도 결국 하나님은 우리를 불변하는 진리로 인도하시기 때문입니다.(11, 8, 10)[78]

신비한 방식으로, 아우구스티누스는 자신의 잘못을 깨닫게 되었고, 그 잘못들을 혐오하게 되었다.

나의 하나님, 당신은 신기하고도 신비한 방법으로 나를 깨우치셨습니다. 당신이 그것을 진리라고 가르치셨기에 나는 그것을 믿을 수 있었습니다. … 당신은 섭리의 신비한 손으로 나를 인도하셨습니다. 그리하여 수치스러운 잘못들을 깨닫게 하셨고 내 잘못을 혐오하도록 이끌어주셨습니다.(5, 6, 10-11)[79]

이 문구에서, 그리고 나중에 살펴보게 될 신앙의 덕에 관한 문구들에서[80] 아우구스티누스는 하나님의 은혜가 인간의 지성에게는 빛을

비추어주고, 인간의 의지에는 영향력을 끼쳐주어 인간의 실천적이고 도덕적인 삶에 스며든다고 말한다.[81]

아우구스티누스의 회심 이야기가 대표적인 예라 할 수 있다. 특히 탐욕과의 치열한 싸움에서, 아우구스티누스는 하나님의 은혜가 죄의 황폐함을 치유하고 영혼 안에 질서를 회복시킨다는 점을 강조한다.[82]

13권에서, 아우구스티누스는 태고의 물리적 혼돈을 도덕적 혼돈으로서의 죄와 비교하기도 한다. 성령께서 어두운 수면 위를 운행하시고 혼돈의 상태에 질서와 평화를 가져온 것처럼, 성령께서는 혼돈된 영혼 위를 운행하시며 우리 영혼을 죄의 심연에서 건져내신다.[83] 성령의 은혜는 무질서한 감정들이 영혼을 아래로 끌어내리는 상황에서도 인간의 영혼을 위로 끌어올리신다.[84] 영적 평행을 잡아주시는 셈이다. 그러므로 은혜는 지성을 위한 빛일 뿐 아니라, 의지의 능력이 되기도 한다. 한마디로, 은혜는 정욕의 부력이다. 은혜는 하나님을 향한 사랑의 무게를 더욱 강화시켜준다.[85]

하나님의 은혜는 하나님의 선하심의 충만함에서 흘러넘친다. 하나님은 세상을 창조하신 후 인간의 삶을 보다 아름답고 완전하게 하시기 위해 은혜로 역사하셨다.[86] 이는 하나님의 선물이지 결코 인간에게 속하는 것이 아니다. 하나님께서는 은혜를 베푸실 의무를 가지신 것은 아니지만, 인간의 편에서 볼 때 시편과 바울서신이 말해주는 하나님께 이르고자 한다면 하나님의 은혜가 꼭 필요하다. 『고백록』은 빛과 물이라는 상징을 통해 하나님의 은혜가 인간의 초자연적 삶을 위해 필수적인 것이라는 점을 깨우쳐주고 있다.

내 영혼은 자신에게 빛을 비추지 못하고, 자신의 갈증을 해갈시키지 못합니다. 그렇기에 메말라 갈라져버린 땅처럼 심각한 갈증으로 당신을 사모하고 있습니다. 생명의 원천은 당신께 있습니다. 당신의 빛 안에서, 우리는 빛을 볼 수 있습니다.(13, 16, 19)[87]

빛과 물은 인간실존의 필수조건이다. 영혼의 초자연적인 삶에도 마찬가지로 필수조건이라는 것이 있게 마련이다. 특히 도덕의 영역에서 하나님의 은혜는 필수적이다. 은혜라는 필수조건을 결여한 영혼은 버려진 황무지와 다를 바 없다. 영혼은 스스로의 힘으로 빛을 조명해줄 수 없다. 스스로 자양분을 공급할 수도 없다. 스스로의 힘으로 하나님의 빛을 보려하지만 그렇게 할 수 없다. 영혼을 유지시키는 원천은 하나님이시다.

『고백록』에서 찾을 수 있는 하나님의 은혜에 대한 일반개념들은 대략 이제까지 말한 것들이다. (나중에, 정욕에 물든 의지의 치유책을 다룰 때 하나님의 은혜의 특수하고도 구체적인 행위들을 살펴볼 수 있을 것이다.)[88] 분명한 것은,『고백록』이 도덕철학에서 말하는 자연적 이성에 의한 윤리를 다루는 것이 아니라, 초자연적 인간의 문제를 다루는 기독교윤리를 말하고 있다는 점이다. 『고백록』이 말하는 인간은 추상적 인간이 아니라, 구체적인 인간이다. 다시 말해 은혜와 죄 사이에서 갈등하고 있는 인간의 문제를 다루고 있다.

책의 특성상, 『고백록』은 하나님 중심적 인간관을 표방한다. 무엇보다도, 『고백록』은 기도문이다. 아우구스티누스는 하나님을 그 중심에 모시고 『고백록』을 쓰고 있는 셈이다. 동시에, 『고백록』은 기도문이기는 하지만 자유로운 형식을 구사하고 있다.[89]

사실,『고백록』이라는 표제에는 하나님께 대한 찬양과 자신의 죄에 대한 기소라는 뜻이 함축되어 있다. 『고백록』은 하나님을 향한 찬양이며, 하나님께 대한 찬양에서 영감을 받은 말들로 기록되었다. 아우구스티누스는 경건함과 함께 철학적 통찰을 동원하여 하나님을 찬양하고자 했으며, 하나님의 인도하심 없이는 하나님을 온전하게 찬양할 수 없다는 사실을 독자 모두에게 일깨워준다. … 기도의 3요소, 즉 찬양, 청원, 감사의 요소들이 첫 장에 들어 있다. 『고백록』의 처음 다섯 장은 모두 기도문이다. 이는 『고백록』 전체가 하나의 기도문, 즉 찬양과 감사의 기도임을 보여준다.[90]

하나님의 은혜를 구하는 방편으로서 기도가 지닌 가치는 두말할 필요도 없이 무척이나 중요하다. 아우구스티누스는 기도의 능력에 대해 익히 잘 알고 있었다. 그는 어머니의 기도가 있었기에 자신이 죄인의 상태에서 그대로 죽지 않게 했고 지옥의 길에서 구원해냈다고 믿는다.[91] 어머니에 대한 여러 묘사들 중에서 특징적인 것은 어머니를 덕스러운 여인으로 말하고 있다는 점이다. 특히 어머니의 기도와 인내의 덕이 강조되고 있다.[92] 이와 관련하여, 우리는 아우구스티누스가 의심과 우유부단함의 고통 속에서 자신을 이해할 수 있게 해달라고 기도했던 사실에 유의할 필요가 있다.

그 시절 내가 겪었던 고통을 아시는 분은 오직 당신뿐이십니다. 사람으로서는 알 수 없습니다.(7, 7, 11) … 오, 나의 하나님. 간구하오니, 내가 내 모습을 깨달아 알게 하시며 나를 위해 기도하는 형제들에게 나의 약점을 고백할 수 있도록 인도하여 주소서.(10, 37, 62)[93]

더구나, 아우구스티누스는 사랑을 위해서도 기도했으며, 성욕의 절제를 위해서는 수없이 기도를 반복했다.

당신께서 명하시는 것을 행하게 하시고 당신께서 원하시는 것을
명하여 주소서.(10, 29, 40) … 당신께서 허락하시지 않으시면 아무도
절제를 실천할 수 없습니다. 당신은 우리의 간구를 들으시고 많은 것
을 베풀어주십니다. 우리가 간구하기 이전에 지니고 있던 선함도 사
실은 당신께서 주셨습니다.(10, 31, 45)**94**

그는 스스로 기도를 하면서도 친구들에게도 기도를 요청했다. 예
를 들어, 치통으로부터 구해달라고 기도하기도 했고 그 응답도 받았
다.**95** 순전히 자연적 호의를 위한 청원으로 보이는 것들까지도 기도
했던 모습에서 우리는 아우구스티누스의 인간적인 면모를 엿볼 수
있을 것 같다. 그는 사소한 일을 위해서도 기도했다.

말하자면, 아우구스티누스는 하나님의 존전 앞에서 자기의 죄를
기소하여 영적 유익을 얻었다는 사실을 알려주고 있는 셈이다. 그는
자신의 약함과 죄를 인정하고 하나님의 밝은 빛을 희구하면서, 하나
님의 긍휼로 이미 시작된 영혼의 정화를 완성시켜주실 것을 간구했
다.**96** 마침내 그의 영혼이 정화되어 하나님 안에서 행복을 찾을 수 있
었다.

『고백록』에 따르면, 기도는 죄가 난무하는 죄의 공연장이 된 영혼
까지도 사랑을 위해 힘쓰는 자로 변화시킨다.

당신 앞에 이런 이야기들을 드리는 이유는 무엇일까요? 당신께서
나에게서 무언가를 배우시리라는 뜻에서가 아닙니다. 이 고백을 통

해 당신께 향하는 나의 사랑과 독자들의 사랑이 일깨워져서 우리들 모두가 '주님은 위대하시니 크게 찬양을 받으실 만하십니다'라고 말하기 위해서입니다. 이미 말씀드렸지만, 또 다시 말씀을 여쭙겠습니다. 내가 이 고백을 드리는 이유는 당신의 사랑을 사랑하기 위해서입니다.(11, 1, 1)[97]

아우구스티누스의 윤리에서 기도는 은혜의 가장 강력한 원천이다. 『고백록』에서는 세례를 중요하게 여기면서 은혜의 다른 통로라고까지 말한다. 아우구스티누스는 세례를 소중한 체험으로 여긴다. 젊은 시절, 그는 고향에서 수사학을 가르치기 시작했다. 그는 신앙에 대한 이해가 거의 없는 친구와 절친하게 지냈다. 결과적으로, 유능한 수사학 교사였던 아우구스티누스는 친구를 마니교로 끌어들였다. 얼마 지나지 않아, 친구는 심각한 병에 걸렸고 감각이 없어지고 죽어가는 상태에서 세례를 받았다.[98] 세례 후 친구의 질병이 치유되었다. 아우구스티누스는 친구가 세례를 받았다는 말을 믿지 않고 우스갯소리로 삼았다. 하지만 아우구스티누스가 만난 친구는 이제 새로운 자유를 지닌 새로운 인격체였으며, 자신의 세례경험을 믿어주지 않는 아우구스티누스를 꾸짖으면서 조롱하지 말라고 말한다. 더구나 그렇게 하지 않으면 더 이상 친구 사이로 지낼 수 없다고까지 말했다. 아우구스티누스로서는 무척이나 당혹스러운 일이었을 듯싶다.[99](역주: 그 친구는 질병이 재발되어 이내 죽었고 친구를 여읜 아우구스티누스는 절망적인 슬픔에 빠진다)

이 사건을 통해, 우리는 대조되는 두 가지 요소를 찾아볼 수 있다. 한 사람의 젊은이가 세례받기 전에는 쉽게 길을 잃을 수 있었던 모습, 그리고 세례받은 후 거짓 교훈에 항거하는 모습 사이의 대조가 그 첫 번째 대조적인 모습들이다. 두 번째 모습은 세례를 받아 새로운 힘을 얻은 젊은이, 그리고 여전히 죄악 속에서 뒹굴고 있는 아우구스티누스 사이의 대조적인 모습이다. 이 모두가 실천적인 도덕적 삶에서 세례의 효과를 강조해주는 이야기임에 틀림없다.

더구나, 세례에 대한 다른 언급에서 아우구스티누스는 세례가 도덕적 선과 직접적인 관계에 있다고 말한다. 세례는 인간의 비참함에 따른 필연적 요소이다.[100] 세례는 죄를 씻는 것이며,[101] 이 세상의 여러 유혹들에 대한 방호벽이다.[102] 다시 말해, 세례는 영적 삶의 시작이며[103] 결과적으로 빛과 어둠을 나누는 모습으로 표현할 수 있다. 또한 성령께서 인간의 영혼 안에 질서를 회복시키는 사건이라 할 수 있다. 전에는 어둠이더니 이제는 빛이라고 하는 사도 바울의 말씀(엡 5:8)을 인용하면서, 아우구스티누스는 세례가 은혜의 빛을 비춰주며 무지한 어둠을 몰아낸다고 말한다.[104] 세례는 인간의 지성에 빛을 비춰주며 인간의 의지를 강화시켜주는 사건인 셈이다.

4
카리타스의 덕을 실천하라

『고백록』에 아우구스티누스의 윤리를 핵심적으로 말해주는 문장이 하나 있다. 아우구스티누스는 이렇게 말한다.

> 오, 주님. 당신께서는 말씀으로 내 마음의 문을 두드리셨습니다. 나는 당신을 사랑하게 되었습니다. 주님, 나는 당신을 사랑하게 되었습니다.(10, 6, 8)[105]

기나긴 모색 끝에 아우구스티누스는 복음에 담겨 있는 살아계신 하나님의 음성을 듣게 되었다. 아우구스티누스는 하나님이시요 사람이신 그리스도에 대한 교리에서 윤리의 기초를 발견했다. 그리스도는 하나님과 사람 사이의 완전한 중보자이시다. 도덕적 완성이란 사랑의 완성과 하나이자 동일한 것이며 그 사랑은 영혼을 그리스도께로 인도하는 사랑을 뜻한다. 하나님 사랑과 이웃 사랑의 이중계명은 하나님이요 인간이신 그리스도에 대한 사랑 안에서 하나로 통합되고 완성된다.[106] 아우구스티누스는 이 사랑을 카리타스라고 칭한다. 만물은 인간에게 하나님을 사랑하는 것이 인간의 마땅한 본분임을 일깨워주며 다른 핑계를 댈 수 없게 해준다.

> 당신의 말씀이 내 마음의 문을 두드리신 이후로 나는 당신을 사랑
> 하게 되었습니다. 또한 하늘과 땅과 그 안에 있는 모든 것들이 당신
> 을 사랑해야 한다고 나에게 외치고 있습니다. 만물은 이것을 끊임없
> 이 모든 사람들에게 외쳐 사람들로 하여금 핑계치 못하게 합니다.(롬
> 1:20)(10, 6, 8)[107]

한마디로, 카리타스가 인간의 본분이라는 것이다. 이러한 관점은 덕의 실천의도를 순수한 것이 되게 정화시키는 효과가 있다. 아우구스티누스는 자신이 죄의 유혹을 거절하기는 했지만 하나님에 대한 순수한 사랑에서 그렇게 했던 것은 아니었다고 고백한다.[108] 의도가 순수해져야 할 이유에 대해서는 여러 저술들에서도 다루는 주제이다. 특히 시편 72편 주해에서 두드러지게 나타난다. 아우구스티누스는 인간의 덕에 대해서는 하나님 자신이 보상이 되신다고 말한다. 또한 하나님이 계신 곳에서는 피조물을 창조주보다 더 높이 평가하는 일은 없게 될 것이라고 말한다.[109] 이러한 맥락에서, 아우구스티누스는 자신의 저술 모두를 하나님께 봉헌한다.[110]

본질적으로, 의도의 순수성이란 하나님께 의지를 완전히 복종시킬 때 비로소 가능해진다. 그것도 사변에만 그치는 것이어서는 안 되고, 행동으로 보여주어야 한다. 은혜로 새롭게 된 사람은 율법을 판단하는 자가 될 것이 아니라 율법의 실천자가 되어야 마땅하다.[111]

회심 이후에 아우구스티누스는 그리스도의 뜻에 대한 완전한 복종을 실천하였다.[112] 이를 통해 그의 가치관이 변화되었을 뿐 아니라, 그의 영혼은 깊은 평화를 누릴 수 있었다. 그의 사랑의 새로운 대상이신 그리스도는 감각적 쾌락의 총화를 초월하시는 분이었다. 아우구스티누스가 자신의 의지를 그리스도께 복종시키기로 결단하자마자 하나님의 은혜가 그의 지성에 빛을 조명해주시고 그의 의지를 강하게 세워주셨다. 회심 이전과 이후의 모습이 너무도 극단적으로 대조되고 있는 셈이다. 아우구스티누스가 결단을 내리지 못하고 있을 때, 그는 어두움 속에서 더듬거리며 헤매는 육체의 노예였다. 그러나 회심 이후, 아우구스티누스는 그리스도께서 주시는 능력으로 새로워졌고 이전에 지니고 있던 욕망들에 더 이상 휘둘리지 않게 되었다.

> 진리이시며 가장 선하신 당신께서 그것들을 내 안에서 쫓아내 주시고 그 자리에 친히 들어와 계셨습니다. 당신은 모든 쾌락보다 더 달콤하시지만 그것은 혈과 육에 의한 것이 아닙니다. 당신은 모든 빛보다 더 밝지만 내 마음의 깊은 곳보다 더 깊은 곳에 계십니다.(9, 1, 1)[113]

아우구스티누스에 따르면, 하나님을 사랑하게 되는 것은 하나님께서 주시는 선물이다.

> 당신께서 주신 선물로 우리는 불붙어 위로 타오르게 되고, 우리 마음이 불타올라 앞으로 나아갈 수 있습니다.[114]

성령께서 우리 마음에 하나님의 사랑을 불어넣어 주시기에, 우리는 모든 피조물 안에 드러나는 하나님의 선하심을 사랑할 수 있게 된다. 이는 성령께서 우리를 돕지 않으시면 불가능한 일이다.[115]

더구나 이 사랑은 우리의 지성을 일깨우며 신앙을 깊게 한다. 하나님의 사랑은 하나님께 대한 지식의 깊이를 더해준다.

> 카리타스는 하나님의 불변하는 빛을 알고 있습니다.[116]

사실, 지식과 사랑은 상호호환적인 관계에 있다. 사랑은 지식의 깊이를 더해주며 지식은 사랑을 불러일으킨다.

이웃 사랑 혹은 형제애에 관해서는 주로 우정의 문제를 다룬다. 이 문제에 대한 아우구스티누스의 관점은 자신의 비통한 경험으로부터 비롯된 것이었다. 우정에 대한 그의 윤리적 관점은 이러한 배경에서 접근하는 것이 적절할 듯싶다.

타가스테에서, 아우구스티누스는 동갑네기 젊은이와 절친한 친구가 되었다. 그는 얼마 지나지 않아 친구를 마니교 이단에 데리고 갔다. 그때 친구가 갑작스럽게 죽었고 이 일은 아우구스티누스를 깊은 슬픔에 잠기게 했다.(역주: 그 친구는 죽기 전에 세례를 받았다. 이 책의 72면에 나왔던 이야기와 연계된다.) 그 당시로서는, 위로를 주실 하나님에 대해 알지 못했기 때문에 그는 슬픔 속에서 그를 대신할 병적인 쾌락을 추구했다. 그의 슬픔은 절망적이었다. 친구를 잃은 것은 전부를 잃은 것과 다름없다고 생각했기 때문이다. 더구나 하나님을 향한 굳센 신앙이 없었다.

> 절친한 친구가 하나 있었습니다. 동갑네기 친구였습니다.(4, 4, 7) …
> 나는 스스로도 알 수 없는 하나의 수수께끼 같은 존재였습니다. 나는

스스로 왜 그렇게 낙심하며 스스로 괴로워하는지 자문해보았습니다. 내 영혼은 대답할 말이 없었습니다. 만약, '너는 하나님을 바라라'(시 43:5)고 영혼에게 말했다 하더라도 내 영혼은 따르지 않았을 것 같습니다. 그때 나는 하나님을 상상의 대상으로 생각하고 있었고 그것이 더 실재적이라고 생각하며 그렇게 생각하기를 더 좋아했기 때문입니다. 오히려 우는 것이 좋았습니다. 그 눈물은 사랑했던 친구를 위한 것이었습니다.(4, 4, 9)[117]

이 시기에, 아우구스티누스의 마음에는 물질주의적이고 신인동형론적 신개념이 자리 잡고 있었다. 예를 들어, 친구의 죽음으로 슬픔에 사로잡혀 병적으로 대리적 위로를 찾고 있던 당시, 그는 마니교가 말하듯 하나님을 그림자와 유사한 존재로 생각하는 것이 자신을 위로해주기에 부족함이 없다고 느꼈다. 그의 슬픔이 무척이나 구체성을 지니고 있었던 점에 비교해볼 때, 그가 생각했던 신 개념은 너무도 희미한 허깨비와도 같았다.

그 당시 아우구스티누스의 이러한 신 개념은 그의 우정에 아무런 영향력도 행사하지 못했고, 이로 인해 동료에 대한 아우구스티누스의 사랑이 무질서해졌다는 것은 그리 놀랄 만한 일도 아닌 셈이다.

주님, 당신께서만 내 짐을 가볍게 하실 수 있기 때문에 내 짐을 당신께 내어맡겼어야 했습니다. 알면서도 그렇게 하려고 하지 않았고 그렇게 할 수도 없었습니다. 그 당시, 나는 당신을 확고하고 부동한 실체라고 생각하지 못했기 때문입니다. 사실 그때 내가 생각하는 하나님은 하나님 당신이 아니었습니다. 내 오류에서 나온 헛된 환상에 지나지 않았습니다. 그래서 약간의 쉼을 얻고 싶어서 내 짐을 환상의 하나님께 내어 맡기자 그 짐은 허무하게도 내게로 되돌아왔습니다. 나 스스로 불행한 자리가 되어버려서 거기에 머무르기도 그렇고 박차고 떠날 수도 없는 상태였습니다. 내가 과연 내 마음을 회피하고 어디로 도피할 수 있었겠습니까?(4, 7, 12) … 당신을 사랑하는 것은 당신 대신 환상을 사랑하는 것일 수 없습니다.(7, 17, 23)[118]

따라서 인간의 우정에 있어서 하나님의 역할에 대한 관념을 바로 잡는 것이 그 당시 정황의 치유책 중 하나가 될 수 있었을 듯싶다. 이러한 뜻에서, 아우구스티누스는 모든 우정에 적용할 수 있는 지침을 제시한다. 하나님께서 친구들 사이의 연합을 유지시켜주시지 않는 한, 진정한 우정이란 있을 수 없다는 것이다.

그 후에도 진정한 친구를 사귀지는 못했습니다. 진정한 우정은 우리에게 주신 성령으로 말미암아 우리 마음속에 부어주신 사랑 안에서 당신께서 우리를 서로 하나 되게 하시지 않으면 불가한 것이기 때문입니다.(롬 5:5)(4, 4, 7)[119]

아우구스티누스는 우정에 있어서 하나님의 이러한 역할을 인식하지 못했기 때문에, 친구를 마치 하나님인양 사랑했지만 이제는 그 친구와 사별한 탓에 사랑하는 사람을 잃은 슬픔에 절망하고 있는 것이다. 아우구스티누스는 자신에게 이러한 일이 생겨난 것은, 그 당시 자신이 결국은 쇠하여 없어질 것을 친구로 삼았던 노예상태가 되어 있었기 때문이라고 강조한다.[120] 그 모든 것을 잃게 되자, 아우구스티누스의 영혼은 무너져내렸다. 친구와 사별한 후, 아우구스티누스는 쾌락에서도 직업에서도 안식을 얻을 수 없었다. 그의 슬픔은 더 깊어져서 산산이 조각나 부서져 버렸다. 죽게 되어 있는 것을 마치 영영 죽지 않을 것처럼 사랑했기 때문이다. 이때, 그는 이렇게 말했다.

> 아, 사람을 제대로 사랑할 줄 모르는 어리석은 자여!(4, 7, 12) … 슬픔이 그토록 쉽게 깊숙이 내 마음에 스며든 이유는 죽을 수밖에 없는 사람을 마치 안 죽을 사람처럼 사랑해서 내 영혼을 모래 위에 쏟아버렸기 때문이었습니다.(4, 8, 13)[121]

자신의 오류와 과도함을 회고하면서, 아우구스티누스는 친구 사별의 병적인 슬픔을 이겨낼 두 가지 치유책을 암시해준다. 사랑하는 사람도 결국은 죽게 되어 있는 존재일 뿐이라는 사실을 기억해야 한다는 것, 그리고 사랑하는 사람이 죽으면 하나님을 의지해야 한다는 사실, 이 두 가지를 마음에 새겨두라는 것이다. 친구 사이의 우정은 하나님께서 맺어주신 것이기 때문이다. 아우구스티누스는 하나님 관념에 대해 우정을 맺어주시는 분으로 확장시키면서 이렇게 말한다.

> 당신을 사랑하고 친구를 사랑하되 당신 안에서 사랑하며 심지어 원수까지 사랑하는 자는 복 있는 자입니다. 왜냐하면 항상 존재하시며 모든 것을 사랑하시는 그분 안에서 모든 것을 사랑하는 자만이 자기가 사랑한 것들을 잃게 되지 않을 것이기 때문입니다.(4, 9, 14)[122]

결국 우정 문제의 해법은 인간의 사랑을 하나님께 대한 사랑에 통합시키는 데 있다. 우리는 친구를 사랑하되 하나님의 형상이라는 점에서 사랑해야 한다. 우리가 원수를 사랑하는 것은 하나님께서 그렇게 명하셨기 때문이며, 죄인에게도 희미하게나마 여전히 하나님의 형상과 함께 은혜를 받을 수 있는 가능성이 남아 있기 때문이다. 나아가, 하나님께 대한 사랑 이외에 그 무엇이라도 결국은 헛된 것임을 아는 자는 복된 자이다.

친구의 선함을 사랑하는 자는 그것이 하나님께로부터 온 것임을 잊지 말아야 하며, 이를 통해 하나님을 기억해야 할 것이다. 영혼에 대한 사랑은 하나님 안에서 사랑하는 것이어야 한다. 말하자면, 우정은 하나님 안에서 맺어져야 한다. 사랑에 의해, 우리는 친구로 하여금 하나님을 사랑하게 해야 하며 우정 안에 발견되는 아름다운 것들은 모두 하나님의 선물로 받아들여야 한다. 한편으로, 자신의 인간적인 사랑을 위해 하나님을 버리는 자는 거짓 우정 때문에 고통을 맞게 될 것이다.[123] 무질서한 우정에는 그에 대한 처벌이 따르게 마련이다.

그가 당신을 피해서 떠나간다면 어디로 갈 수 있겠습니까? 그는 다만 당신의 선하심을 떠나 노하심을 향해 달려갈 뿐입니다. 그는 어디를 가든지 그를 벌하시는 당신의 법에 직면하게 될 것입니다. 당신의 법은 진리요, 진리는 곧 당신 자신입니다.(4, 9, 14)[124]

유의할 것은 사랑하는 사람을 잃고 난 후 고통을 겪게 되고 절망이 따른다는 점이다.

눈을 들어 두루 살펴 그를 찾았으나 그를 볼 수 없었습니다. 그래

서 나는 그가 있지 않는 모든 곳이 싫어졌습니다.(4, 4, 9)[125]

여기에 영적 무지의 문제가 추가된다. 비록 우리가 하나님은 눈에 보이는 피조물과는 다른 존재임을 안다고 해도, 때로는 무질서한 감정들 때문에 이 사실을 망각할 수 있다. 감정이 인간을 피조물과 결탁시켜 하나님을 거스르게 하는 것은 아니다. 감정은 지성의 눈을 가리고 하나님을 추구하고 하나님을 사랑해야 한다는 사실을 인식하지 못하게 한다. 피조물에 대한 무질서한 사랑은 하나님의 존재에 대한 무지로 이어지고 하나님께 대한 경배를 방해할 수 있다. 이교도 철학자들이 그들의 마음을 잃고 무지해진 경우가 바로 이러한 이유로 비난의 대상이 되는 셈이다.[126]

아우구스티누스는 『고백록』에서 우정의 문제를 여러 곳에서 언급하고 있다. 아우구스티누스는 알리피우스가 자신을 대해준 것들을 크게 칭찬한다. 심지어 알리피우스 자신이 원치 않는 것이었을지라도 아우구스티누스를 따라 육체적인 일들을 즐기는 데 동참하기도 했던 그 우정에 감탄한다. 알리피우스의 이러한 모습은 우정을 우상화하는 위험이라고 설명할 수 있겠다. 알리피우스는 친구의 나쁜 습관까지도 기꺼이 따랐던 셈이다.[127] 이와는 반대로, 선한 우정관계에서는 친구의 선한 습관을 따르게 될 것이다. 아우구스티누스가 암브로시우스의 사도적 덕목들을 모방하려 했던 것처럼 말이다. 마침내, 아우구스티누스는 덕스러운 우정의 예를 보여줄 수 있게 되었다. 아우구스티누스는 진리와 지혜를 추구하는 일에 네브리디우스와 알리피우스와 자신이 열정적으로 동참했던 일을 이러한 관점에서 설명하고 있다.[128] 고귀한 것을 추구하는 공동의 목적이 그들의 유대관계를 고귀한 것으로 만들어준 셈이다.

우정의 문제 이외에, 『고백록』은 형제애적 사랑에 관해서도 다루고 있다. 창세기 1장 29절 주해에서 아우구스티누스는 긍휼의 사역을 설명하기 위해, '온 지면의 씨 맺는 모든 채소와 씨 가진 열매 맺는 모든 나무'라는 표현을 용용한다. (역주: 하나님께서 인간에게 이 세상을 살아가는 데 필요한 것들을 공급해주셨으므로 인간에게는 자선 행위를 베풀 책무가 있다는 뜻이다.) 아우구스티누스는 사도 바울이 체포되어 있는 것을 부끄러워하지 않고 필요한 것들을 공급해주었던 오네시보로를 그 예로 설명한다. 이와는 대조적으로, 훗날 바울이 로마에 투옥된 상황에서 다른 사람들이 바울의 필요를 공급해주지 않았을 때, 바울은 자신을 돕지 않았던 그들에게 허물을 돌리지 않기를 원한다는 표현을 사용했다. 하지만 아우구스티누스가 추측하기로는, 아마도 사도 바울은 그들이 정황상 어쩔 수 없는 일이 아니었다면, 긍휼을 베풀지 못했던 자신들의 행위를 반성할 수 있도록 인도해주시도록 기도했을 것이라고 보았다. 더구나, 아우구스티누스가 신앙인들에게는 복음 전하는 자들을 후원할 책무가 있다고 말한 부분은 유심히 살펴보아야 할 대목이다. 아우구스티누스는 이러한 책무를 긍휼의 덕보다는 마땅히 해야 할 일, 즉 정의의 덕에 해당하는 것으로 보는 듯싶다.[129]

아우구스티누스가 저술과 설교를 통해 형제애를 말한 부분이 몇 곳 더 있기는 하다. 예를 들어, 신앙인들은 이웃의 영적 상황을 판단해서는 안 된다. 우리에게는 그렇게 할 권리가 없다. 오직 하나님만이 사람의 마음을 헤아리신다. 교회 밖에 있는 자들에 대해서도 세상의 풍속을 따라 판단해서도 안 된다. 이들이 훗날 하나님을 알게 되고 은혜의 자리에 부르심을 받게 될지 누가 알 수 있겠는가? 한마디로,

인간은 다른 이의 구원가능성에 대해 판단을 내릴 수 없다.

그러나 영적인 사람은 교정능력과 관계된 부분, 즉 외적인 도덕 문제에 있어서는 이러한 문제들에 대해 판단을 내릴 수 있고 또한 그렇게 해야 한다.[130] 설교자들은 진리를 거스르는 자들로 하여금 그리스도에게 되돌아오게 해야 한다. 그러나 이는 비난의 마음에서가 아니라 열정적인 카리타스의 마음에서 시행되는 것이어야 한다.[131] 이러한 질책은 친구들 사이에서 통용되는 아부의 말과는 달라야 한다. 친구들 사이의 대화는 회심을 위한 것이라기보다 왜곡에 이르는 것이기 십상이다. 그런가 하면, 다른 한편으로는 적대자에 대한 책망이 상대방을 교정시켜주는 경우도 종종 볼 수 있다.

> 아첨하는 친구들이 우리를 망치는 경우도 있지만, 원수들의 욕설이 때로는 우리의 잘못을 고쳐주기도 합니다.(9, 8, 18)[132]

형제애의 실천은 바른 의도를 지닐 수 있도록 유익을 주기도 한다. 성경에 이것을 잘 보여주는 대목이 있다. 빌립보서에서 사도 바울은 빌립보 교인들이 자신을 향하여 사랑의 마음을 품은 사실에 기뻐했다. 선물을 받고 싶어서가 아니었다. 그들이 풍성한 열매를 맺도록 하는 유익을 주기 위함이었다. 마치 풍요로운 땅이 풍성한 열매를 기약하는 것처럼, 선한 열매들을 다시 풍성히 맺을 수 있을 것이라는 점에서 말이다. 이 대목에서 아우구스티누스는 선물(은사, gift)과 열매(fruit)를 구분한다. 선물이란 돈, 음식, 그리고 옷과 같이 이웃의 필요를 채우기 위해 주는 것을 말한다. 그리고 열매란 주는 자의 선하고 바른 의지를 뜻한다. 이것이 있어야만 이웃을 향한 우리의 행위가 칭찬을 받을 만한 것이 될 수 있는 셈이다. 주께서 예언자의 이름으로 예언자를 대접하는 자에게 보상해주시리라 약속하셨다는 점을 기억할 필요가 있다. 아우구스티누스가 말하고 싶었던 것은 인간이 하는 일은 어린 아이에게 물 한잔 주는 것에 지나지 않지만, 주께서 이것을 제자의 이름으로 행하라고 하셨다는 점이 중요하다는 것이다. 말하자면, 행위의 의도를 하나님께 향하는 것이 되게 해야 한다는 점을 강조한 셈이다. 이를 통해 우리의 행위는 초자연적인 보상을 열매로 받게 될 것이기 때문이다.[133]

『고백록』에서 볼 수 있는 카리타스의 덕에 대한 또 다른 언급은, 창조의 풍요로움을 적절히 사용하라는 것이다. 우정이 하나님을 중심으로 하는 것이어야 하듯, 다른 모든 피조물들 역시 하나님의 영광을 위해 사용해야 한다는 것이다. 친구를 하나님 대신으로 생각하는 경우, 그 우정은 선한 것이라 할 수 없다. 마찬가지로, 물질적인 것의 소유에서 무질서한 욕망에 휩쓸리면 하나님을 잊어버리게 될 것이다. 이러한 위험을 피하기 위해, 우리에게 필요한 마음자세는 육체의 아름다움을 볼 때 하나님을 찬양하는 마음이다.

> 사물들이 너를 즐겁게 하거든 그것 때문에 하나님을 찬양하여라. 그것들에게 사랑을 쏟아 붓지말고 그것들을 지으신 창조주를 사랑하라. 사물들에 대한 사랑으로 인해 자칫 하나님을 노엽게 해서는 안 될 것이다.(4, 12, 18)[134]

불행하게도, 대부분의 사람들이 피조물에 대한 관점에서 적절한 사용이라는 한계를 지키지 못하고 탐욕에 휘둘리기 쉽다. 옷, 신발,

가구, 그림, 그리고 외모 등등 수많은 것들에 한눈을 팔고 살아간다. 그들은 꼭 필요한 것들만 얻으려 하지 않고 그 이상으로 욕심을 부리며 하나님을 위해 사용해야 하는 것들에 오히려 집착하며 살아간다. 그 결과, 그들 마음에 계신 하나님을 자신들의 외부에서 맹목적으로 추구하는 어리석음에 젖어 지낸다.[135] 이 세상에 집착하여 하나님을 잊고 살아가며 자신들의 앞날에 대해 생각하지 않는 이들의 모습은 특히 르네상스 정신에서 두드러지게 나타났었다. 르네상스 시대의 특징 자체가 세상 중심성이었다.[136]

이와는 정반대로, 아우구스티누스의 경고는 우리에게 많은 것을 생각하게 한다. 인간은 물질적인 것들을 자신들의 필요를 충족시키는 데 사용해야 하며 그것들에게 마음을 빼앗겨서는 안 된다. 모든 것을 하나님을 따라 사랑하기는 하지만 하나님을 위해 사용하지 않는 자들은 하나님을 너무도 조금만 사랑하는 자들이다.

> 겉모습을 아름답게 꾸미거나 거기에 탐닉하는 자들도 그 판단기준은 최고의 아름다움으로부터 도출해냅니다. 그러면서도 그 판단기준을 따라 아름다운 것들을 사용하려는 자세는 없습니다.(10, 34, 53) … 누군가 세상의 것들을 사랑하되 당신을 위한 수단으로 사랑하지 않고 당신과 동등하게 사랑한다면, 그는 당신을 너무도 조금만 사랑하는 자입니다.(10, 29, 40)[137]

하나님을 '너무도 조금만' 사랑한다는 표현으로 아우구스티누스가 말하고자 했던 것은 무엇일까? 하나님 없이 무엇인가를 사랑하고 하나님을 위해 사랑하지 않음으로써, 하나님을 결국은 조금도 사랑하지 않는 것이라는 뜻인가? 그들이 하나님을 사랑하기는 하되, 최소한의 사랑을 보여줄 뿐 완전한 형태의 사랑을 구현하지 못하고 있다는 뜻인가? 이것은 마우스바하(Mausbach)가 제기한 질문으로서, 아우구스티누스의 'minus enim te amat'라는 표현에 대한 해석의 시도였다. 마우스바하에 따르면, 이는 마음속에 카리타스를 지니고 있기는 하지만, 피조물에 대한 집착으로 카리타스의 완전한 발현이 제한되어 있는 상태이다.[138] 『고백록』을 연구하는 대부분의 학자들이 마우스바하의 견해에 동의한다. 『고백록』은 도덕적 최소한을 넘어 사랑의 이상(ideal)을 강조해준 것이라는 생각이 담겨 있는 셈이다. 더구나, (죄에 대한 부분에서 살펴보겠지만,) 아우구스티누스는 죄를 설명할 때 죄란 다른 것에 비해 빈약한 사랑이라는 생각조차도 허용하지 않는다. 아우구스티누스에게서 죄란 사랑의 정반대되는 것이다.[139] 이러한 맥락에서, '너무도 조금만' 사랑한다는 표현은 죄에 해당하는 것이라고는 볼 수 없다.

5
겸손의 덕을 실천하라

카리타스 못지않게 『고백록』이 강조하는 덕은 겸손이다. 하나님은 겸손한 자에게 은혜를 주신다. 카리타스 또한 겸손을 기초로 삼았을 때 비로소 실천될 수 있다. 실제로, 그리스도의 성육신과 그의 생애 전체는 겸손의 아름다운 모범을 보여준다.

참 생명이신 그분이 우리에게 친히 오셔서 우리의 죽음을 담당하시고 자신의 넘치는 생명력으로 죽음을 이기셨다. 우리를 부르시어 그분에게로, 또한 그가 계셨던 신비한 곳으로 돌아오라고 말씀하신다. 그분은 그곳에서 내려오시어 동정녀의 모태에서 유한한 우리의 인간성과 연합하셨고 마침내 인간을 영원히 죽지 않게 해주셨다. … 지체하지 않고 달려가면서 말씀과 사역으로, 죽음과 삶으로, 강림과 승천하심으로 우리에게 말씀하시기를 그분에게로 돌아가라 하신다. … 오, 인간들이여, 언제까지 세상을 사랑하는 무게에 짓눌려 지낼 것인가? 생명이신 그분이 강림하신 후에도 저 높은 곳으로 올라가려

하지를 않는구나. 스스로 교만하여 머리를 하늘로 높이 들면 대체 어디로 올라가려 하는 것인가? 하나님을 향하여 올라갈 수 있도록 먼저 겸손히 머리를 숙이고 내려오라. 인간은 하나님을 대항하여 하늘에 올라가려 하다가 밑으로 떨어지고 말았도다.(4, 12, 19) … 나는 충분히 벌을 받았지만 지혜자인 것처럼 드러내기를 바라는 마음에서 내 무지함을 애통하지 않고 교만으로 부풀어 올랐습니다. 예수 그리스도의 겸손을 기초로 하는 사랑이 과연 내게 있었는지요?(7, 20, 26)[140]

아우구스티누스는 신플라톤주의자들의 우쭐대는 자만심과 성육신하신 말씀의 겸손을 극명히 대조시킴으로써 겸손의 중요성을 설명한다. 아우구스티누스는 자신이 학창시절에 자만과 무지의 두 가지 모두에 해당했었던 경우라고 말하면서 그리스도야말로 겸손의 탁월한 모델이심을 강조한다.[141]

말씀이 육신이 되시어 우리의 어리석은 영유아 같은 마음에 젖을 먹여주신다. 하나님께서 그리스도에게 인간의 연약함을 입혀주신 것이다. 아기에게 젖을 먹이는 것은 젖이 가장 잘 소화되는 음식이기 때문이다. 마치 아기에게 젖을 먹이는 것처럼, 지혜로우신 하나님께서는 허약한 인간이 쉽게 깨달을 수 있도록 진리를 구체적으로 가르치고자 하셨다. 그리스도께서 이 일을 담당하시어 인간의 허약함을 깨우쳐주고 인간을 바로 세우고자 하셨다. 겸손을 통하여 그리스도는 낮은 곳으로 내려오셨고 그들을 그리스도에게로 끌어올리셨다. 동시에 그리스도는 인간의 허약하기 짝이 없는 자만심과 자랑을 꾸짖으시고 인간의 비참함을 일깨우셨으며 그리스도를 믿게 하셨다.

당신을 즐기기 적합한 능력을 얻으려고 길을 찾으려 했지만 찾을 수 없었습니다. 하나님과 인간의 중보자이신 인간 예수 그리스도를 모셨을 때 비로소 그 길을 찾을 수 있었습니다.(7, 18, 24)[142]

하나님을 향한 신뢰는 겸손의 적극적 측면에 해당한다. 인간은 그리스도의 약해지심과 더불어 약해져서 그리스도의 은혜가 그 마음에 거하실 수 있게 해야 한다. 아우구스티누스의 사상에서 이러한 깨달음은 신플라톤주의가 아닌 사도 바울에게서 발견한 내용, 즉 인간의 연약함 및 하나님의 은혜에 대한 설명과 맞아 떨어지는 내용이다. 신플라톤주의는 건방짐과 교만을 그 특징으로 한다. 반면에, 사도 바울의 교훈을 직접적으로 반영하고 있는 『고백록』은 고백과 회개를 특징으로 한다.

신플라톤주의자들의 책에서 읽은 진리들 모두가 성경 안에 당신의 은혜를 향한 찬양과 더불어 담겨 있음을 깨달았습니다. 우리가 세상을 볼 수 있는 눈을 가진 이 사실이 당신과는 상관없는 것처럼 스스로를 자랑해서는 안 됩니다. 우리에게 있는 것 중에서 무엇인들 당신께 받지 않은 것이 있겠습니까? … 플라톤주의자들의 책에서는 경건의 고백, 참회의 눈물, 당신의 희생, 애통하는 마음, 상하고 참회하는 심정, 겸손, 당신께서 백성을 구원하신 사건, 당신의 신부인 도성, 성령의 보증, 그리고 인간구원의 기쁨을 찾아볼 수 없었습니다.(7, 21, 27)[143]

아우구스티누스는 사도 바울이 말한 그리스도의 중보 되심에 대한 말씀들을 묵상함으로써 겸손의 참뜻을 이해할 수 있었다. 습관화된 죄로 인해 연약해진 아우구스티누스는 하나님께 나아갈 수 없었다. 그러나 성육신을 통해 드러난 그리스도의 겸손을 깨달았을 때, 그는 겸손의 실천을 다짐했고 중보자이신 그리스도의 은혜를 받아들이게 되었다.[144]

사람들과 같이 되어 사람들의 연약함을 담당하신 그리스도의 겸손은 죄인 된 아우구스티누스에게 그리스도께서 자신의 모든 연약함을 치유해주시리라는 확실한 소망을 심어주었다. 아우구스티누스의 경우, 자신의 비참함에 대한 성찰이 절망을 없애준 것이 아니라 오히려 그를 하나님이시며 사람이신 중보자에 대한 소망의 자리에 나아가게 하는 원동력이 되었으며, 그리스도의 능력이 죄로 물든 모든 상처를 치유해주시리라 확신할 수 있게 이끌어주었다. 아우구스티누스는 겸손하신 그리스도에게서 구원의 출발점을 찾은 셈이다.[145]

인간이 교만하여 하나님에게서 멀어져 방황하고 있는 것과 마찬가지 이치로, 겸손의 길을 통해 하나님께로 돌아가야만 한다. 이를 위해 먼저 자신의 내면 깊은 곳으로 내려가 자신의 죄를 깨닫고 하나님 앞에서 죄를 고백하며 하나님의 긍휼을 간절히 소망해야 한다. 우리는 그때 비로소 하나님을 향하여 올라갈 수 있을 것이다. 말하자면, 교만으로 인해 타락한 인간은 겸손을 통해 그 은혜를 회복할 수 있다.[146]

겸손의 덕은 인간의 공로에 대한 질문과 연관되기도 한다. 아우구스티누스가 보기에, 인간이 자신의 공로를 셀 때마다 하나님의 선물을 세고 있는 셈이다.

감히 어느 누가 당신 앞에서 자기의 공로를 드러낼 수 있겠습니까? 만일 우리가 공로의 숫자를 센다면 그것은 당신께서 주신 선물의 숫

자를 세는 것과 다르지 않습니다. 아, 인간들은 자신이 인간일 수밖에 없음을 깨달아야 하겠습니다.(9, 13, 34)**147**

인간의 모든 선은 하나님께로부터 온다는 간절한 깨달음은 단번에 그리고 동시에 인간이 아무것도 아님을 인정하게 한다. 또한 인간의 모든 행위에 하나님의 무한한 능력이 영향을 미친다는 점을 수용하게 한다. 아우구스티누스 자신이 이 사항들을 진심으로 동의하고 있다. 예를 들어, 아우구스티누스가 자신의 도덕적인 병약함을 인정함으로써 그리스도께서 의사가 되신다는 것을 알게 되었다는 점은 그가 죄인의 비참함과 의사이신 하나님의 긍휼 사이에 놓여 있다는 사실과 완전하게 들어맞는다.

> 보소서, 당신의 눈에서 슬그머니 내 상처를 숨기지 않겠습니다. 당신께서는 내 의사이시며 나는 환자입니다. 당신은 긍휼이 많으신 분이십니다. 나는 당신의 긍휼을 기다리고 있습니다.(10, 28, 39)**148**

『고백록』을 집필하면서, 아우구스티누스는 비범한 겸손을 보여준다. 그는 자신이 하나님의 은혜에 응답하기 이전의 일들만 아니라, 주교가 된 이후에도 여전히 육체적 유혹들에 노출되어 있음으로 스스로 폭로한다. 덧붙여서, 하나님의 은혜가 그를 치유하셨다는 사실을 인정하면서도 자신 안에 있는 정욕이 사라지지 않는 한, 여전히 치유의 은혜가 필요하며 자신은 연약한 존재일 뿐임을 고백한다.**149**

『고백록』의 다른 몇 부분에 있는 기도문에도 이러한 깊은 겸손이 묻어난다. 그 여러 문구들 중에는 아우구스티누스가 정욕에 대항하여 이룩한 자신의 성숙이 무엇이건 간에 하나님의 은혜에 의한 것이라고 말하는 부분도 있고 하나님의 은혜를 지속적으로 간구하는 대목도 있다. 어느 문구에서는 자신의 강함이 하나님의 도우심을 힘입지 않는다면 오히려 약함이 되고 말 것이라고 말하기도 한다.

오, 우리 주 하나님이시여, 우리가 당신의 날개 밑에서 간구합니다. 우리를 보호해주시고 우리를 안아서 인도해주소서. 당신은 우리의 어린 시절 혹은 백발이 되는 때에도 우리를 안아서 인도해주실 것입니다. 우리가 진정으로 강해지고자 한다면, 당신께서 우리의 힘이 되어주셔야만 가능합니다. 하지만 우리의 힘만으로는 오히려 약함이 되어버립니다.(4, 16, 31)[150]

나아가, 아우구스티누스는 겸손의 덕이 인간을 무한한 존재가 아닌 한계를 지닌 존재라고 인정할 때 가능한 것이라고 말한다.

결국 인간이란 한낱 인간일 수밖에 없는 것 아니겠습니까?(4, 1, 1)[151]

아우구스티누스에게서 겸손은 지적 정직성과 동의어가 되기도 한다. 겸손이 우리를 진리로 행하게 한다면, 진리 역시 우리를 겸손에 이르게 한다. 말하자면, 겸손은 우리 마음이 하나님을 향하여 개방되게 한다. 더구나, 하나님은 겸손한 자의 마음에 머무신다.

겸손은 같은 계열의 덕목들, 즉 사랑, 진리, 그리고 유순함 등과도 연관된다. 아우구스티누스는 어린 시절부터 진리를 알고자 했으며, 이는 그에게서 두드러진 특성이었다. 어린 시절을 회고하면서, 아우구스티누스는 자신이 감각적 통전성을 유지하고자 했으며 마음이 어렸던 탓에 그리 중요하지 않은 문제들과 씨름했던 때에도 진리에 대한 사랑을 항상 간직하고 있었다.

> 내적 감각을 통해 외적 감각들 모두를 살펴보았습니다. 내 마음 밖에 있는 사물들과 그것들에 대한 내 관념들을 통해 진리를 깨닫고 기뻤습니다.(1, 20, 31)[152]

아우구스티누스에게서 하나님은 진리이시다. 아우구스티누스는 진리의 욕망을 하나님을 향한 욕망과 동일시한다. 마니교 이단에 빠진 후에도, 진리를 향한 열정적 사랑은 여전히 생생하게 남아 있었다.

> 오, 진리, 진리여, 그들이 내게 지속적으로 많은 책과 말로 당신의 이름을 약간 들려주었을 때, 내 영혼이 얼마나 당신을 간절히 갈망했었습니까?(3, 6, 10)[153]

진리에 대한 추구는 점진적으로 아우구스티누스에게서 마니교의 가르침을 던져버리게 만들었다. 아우구스티누스의 진리를 향한 갈망은 헛된 것이 아니었다. 하나님께서 그 갈망에 보상해주셨다. 아우구스티누스가 31세에 이르도록 여전히 진리를 갈망하고 있을 때, 하나님께서는 그를 점성술사들의 아첨에서 해방시키셨고 그와 동시에 또 다른 이단에 빠져들지 않도록 하셨으며 이미 발견한 신앙의 진리에 굳게 붙어 있도록 도와주셨다.[154] 그 이후, 아우구스티누스는 하나님께서 신실하게 추구하는 자들에게 진리를 허락해주신다는 점을 확신할 수 있게 되었다.

하나님께서는 분명하게 말씀하셨지만, 많은 사람들이 제대로 알아듣지 못했을 뿐이다. 그들의 격정적인 감정과 방탕함이 방해하고 있었기 때문이다.

진리이신 당신은 어디든지 계시고 당신께 간구하는 소리를 들으시며 모든 사람들의 다양한 요청들을 동시에 들어주십니다. 하지만 사람들은 확실하게 들려오는 대답을 분명하게 듣지 못하고 있습니다.(10, 23, 33) … 사람들이 진리 안에서 기뻐하지 않는 이유는 무엇이겠습니까? 사람들이 행복하지 못한 이유는 무엇이겠습니까? 사람들이 행복에 이르게 하는 진리는 흐릿하게 기억을 하면서도 자신들을 불행하게 만드는 잡무들에는 지나친 관심을 기울이고 있기 때문에 이러한 잘못된 관심이 진리에 대한 관심보다 더 세게 작용하기 때문입니다.(10, 26, 37)[155]

자신의 태만을 스스로 질책하면서, 아우구스티누스는 자신의 양심에 있는 방탕함이 하나님에 대한 지식과 하나님을 향한 사랑에 이르지 못하게 했던 것이라고 고백한다.[156] 많은 사람들이 하나님의 음성을 듣지 못하는 것은 자신들의 의지 탓이었던 셈이다. 그들은 하나님께 소원을 여쭙기는 하지만, 소원이 늘 응답되는 것은 아니다. 하나님께 자신의 소원에 응답하겠다는 소리만 듣고 싶다고 고집을 부리지 않는 자는 오히려 행복해질 수 있을 것 같다. 그들이야말로 유순한 자들이요, 진정으로 하나님께서 들려주시는 음성을 듣고자 하는 자들이기 때문이다.[157]

유순한 자들은 기꺼이 진리를 실천하려 한다. 그들은 의심이 생기면 해소하고 싶어한다. 마치 아우구스티누스가 심플리키아누스에게 자문을 구했듯이 말이다. 아우구스티누스는 기꺼이 알리피우스와 모니카의 모범을 따라 자신의 잘못을 바로잡을 준비가 되어 있었다. 아우구스티누스는 마치 알리피우스가 세례를 받자는 자신의 권유에 기꺼이 동참해주었듯이 진리를 기꺼이 받아들일 수 있었다.[158] 이처럼 겸손은 자신의 한계를 온 마음을 다해 수용하는 것일 뿐 아니라, 진리의 충고를 고대하며 진리가 자신을 바로잡아주기를 바라며 또한 그것을 수용할 수 있도록 유순한 사람으로 변화시켜주기도 한다.

6
믿음과 소망의 덕을 실천하라

　이제까지, 『고백록』에 나타난 두 가지 긴밀하게 연관된 덕, 즉 카리타스와 겸손에 대해 살펴보았다. 지금부터는 다른 두 가지 신학적 덕인 믿음과 소망에 대해, 그리고 그 당연한 귀결들로서의 덕에 대해 생각해보자. 덕목들을 이런 방식으로 배열하는 것이 필자의 자의적인 관점으로 보일 수 있으나, 독자 여러분께서 『고백록』이 다양한 덕목들에 대해 형식적 구분이나 규정을 제시하지 않았다는 점을 유념해주셨으면 좋겠다. 아우구스티누스 자신이 그런 의도나 계획을 가지고 있었던 것이 아니었다는 말이다.

　『고백록』에 나타난 믿음의 덕에 관해 생각하려면, 그의 인식론이 전제하는 기본관점을 살펴보는 것이 좋을 듯싶다. 『고백록』은 이성의 빛과 믿음의 빛 사이의 그 어떤 형식적 구분도 시도하지 않았기 때문에 이 문제를 연구한 학자들 중에서 포탈리와 보이어의 관점을 중심으로 몇 가지 생각해보고자 한다.[159] 이들에 따르면, 아우구스티누스의 인식론은 조명설이라 할 수 있다. 태양이 육신의 눈으로 하여금 대상을 볼 수 있게 하는 것처럼, 진리는 지성에게 인식할 수 있도록 빛을 조명해준다. 진리를 파악한다는 것은 빛을 감지하는 것과 같다. 인간이 하나님의 영원하심에 기대어 존재하는 것처럼, 인간은 하나님의 선하심에 이끌려 살아가며, 진리의 인식에서도 하나님의 진리의 빛에 의해 조명을 받아야 한다.

포탈리에 따르면, 아우구스티누스의 인식론은 독립된 주제가 아니라, 보다 더 광범위한 주제에 해당한다. 하나님께 의존하는 주제와 연관된 측면 중 하나라는 뜻이다. 인간의 지성은 마치 태양빛의 경우처럼 진리의 인식을 위해 하나님의 조명을 받아야 한다. 의지가 덕을 실천하기 위해 하나님의 은혜를 필요로 하는 것도 이와 마찬가지이다. 이러한 필요성은 초자연적 영역으로 확대 적용된다. 하나님께서 인간의 인식능력을 신비로운 방식으로 정해놓으셨으며, 성령께서는 자연의 능력으로 알 수 없는 지식을 얻을 수 있도록 빛을 조명해 주신다는 것이다.[160]

『고백록』의 여러 부분에서 진리의 초자연적 본성이 자세히 설명된다. 진리는 아우구스티누스와 언제나 함께 있어서 그에게 피해야할 것과 바라야 할 것을 일러주며 그의 갈 방향을 정해주고 그에게 명령을 내린다. 진리는 불변의 빛이며 진리를 아는 자는 그것이 빛이라는 사실 또한 알고 있다. 진리는 영원하며 사랑이며 곧 하나님이시다. 이 진리를 소유할 때, 인간은 비로소 행복해질 수 있다.

그 빛이 내 마음보다 위에 있다는 것은 기름이 물 위에 있는 것이나 혹은 하늘이 땅 위에 있는 방식과는 다른 방식이었습니다. 그 빛은 나를 지으신 분이시므로 나보다 위에 계시며, 내가 그 빛으로 지음 받았기에 나는 그 빛보다 아래 있습니다. 진리를 알면 그 빛을 알 수 있고, 그 빛을 알면 영원을 알 수 있습니다. 사랑이야말로 그 빛을 알게 해줍니다. 오, 영원한 진리! 참된 사랑! 사랑스러운 영원! 당신은 내 하나님이시니 당신을 밤낮으로 갈망합니다. 당신을 처음 뵈었을 때 당신은 나를 들어 올리시어 내가 봐야 할 것을 보여주셨습니다.(7, 10, 16) … 당신은 끝이 없는 영원한 빛이십니다. 나는 이 모든 것들에 관해 당신께 여쭈었습니다. 그 모든 것이 실재하는 것인지, 그들의 본질은 무엇인지, 그들의 가치는 무엇인지 질문했습니다. 나는 매번 가르침을 주시며 명령하시는 당신의 말씀을 들었습니다.(10, 40, 65)**161**

『고백록』 첫 장에서 아우구스티누스가 하나님을 알지 못하면 어떻게 하나님을 불러 아뢸 수 있겠는지 질문한 부분은 중요한 대목이다. 문맥에서 알 수 있듯, 그는 자연적 지식보다는 믿음의 지식을 구했다. 그는 사도 바울의 말씀(롬10:14이하)을 인용하면서, 바울이 복음에 대한 신앙과 그것을 설교하는 설교자에 대한 신뢰 두 가지 모두를 교훈했다고 해석한다. 믿음이 필수적이라는 뜻을 강조한 셈이다.

당신을 모르는 자가 어떻게 당신을 부를 수 있겠습니까? 당신을 알지 못하고 부르는 자는 당신을 부르는 것이 아니라 당신 아닌 다른 그 무엇을 부르는 것일 뿐입니다. 우리가 당신을 부르는 것은 당신을 알고 싶어서일 것입니다. 하지만 믿지 않는 자를 어떻게 부를 수 있으며 전파하는 자가 없는 데 어떻게 당신을 믿을 수 있습니까?(롬 10:14)(1, 1, 1)**162**

마찬가지로, 하나님의 섭리가 외적 행위에 간섭하시고 실행시키심으로써 인간으로 하여금 그리스도에 대한 교리와 구원의 길을 찾을 수 있도록 이끌어 주어야만 우리는 진리에 이를 수 있다. 아우구스티누스가 보기에, 하나님께서는 믿음의 규칙들을 통해 교회에 권위를 행사하신다. 무엇보다도 교회의 권위는 성경해석을 그 근거로 삼아야 한다. 아우구스티누스가 암브로시우스의 설교를 듣던 2년 동안의 기간을 언급하면서, 보이어는 암브로시우스의 성경해석을 아우구스티누스가 수용했다는 점에 주목한다. 암브로시우스의 해석과 계시된 말씀을 가르치는 교회의 권위와 동등하게 여긴 셈이다.

당신의 아들이신 우리 주 그리스도 안에서, 또한 당신의 교회의 권위에 따른 성경해석을 통해서, 당신께서 우리의 사후에 영생에 이르도록 구원의 길을 준비하셨음을 믿었습니다. 이러한 신앙이 내 마음에 안정되고 든든하게 자리 잡고 있었지만, 악이란 어디에서 온 것인가 하는 문제에 대해서는 답을 얻지 못해서 내 마음의 불안이 가중되고 있었습니다.(7, 7, 11)[163]

암브로시우스의 설교를 들은 이후에도 아우구스티누스가 여전히 유보적인 입장에 머물고 있었다는 점에서, 현대의 신앙무관심론과 유사한 측면이 있다. 아우구스티누스의 이러한 머뭇거림을 또 다른 새로운 오류로 흐르지나 않을까 싶은 두려움 때문이었으리라 이해할 수는 있겠다. 그럼에도 이 시기에 아우구스티누스는 하나님의 진리를 획득하는 데로 나아간 것도 아니고 육체적 습관에 대항하여 싸운 것도 아니었다. 아우구스티누스가 스스로 인정한 것처럼, 그의 영

혼은 믿음으로써만 치유될 수 있었다.[164]

믿음이 있었다면, 그 믿음이 그의 판단을 정화시키고 그로 하여금 진리를 향해 나아가도록 이끌어주었을 것이다. 그러나 이 시기에, 세상에 대한 집착과 육체적 쾌락을 향한 욕망이 아우구스티누스의 판단을 흐리게 하였고 확고한 믿음에 다가서지 못하도록 방해하고 있었다. 무엇보다도, 확고한 믿음을 갖게 되면 자신의 삶이 죄인의 삶이라고 기소 당하게 될 것처럼 느꼈기 때문이었을 듯싶다. 어쨌든, 신앙무관심론적 사고방식에 따라 아우구스티누스는 자신이 어머니가 믿어온 기독교를 수용하는 그 순간 모든 쾌락을 즉시 희생시켜야 하는 것은 아닐까 싶어서 마음에 내내 고민스러웠던 문제들로부터 도피하려 했던 셈이다. (이 문제는 무지에 대한 부분에서 다루게 될 것이다.)[165] 다만, 아우구스티누스가 신앙무관심론에 안주한다고 해서 자신의 도덕적 죄책감 문제를 해소할 수 있었던 것은 아니라는 점을 인식할 필요가 있다. 또한, 도대체 어떤 도덕적 장애요소가 기독교신앙을 향한 길목에서 악영향을 주었는지 살펴볼 필요가 있다.

세상에의 집착 및 거기에 습관적으로 육체적 쾌락이 연루된다는 사실에 대해 느끼는 강박관념이 신앙의 길에 들어서지 못하도록 방해하는 장애요소였던 것은 분명하다. 물론 그 외에도 방해거리들이 더 있었을 것이다. 무엇보다도, 신앙을 받아들이기를 꺼려했다는 점에서만 아니라 신앙의 진리 자체에 대해 무지했다는 것이 중요한 장애요소였을 듯싶다. 이것을 지성적 교만이라고 할 수 있겠다.

아우구스티누스는 교만을 설명하기 위해 자신이 아무 생각도 없이 이교도의 학문을 추구하다가 하나님의 빛으로 되돌아갔을 때의 일을 회고한다. 그는 너무도 자만심에 가득차서 의도적으로 잘못된 길로 나갔다는 것을 인정하기보다는 오히려 하나님의 오류를 주장하는 억지를 부릴 정도였다. 이러한 오류에 빠진 것 자체가 징벌이었다. 영적 무지에 이르게 된 것은 목이 뻣뻣했던 교만에 대한 하나님의 징벌에 따른 것이라고 보는 셈이다.[166]

이와 관련하여, 'dorsum enim habebam ad lumen'이라는 문구를 주해하면서, 왕네렉(Wangnereck)은 영혼의 뒷면에는 망각이 있다고 말한다. 이 망각은 비난받아야 할 대상이다. 그것은 본질상 의도적인 것일 뿐 아니라, 실제로는 하나님을 망각한 것이라기보다 오히려 하나님을 기억하지 않으려 하는 것이기 때문이다. 다른 한편으로, 영혼의 앞면에는 하나님께 대한 각성이 있다. 빛을 등지고 있는 자의 눈에 빛이 차단되는 것처럼, 죄인에게는 하나님께 대한 각성이 없고, 하나님께서 비춰주시는 빛을 받아들이려 하지 않는다.

나는 빛을 등지고 있었으므로 나는 그 빛에 비춰지는 것들만 볼 수 있었습니다. 빛에 의해 비춰지는 것들만 보았었기 때문에, 정작 내 얼굴에는 빛이 비춰지지 않았습니다.(4, 15, 30)[167]

아우구스티누스는 또 다른 역설을 설명하면서, 정작 자신은 눈이 어두워 보지 못했지만 자기 아들에게 생명의 길을 가르친 토비아(Tobia)의 경우를 이 세상의 반짝이는 빛에 매혹되어 쾌락에 빠져서 하나님에 관해 무지해진 자들의 경우와 대조시킨다. 이 역설을 통해 아우구스티누스는 하나의 도덕적 교훈을 발견했다. 신앙을 약화시키고 덕의 실천에서 빗나가게 만드는 이생의 안목에 대항해야 한다는 사실을 깨달은 것이다.[168]

어느덧 아우구스티누스는 교회를 향한 그의 여정에서, 비록 도덕적 일탈에 빠져있기는 하지만 교회의 가르침만은 흔들림 없이 믿고 있는 단계에 접어들었다. 마음으로는 이미 그렇게 하자고 마음먹고 있었지만, 육욕의 노예생활을 단념하고 믿음의 길에 들어서야 한다는 해법의 실천을 주저하고 있었을 뿐이다.

교회가 가르치는 우리의 주이시며, 구원자이신 당신의 아들 그리스도에 대한 신앙은 계속해서 마음속에 굳게 자리 잡아가고 있었습니다.(7, 5, 7)[169]

믿음에 이어 소망의 덕에 관해 생각해 보자. 소망에 관한『고백록』의 교훈은 그리스도의 중보 되심과 연관된다. 그리스도는 하나님이시요 사람이시기에 완전한 중보자가 되시어 죄인들을 하나님과 화해시키시는 분이시다. 그리스도는 우리를 종의 신분에서 하나님의 아들의 반열에 올라가게 해주신다. 아우구스티누스는 그리스도께서 아우구스티누스 자신의 모든 병약함을 치유해주시리라고 확고하게 믿고 있었다. 그리스도께서 사용하시는 치료약은 자신의 모든 죄들보다 더 강력한 것이기 때문이다. 그렇지 못했다면, 아우구스티누스는 절망하고 말았을 것이다. 만일 하나님께서 성육신하시어 우리들 사이에 계시지 않았다면 우리는 하나님을 무척이나 멀리 떨어져 계신 분으로 생각했을 것이며 구원의 모든 소망을 상실하고 말았을 것이다.

영혼의 의사여, 내가 이 고백을 하는 목적을 분명히 깨닫게 해주소서. 당신은 내 과거의 죄를 용서하시고 허물을 덮어주셔서 신앙과 성례로서 내 삶을 변화시키셨고 당신 안에서 행복을 누릴 수 있게 하셨습니다. 사람들이 내 고백을 읽고 들을 때 그들이 감명을 받아 일어나게 하소서. 그리하여 그들이 '할 수 없다'고 절망하며 잠들 것이 아니라, 당신의 은혜를 즐기고 당신의 자비를 사랑하는 마음을 갖게 하소서. 당신의 은혜를 통해 자신의 약함을 깨닫게 되면, 약한 그때에 오히려 강하게 됩니다.(고후 12:10).(10, 3, 4)[170]

아우구스티누스는 소망의 개념 안에 모든 난관을 헤쳐 나아가려는 싸움이 내포되어 있다고 생각했다. 그는 덕을 실천하는 과정에 장애를 만날 수 있다는 사실을 알게 되었다. 특히 불경건이라는 깊고도 단단한 습관을 뿌리 뽑는 일이 몹시도 고되고 고통스러운 과제가 되리라는 것을 깨달았다. 하지만 하나님의 은혜를 힘입으면 이 모든 것을 능히 해낼 수 있으리라 신뢰했다. 이것을 실천적 소망이라고 말할 수 있겠다. 더구나, 소망은 하나님 은혜에 대한 의존을 내포하고 있다. 아우구스티누스는 자신을 지으신 하나님께서 또한 그를 거듭나게 하실 것이라고 확신했다.[171] 하나님은 은혜의 감미로움으로 인간의 영혼을 절망의 잠에서 흔들어 깨우시며 그 능력으로 약한 자를 강하게 하시고 죄인에게 자신이 연약한 존재라는 사실을 고백할 수 있도록 인도하신다. 말하자면, 모든 소망의 근거는 우리들 자신이 아니라, 하나님의 무한한 긍휼에 있다. 이러한 뜻에서,『고백록』의 결말에 이르기까지 아우구스티누스는 반복적으로 우리에게 하나님께 소망을 두라고 독려한다.

내 모든 소망은 오직 당신의 크신 긍휼뿐입니다. 당신이 명하시는 것을 행할 수 있도록 능력을 주시고 당신의 원하시는 것을 명하소서.(10, 29, 40)[172]

아우구스티누스는 이 세상의 어두움이 하늘의 빛으로 변화될 때까지 소망을 갖고 인내하라고 말한다. 소망은 우리 영혼으로 하여금 하늘의 영광에 이르기까지 인내하도록 이끌어 준다. 이러한 맥락에서, 아우구스티누스는 『고백록』을 하늘의 소망을 얻게 해주시기를 비는 기도로 마친다. 인간의 모든 선한 일들은 하나님께서 하신 일이며 그것들은 실제로 하나님의 선물이라는 것이다.[173]

소망에는 죽음과 심판에 대한 두려움이 연관된다. 아우구스티누스의 경우, 이러한 두려움이 그의 회심에 가장 효과적인 자극제였다. 악의 소용돌이 속에서도 이러한 두려움은 결코 그의 마음에서 떠나지 않았다. 죽음과 심판의 두려움을 느낀 그는 하나님의 긍휼에 소망을 두게 되었다. 마침내, 그는 그의 과거를 청산하고 삶을 개선하기 시작했다. 이내 두려움은 소망으로 바뀌었고 소망은 회개로 이어졌다. 이러한 유익한 두려움은 아우구스티누스로 하여금 끈질긴 탐욕을 절제하게 했으며 진리를 계속해서 추구하도록 이끌어주는 자극제가 되었다. 그는 자신이 우유부단한 상태에 놓여 있는 그대로 죽음을 맞이하는 것은 아닐까 하는 두려움을 느끼고 있었다. 자신의 무지에 대해 하나님 앞에서 책임을 져야 하리라 생각했던 것 같다.

나를 육체적 쾌락에 더 깊이 빠지지 못하게 한 것은 죽음에 대한 두려움과 장차 임하실 당신의 심판에 대한 두려움이었습니다. 다른 것들에 대해서는 시간이 흐름에 따라 생각도 변해갔습니다만, 두려움만큼은 내 마음에서 떨쳐낼 수 없었습니다.(6, 16, 26) … '인생은 비참하고, 언제 죽음이 닥칠지 알 수 없다. 갑자기 죽게 되면 과연 나는 어떤 상태에서 세상을 떠나게 될까? 세상에서 나태하여 배우지 못했던 것들은 어디서 배워야 하는 것일까?(6, 11, 18)[174]

아우구스티누스의 경우, 소망이 점점 커져가면서 하나님을 향한 회개와 사랑으로 이어졌다. 과거의 죄에 대한 슬픔은 너무도 예민하여 그를 하나님의 긍휼에만 완전하게 의지하게 했다. 더 이상 그는 하나님에게서 벗어나 살고 싶지 않았다. 그렇게 되면 다시 악하게 살게 될 것이기 때문이었다. 이제 그는 하나님께서 그의 생명이 되어주시기를 간구했다.

아무도 나를 방해하지 못하게 하소서. 내가 거기서 물을 마시면 살 수 있을 것 같습니다. 내가 내 생명의 주인 노릇을 하지 말게 하소서. 내가 스스로 생명의 주인인 것처럼 사는 것은 잘못된 것이요, 결국 죽음으로 이어지고 맙니다. 내가 당신 안에 있으면 다시 살 수 있겠습니다.(12, 10, 10)[175]

이것이 바로 소망에 관한 『고백록』의 설명이다. 지금까지 말한 믿음과 소망이라는 두 가지 덕은 앞서 말했던 세 가지 덕과 긴밀하게 연관된다. 이 모든 덕목들은 하나님을 찬양하며 하나님께 감사를 드리는 데 소용되는 것들이라 하겠다.

『고백록』에서는 하나님께 대한 찬양과 감사도 덕목들로 여긴다.

(*역주: 원문의 소제목에 믿음과 소망, 그리고 그에 따르는 당연한 덕목들이라고 표현된 뜻을 해석하자면, 믿음과 소망의 덕을 실천하게 되면 당연히 찬양과 감사의 덕도 실천해야 한다는 의미로 볼 수 있겠다.) 사실, '고백'이라는 말 자체가 찬양과 감사를 내포하고 있다. 아우구스티누스는 하나님께서 주신 모든 선물에 대해 감사를 드린다. 자신을 회심시켜 주신 은혜에 특별한 감사를 드리고 있다. 우주만물은 인간을 위해 창조하신 것들이지만, 아우구스티누스는 하나님을 찬양하는 것이 당연하다고 보았으며 일종의 의무로 여긴다. 모든 피조물은 비록 자기표현의 수단이 없을지라도, 인간에게 만물의 창조주이신 하나님을 찬양하라고 말해주고 있다. 아우구스티누스 스스로 이따금 부주의해지기도 했지만, 자신에게는 마땅히 하나님을 찬양해야 할 본분이 있음을 확실히 인식하고 있었다.[176]

이러한 책무를 완수할 때 그 혜택을 입는 대상은 하나님이 아니라 인간이다. 인간이 하나님을 찬양하지 않는 죄를 저지르는 경우에도, 하나님은 여전히 하나님이시다.[177] 나아가, 하나님께 대한 찬양의 의무와 인간의 칭송의 문제가 밀접하게 연관되어 있음을 유념할 필요가 있다. 이는 아우구스티누스의 예민한 양심을 무척이나 괴롭히는 문제였다. (여기에서는 이 문제는 간략하게 소개하고 다룬 후, 교만을 다루는 부분에서 좀 더 세부적으로 살펴보기로 하자.)

사회생활의 여러 오락거리 중 하나로, 우리는 동료들을 비난하기도 하고 또는 칭송을 듣기도 한다. 이러한 모습들이 썩 그렇게 바람직한 것은 아니지만 말이다. 이와 관련하여, 아우구스티누스는 그 자체로 악한 것이라 하기는 어렵지만, 동시에 위험천만해지는 경우들이 있다고 말한다. 사람들은 칭송을 받거나 존경받기를 바라지만 그것을 하나님께서 주신 선물에 대한 것으로 여기지 않고 하나님을 대신

하여 자신들이 칭송을 받게 되는 경우가 그렇다. 인간이 하나님께 영광을 돌리기보다 자신이 칭송 받기를 원하는 경우 말이다. 서로에게 주고받는 칭송을 받아들이면서도 이러한 위험을 피하기 위해, 우리는 칭송받기보다는 진리를 사랑하는 노력에 더 힘을 쏟아야 하며 칭송과 애착을 하나님의 영광과 하나님을 향한 사랑으로 연계시킬 수 있도록 노력해야 할 것이다.[178]

칭송은 적당한 쾌락인 것처럼 받아들여질 수 있다. 사실, 남들로부터 칭송을 받는 것은 이웃에게 유익이 될 수도 있다. 그 기쁨을 인간에게 주신 하나님의 선물로 여기는 경우에 말이다. 물론, 내 행위에 칭송받고자하는 동기가 작용한다는 점을 정확하게 인지하기란 쉽지 않다. 일상적으로 우리는 칭송이 과연 동의할만한 것인지 판단하지 못하고 넘어가곤 한다. 그것이 자기애에 속하는 것인지 혹은 하나님께서 인간에게 주신 영광을 드러내는 데 기여하고 있는 것인지 명확하지 않다. 실제로, 아우구스티누스처럼 예민한 양심에 대해 정밀한 검토를 시행하기 전에는 칭송을 듣기 좋아하는 유혹에 빠진 경우인지를 분간하기란 그리 간단하지 않다.[179] 이 문제의 현실적인 해법은 칭송받기를 좋아하기보다 진리를 사랑하는 데 있다. 또한 칭송을 받게 되는 경우, 이웃에게 혜택이 돌아가게 해야겠다는 생각을 늘 잊지 말아야 할 것이다.

> 오, 진리여, 내가 칭찬을 받고 마음이 즐거울 때, 나를 위해서가 아니라 이웃의 유익을 위한 것이 되어야 함을 당신 안에서 깨달았습니다.(10, 37, 62)[180]

아우구스티누스는 세 종류의 각각 다른 선물을 주셨다는 점에서 감사해야 한다고 말한다. 첫째 유형은 초자연적 질서에 속하는 것이 있다. 여기에는 아우구스티누스가 받은 은혜, 특별히 회심의 은혜와 그에게 믿음의 진리를 보게 해준 하나님의 빛, 하늘의 본향을 향한 여정을 시작할 수 있도록 인간의 의지에 하나님께서 부여해주신 추진력 등이 포함된다. 아우구스티누스가 감사하게 여기는 두 번째 유형의 선물들은 자연의 질서에 속하는 것들이다. 예를 들어, 소년시절로부터 재능을 지닐 수 있었다는 점 등이 여기에 포함된다. 세 번째로 그는 자신의 아들 아데오다투스를 언급한다. 아버지로서, 아우구스티누스는 아데오다투스를 비범한 재능을 지닌 아이라고 말한다. 아우구스티누스가 보기에, 자신에게 주신 재능을 비롯하여 모든 재능들은 하나님의 선물임에 틀림없다. 이처럼 하나님은 우리에게 선물을 주시는 분이시지만, 아우구스티누스는 자신이 아들에게 선물한 것이라고는 죄를 물려준 것 외에는 아무것도 없다고 고백한다.

당신께서 우리에게 주신 큰 복을 다 말할 수 있는 시간이 과연 있겠습니까? 특히 지금, 당신의 위대한 긍휼을 말하려 하니 시간이 더 부족합니다. 오, 주님. 내가 모든 복을 기억하고 고백할 때 내 마음은 너무도 기뻤습니다. 당신께서 내 생각의 높은 산과 언덕을 낮추어 평평하게 하셨던 일, 굽은 길을 곧게 하시고 험한 길을 평탄케 하신 것들을 고백하면서 기쁨이 넘쳐납니다.(9, 4, 7) ⋯ 이 모든 것은 나의 하나님께서 주신 선물들입니다. 내가 스스로 만들어낸 것이 아닙니다. 이 모든 것이 선한 선물이었으며 선한 그 모든 것이 합력하여 나를 나 되게 했습니다. 이처럼 나를 만드신 분이 선하신 분이시며 그분이 바로 나의 하나님이시기에, 어렸을 때부터 지녀왔던 모든 선물을 주신 그분께 감사를 드립니다.(1, 20, 31) … 우리는 아데오다투스(Adeodatus)라는 소년도 데리고 갔습니다. 그는 내 죄 가운데서 태어난 육신의 아들입니다. 당신은 그를 좋은 소년이 되게 하셨습니다. 나이는 열다섯 살 정도였고 당신은 위대한 학자들을 능가할 재능을 그에게 주셨습니다. 오, 나의 주 하나님, 우리들의 모든 잘못을 선하게 바꾸어주시는 만물의 창조주시여, 당신께서 주신 선물을 당신께 드립니다. 나는 이 소년에게 죄만 물려주었군요.(9, 6, 14)[181]

절제, 순결, 정의, 용기의 덕을 실천하라

『고백록』에서는 절제, 순결, 정의, 그리고 용기 등의 덕목에 대해서도 간략하게 언급하고 있다. 절제에 대해서 『고백록』이 말해주는 것은 다섯 가지 정도로 요약할 수 있겠다.

① 넓은 의미에서, 절제는 세 가지 큰 유혹에 대한 통제를 뜻한다. 즉 육체의 정욕, 안목의 정욕, 그리고 교만이 그것이다. 아우구스티누스는 사도 요한(요일 2:15-16)을 따라 이것들이 모든 죄의 뿌리라고 말한다.

당신께서는 '육신의 정욕과 안목의 정욕과 이생의 자랑'(요일 2:16)을 절제하라고 명령하셨습니다.(10, 30, 41)[182]

② 좀 더 제한된 의미에서, 절제는 음식과 술을 조절하는 것이다. 아우구스티누스에게서 음식과 술은 건강을 증진하기 위한 약일 수

있지만, 과용해서는 안 되는 것들이다. 식도락을 절제하기 위해서라도 하나님의 은혜가 필요하다고 말한다.

> 세상에는 날마다 그날에 족한 괴로움들이 있습니다(마 6:34). 우리는 당신이 마지막 때, 음식과 위장을 폐하실 때까지(고전 6:13) 매일 먹고 마시면서 육체의 소모를 보충합니다. 그때가 되면 당신은 엄청난 만족감으로 우리의 공복감을 해소시켜 주시고 썩을 육신을 영원히 썩지 않을 생명으로 바꾸어 주실 것입니다.(고전 15:54) 하지만 지금은 먹어야 사는 필연성 안에서 쾌락을 맛보고 있으며 그 쾌락의 노예가 되지 않도록 싸움을 계속하고 있습니다.(10, 31, 43-45)[183]

아우구스티누스를 미루어 보건대, 우리가 이러한 일상적 갈등을 이겨냈다면, 하나님께서 이미 도와주셨다는 표시라 하겠다.

> 나의 식탐을 고쳐주소서. 거룩하신 하나님, 분명히, 우리가 당신이 하라고 명하시는 것을 할 수 있는 것도 당신께서 힘을 주셔서 하는 것입니다.(10, 31, 45)[184]

③ 다른 문장에서, 아우구스티누스는 육체적 욕구와 관련된 무질서한 경향성을 억제한다는 의미에서 절제라는 단어를 사용한다. 그는 이러한 종류의 쾌락이 없이는 살아갈 수가 없을 것 같다는 두려움을 가지고 있었다. 이에 대해 그는 자신이 얼마나 거짓된 절제 개념을 가지고 있었는지를 폭로하고 절제란 인간의 자연적 능력에 속하는 것이기는 하지만, 인간의 능력을 넘어서는 덕이라고 말한다.

그 당시, 나는 여자의 포옹을 거절당하면 너무나 비참해질 것이라 여겼습니다. 연약함을 치료하시는 당신의 긍휼의 약을 먹지 못했기 때문에, 나는 그것을 생각하지도 못하고 있었습니다. 나는 이토록 어리석어서 성경에 기록된 것처럼, 당신이 주시지 않으시면 아무도 절제를 행할 수 없다는 말씀을 깨닫지 못했습니다. 내가 탄식하는 마음으로 당신께 아뢰어 확고한 신앙을 가지고 모든 근심을 당신께 내어 맡겼다면 당신께서 나에게 절제력을 주셨을 것입니다.(6, 11, 20)[185]

한참 후에야 그는 하나님의 은혜가 인간의 유약함을 치유하신다는 사실을 깨닫게 된다. 그때 아우구스티누스는 하나의 공식을 제안한다.

내게 당신께서 명하시는 것을 행하게 하시고 당신께서 원하시는 것을 명하여 주소서.(Da quod jubis, et jube quod vis)(10, 29, 40)[186]

이는 절제를 명하시는 하나님의 뜻을 수행할 수 있도록 은혜를 허락해주시기를 간구하라는 권면인 셈이다. 하나님의 은혜가 없이는 그 누구도 절제의 덕을 실천할 수 없다. 절제란 인간에게 주시는 하나님의 선물임을 깨달아야만 한다는 뜻이다. 이러한 뜻에서, 아우구스티누스는 우리에게 하나님께 절제의 덕을 주시도록 간구하라고 권한다. 그것도 하나님께서 명하신 것을 실행할 수 있도록 우리에게 은혜를 주실 것이라는 점을 확신하면서 간구하라고 말이다.

④ 절제라는 말은 순결 혹은 완전한 정결, 즉 모든 성적 쾌락을 완

전히 자제한 상태를 뜻하기도 한다. 절제의 덕은 정결한 숙녀(casta dignitas continentia, 8, 11, 27)의 모습으로 의인화되기도 한다. 아우구스티누스는 절제를 의인화하여, 오직 은혜를 힘입음으로써 자신을 본받기 원하는 추종자들에게 둘러싸여있는 모습으로 묘사한다.

> 당신은 간음하지 말라고 명령하셨습니다. 당신께서 나에게 결혼은 금지하신 것은 아니지만, 더 나은 길을 택하도록 권하셨습니다. 당신의 은혜로, 나는 성례를 집전하는 사역자가 되기 전에 이미 이 명령을 따르고 있었습니다.(10, 30, 41)[187]

절제에 대한 아우구스티누스의 설명 중에서, 독신에 관한 부분은 명령이라기보다 권면에 해당한다고 할 수 있다.

⑤ 마지막으로, 절제라는 말은 피조물에 대한 무질서한 집착으로부터의 자유를 뜻한다. 이러한 단절의 용기는 그동안 허비되어온 능력들을 하나로 모아 우리를 하나님과 분리시키는 모든 것들로부터 벗어나게 하며 창조주 하나님과 다시 하나가 되게 한다. 영혼이 다른 것에 대한 애착과 뒤섞이면 하나님을 완전하게 사랑할 수 없다.

> 하나님께서 도우시지 않는다면 절제를 실천할 수 없습니다. 이 절제를 통해 우리는 산산이 조각난 상태에서 하나로 모아지게 됩니다. 세상 것들을 사랑하되 당신을 위한 수단으로 사랑하지 않고 당신과 겸하여 사랑하는 자는 당신을 너무도 조금만 사랑하는 것이요, 이는 당신을 위한 사랑이라 할 수 없습니다.(10, 29, 40)[188]

(앞서 살펴본 것처럼,)[189] 이 문구들에서 문제 삼는 것은 죄에 대한 것이 아니라, 피조물에 대한 애착의 문제인 듯싶다. 이러한 애착은 하나님의 율법을 어기는 것은 아니지만 하나님께 대한 사랑과는 별개의 것으로 간주되기도 하며, 하나님께 대한 사랑을 약화시키는 경향을 지니고 있다.

여기에는 인간의 사랑이란 제한된 능력으로서, 다른 부류 것에 대한 사랑과 결합하게 되면 필연적으로 약화되고 만다는 생각이 깔려 있다. 하나님을 향한 사랑은 카리타스를 위한 습관과는 별도로 그것이 피조물들에 대한 애착에 닻을 내릴 때마다 그 강도가 약해진다. 더구나 수많은 피조물들에 집착하여 방탕하게 될 위험도 상존한다. 이렇게 되면 하나님을 향한 사랑이 완전히 상실되고 만다. 이러한 뜻에서, 아우구스티누스는 사소한 것들에 애착을 갖는 사랑의 낭비요소들을 버리고 마음을 다해 하나님을 사랑해야 함을 강조할 수 있는 좋은 이유들을 찾게 된 셈이다. 유일하시며 무한하시고 선하신 하나님께 대한 초자연적 사랑에 집중해야 한다는 뜻이다.[190] 인용문에서 말하고자 했던 취지가 바로 여기 있다. 거룩한 연합을 추구해야 한다는 것이다.

이렇게 보면, 절제라는 용어의 용법들은 우리 마음에서 하나님을 향한 사랑을 약화시키거나 파손시킬 이 세상의 모든 쾌락으로부터의 절제를 말해 주는 것이라 하겠다. 『고백록』에서는 토마스 아퀴나스가 수용한 아리스토텔레스의 흔적이 나타나지 않는다. 말하자면, 절제란 완전한 덕이 아니라 덕의 시작으로서 감각적 욕구들을 이성에 종속시키고 정욕의 격정을 제어하는 것이라는 토마스 아퀴나스의 관점과는 거리가 있는 셈이다.[191]

믿음을 향한 여정에서 아우구스티누스가 육체적 쾌락을 하는 것이 자신의 능력범위를 넘어선 것이라고 보았던 점을 미루어 볼때, 자신의 입장에서는 완전한 카리타스가 불가능하다고 말한 것은 그다지 놀랄만한 일이 아니다. 이는 어머니가 자신을 결혼시키려 했던 계획을 묵인했던 대목에서 분명하게 볼 수 있다. 그 당시 아우구스티누스는 어린 소녀가 결혼 적령기가 되면 곧바로 결혼해야 하겠다고 결심하고 있었다.

어머니는 내가 결혼을 하면 세례의 선한 물로 죄를 깨끗이 씻을 수 있게 될 것이라는 희망을 가지고 있었습니다. 어머니는 내가 날마다 세례받기에 합당한 생활을 이어가는 모습을 보고 기뻐했습니다. 어머니는 내가 기독교 신앙을 받아들이면 그때가 바로 자기의 기도와 당신의 약속이 일치되는 것이라고 생각하고 있었습니다. 어머니는 내 요청과 어머니의 희망을 따라 진심으로 당신께 기도했습니다. 장차 결혼하게 될 것에 대해 꿈으로 보여 달라는 기도였습니다. 하지만 당신은 이 기도를 받아주시지 않았습니다. 그 대신 어머니는 마음의 강한 편견에서 생기는 상상과 같이 허탄하고 환상적인 꿈을 꾸었을 뿐입니다.(6, 13, 23)[192]

아우구스티누스는 젊은 시절부터 절제를 위해 기도했다. 하지만 그의 기도는 자기합리화에 지나지 않았다. 그 당시, 아우구스티누스는 순결해지기를 원했다기보다는 오히려 하나님께서 이 기도에 즉각 응답하시어 그토록 만끽하고 싶었던 정욕의 불길을 꺼버리시지나 않을까 염려하고 있었다.

불쌍한 젊은 나는 지독했던 청년기 초반부터 당신께 성적 절제를 구하면서 아뢰었습니다. '내게 순결을 주소서. 절제를 주소서. 그러나 아직은 마소서.'하고 있었습니다. 당신께서 너무 빨리 내 소원을 들어주시면 절제하기보다는 만끽하고 싶었던 정욕의 병이 너무 빨리 치유 받게 될까 싶어 두려워했습니다.(8, 7, 17)[193]

그는 성인이 되어서도 계속해서 이러한 자기합리화를 일삼았다. 마침내 31세가 되어 하나님께서 은혜를 주시어 그를 붙잡아 주실 때까지 순결을 실천하기 위한 그 어떤 진지한 노력도 시도하지 않았다.

그 이후에 선한 모범을 보여준 동료들이 그를 따라 붙어 완전한 순결의 덕에 이르게 했고 그의 정욕을 철저하게 뒤흔들어 놓았다. 격정적인 성찰의 시기를 겪은 후 이러한 싸움이 끝났을 때, 회개의 은혜가 주어졌고 완전한 순결을 위한 해법을 찾게 되었다. (선한 모범을 보여준 동료들에 대해서는 나중에 다시 다루겠다.)[194] 그의 동료들은 순결을 위한 싸움에서 아우구스티누스에게 큰 영향을 주었다.

우선, 아우구스티누스는 심플리키아누스에게서 유명한 빅토리누스의 회심 이야기를 듣게 된다.[195] 이야기를 들은 아우구스티누스는 빅토리누스를 본받아 자기도 회심할 수 있었으면 하고 동경하게 된다. 그때, 폰티티아누스가 안토니의 신비한 일에 대해서, 그리고 두 명의 관리들이 그들의 직위를 버리고 그 즉시 금욕생활을 시작했다는 이야기를 전해주었다. 이러한 절제의 여러 본보기가 되는 이야기들을 반복해서 듣게 되면서, 그의 양심은 이미 동요하고 있었다. 이들 이야기는 아우구스티누스에게 더욱 큰 영향을 주어 자신에 대한 유익한 불만족을 갖게 하였다. 마침내 그는 자기 자신을 향하여 죄 된 삶

을 단념하고 이 거룩한 인물들을 뒤따르기를 왜 그리 오랫동안 주저하고 있는지 자문하게 된다.[196]

이처럼, 선한 모범을 보인 이들의 이야기는 아우구스티누스를 자기기만의 허울에서 벗어나게 했다. 이제 그는 무엇을 해야 할지 깨달았다. 하지만 여전히 용기가 부족했다. 절제를 위해서는 하나님의 은혜를 힘입어야만 한다는 진리를 알지 못했기 때문이다. 이처럼 자신의 무능에 대한 절망적 깨달음에 몰두하고 있던 아우구스티누스는 환상 속에서 여인의 모습으로 의인화된 절제의 화신을 보게 된다. 그녀는 모든 연령의 모든 조건의 남녀들에게 둘러싸여 있었으며, 수많은 추종자들로 인해 더욱 고귀해보였다.

> 이미 논쟁은 끝났습니다.(8, 7, 18) …절제의 여인은 평온하고 기쁨에 가득한 모습이었습니다. 그녀는 나에게 주저하지 말고 자기에게 오라고 초대하면서 선한 모범을 보인 많은 사람들을 안고 있는 그 거룩한 손을 펴서 나를 품어 안고자 했습니다. 그 손 안에는 무수한 소년 소녀, 그리고 다양한 연령의 사람들이 있었습니다. 또한 경건한 과부들과 처녀로 늙은 많은 동정녀들도 있었습니다. 그들에게는 절제가 내재되어 있었기에, 비록 수태는 못했어도 영적 남편이 되시는 당신을 통해 기쁨이라는 자식을 낳은 어머니가 되어있었습니다.(8, 11, 27) [197]

절제의 여인이 아우구스티누스를 보고 미소를 지었을 때, 그녀가 이렇게 묻고 있는 것만 같았다. 이 모든 사람이 하는 일을 왜 그대는 할 수 없다는 것인가? 그들이 과연 자신들의 힘만으로 절제를 이루었으리라 생각하는가? 하나님의 은혜가 있어야 하지 않겠는가? 그런데 왜 그대는 혼자 힘으로 노력하고 있는가? 그대 자신을 두려움 없이 그분께 내어 맡기면 하나님께서 그대의 연약함을 치유하시고 순결 또한 실행하도록 도와주실 것이라고 말이다.

절제의 여인이 격려의 눈빛으로 나를 바라보고 웃으면서 이렇게 말하는 것 같았습니다. '그대는 이 젊은 남녀들이 하는 일을 못한다는 것인가? 그대는 이 사람들이 주님의 도움 없이도 자기들의 힘만으로 이런 일을 한 것이라고 보는가? 그들의 하나님이신 주께서 나를 그들에게 선물로 주셨다. 왜 그대는 그대의 발로만 서려고 하는가? 그래서는 설 수 없다. 그분에게 너를 맡겨라. 두려워 말라. 그가 너를 붙들어 넘어지지 않게 하실 것이다. 두려워 말고 용감하게 내어 맡겨라. 그가 너를 영접하여 온전케 하실 것이다.'(8, 7, 18)[198]

이러한 맥락에서 본다면, 완전한 순결은 하나님의 특별한 선물이라 하겠다. 가족의 배려나 그 어떤 예민함이 없다 해도 하나님을 섬길 수 있게 하시는 은혜의 선물인 셈이다.

당신께서 나를 당신께 돌이키게 하셨습니다. 나는 아내나 세상의 그 어떤 희망도 찾지 않기로 했습니다. 나는 오래전에 당신이 꿈속에서 어머니에게 나에 대해 보여 주셨던 그 신앙의 교리에 확실하게 서게 되었습니다.(8, 12, 30)[199]

아우구스티누스는 그 외에 두 가지 도덕적 덕을 설명하면서 로마에서 있었던 알리피우스의 성실함을 회상한다. 이탈리아 회계국의 법률담당 공직자로 근무하고 있을 때, 알리피우스는 뇌물을 받지 않았다. 이것은 무척이나 놀라운 일이었다. 그 당시 정치가 광범위하게 타락하고 있었다는 점에서만 아니라, 알리피우스가 법률로 금지된 사항을 수용해 달라고 요청하며 설득하는 유력한 원로원 의원에게 굽신거리기를 거부했다는 점에서도 그렇다. 알리피우스는 뇌물을 거절했고 공직에 대한 협박을 경멸함으로써 공적 삶에서의 정의와 용기라는 도덕적 덕목의 모범을 보여주었다. 다른 하나는, 알리피우스가 그의 지위에서 누릴 수 있는 특권에 따라 책을 싼 값에 살 수 있는 기회가 있었지만, 그 특권이 정의의 정신에 어긋난다고 생각하여 거절했던 경우이다. 아우구스티누스는 공정성 혹은 공평성(aequitas)이라는 단어를 사용하여 이 일을 소개한다.

그가 학문에 대한 사랑 때문에 유혹에 넘어갈 뻔했던 일이 있었습니다. 자신을 위해 책의 사본을 만들면서 특별 공정 가격으로 돈을 지불하고 싶었습니다. 하지만 정의의 원리를 고려하여 더 올바른 길을 택하기로 결심했습니다. 결국 그는 자신을 금하는 공평성이 자신의 직책에 부여된 특권보다 더 유익한 것이라는 결론에 이르렀습니다.(6, 10, 16)[200]

여기에서, 아우구스티누스는 덕을 실천하는 구체적인 모범을 소개했을 뿐 아니라, 덕이란 단지 그 반대되는 악덕의 부재가 아닌 적극적 특질이라는 점을 말해준다. 알리피우스는 탐욕의 미끼가 던져진 상황에서의 정의를 구현했던 것이다. 또한 두려움을 자극하는 경우, 과연 무엇이 용기인지를 보여준 셈이다.[201]

1) 각각 다른 장에서 인용했기에 출처는
(역자가) 인용문에 표기했다.

2) 3, 7, 13

3) 3, 7, 13

4) 3, 7, 13

5) 3, 7, 13

6) 3, 7, 14

7) 3, 8, 15

8) 5, 8, 4

9) 3, 8, 15

10) 3, 8, 15

11) 3, 8, 15

12) 3, 9, 17. 이 문구 외에 *Contra Faust*,
22.71, *De civ. Dei*, 1, 26을 참고하라.

13) 3, 9, 17

14) 아우구스티누스의 저술에서,
아브라함에게 주신 하나님의 명령에
대해서는 *Questiones in Heptateuchum*, 7,
49를, 모세에게 주신 하나님의 명령은
Contra Faust, 22.71을. 호세아에게
주신 하나님의 명령에 대해서는
Contra Faust, 22.89에서 볼 수 있다.

15) 3, 9, 17

16) 3, 9, 17

17) 1, 14, 23

18) 3, 8, 16

19) 12, 18, 27

20) 12, 15, 19; 13, 23, 33

21) 1, 18, 29.

22) 2, 4, 9

23) 4, 9, 14

24) 4, 14, 22. 그리고 13, 12, 13도
참고하라.

25) 10, 33, 50

26) 10, 5, 7

27) 4, 14, 23. 그리고 13, 16, 19도
참고하라.

28) 이 책 3장을 참고하라.

29) 4, 12, 18

30) 4, 12, 18

31) *Enar. in Ps*, 57

32) 6, 1, 1

33) 7, 10, 16

34) 7, 10, 16

35) 7, 17, 23

36) 8, 7, 16

37) 8, 7, 18

38) 8, 7, 19. 그리고 8, 7, 18도 참고하라.

39) 1, 12, 19

40) 8, 7, 19

41) 12, 10, 10

42) 10, 2, 2

43) 10, 2, 2

44) 10, 2, 2

45) 10, 3, 3

46) 8, 12-30. 정원에서의 회심에 관해서는
C. Boyer, *Christianisme et Nèo-Platonisme
dans a formation de saint Augustin*을
추천한다. 그리고 Campbell and
McGuire, *Confessions* 역시 추천한다.
고백과 대화의 역사성을 다룬…

47) 8, 12, 28

48) 8, 12, 29

49) 9, 4, 10

50) 이 책의 3장을 참고하라.

51) 10, 33, 50

52) 10, 31, 44

53) 10, 33, 49

54) 10, 34, 51

55) 10, 35, 57

56) 10, 35, 57

57) 9, 13, 34

58) 10, 30, 41

59) 이 책의 3장을 참고하라.

60) 6, 5, 8

61) 5, 7, 13

62) 각각 다른 장에서 인용했기에 출처는
(역자가) 인용문에 표기했다.

63) 5, 13, 23

64) 6, 7, 12

65) 9, 8, 18

66) 10, 43, 68. 그리고 10, 43, 69; 4, 12,
     19를 참고하라.

67) 6, 5, 8. 또한 C. Boyer, *Essais sur la
     doctrine de saint Augustin* (Paris: G.
     Beauchesne, 1932)를 추천한다.

68) 이 책의 4장을 참고하라.

69) 7, 21, 27

70) 7, 21, 27

71) 7, 20, 26

72) 9, 1, 1

73) 8, 12, 28-30. 그리고 Henry, *Plotin et
     l'Occident*를 참고하라.

74) Henry, *Plotin et l'Occident*, 116

75) 13, 3, 4

76) 13, 31, 46

77) 5, 6, 10. 그리고 E. Portalie, "Saint
     Augustin", C. Boyer, *L'idee de verite
     dans la philosophie de saint Augustin*을
     참고하라.

78) 11, 8, 10

79) 5, 6, 10-11

80) 이 책의 2장을 참고하라.

81) 이 책의 2장과 4장을 참고하라.

82) 이 책의 3장을 참고하라.

83) 13, 7, 8

84) 13, 7, 8

85) 이 책의 1장을 참고하라.

86) 13, 4, 5

87) 13, 16, 19

88) 이 책의 4장을 참고하라.

89) J. Campbell and M. McGuire, *The
     Confessions of St. Augustine* (New York:
     Prentice Hall, 1936), 17.

90) *Ibid.,* 65.

91) 5, 9, 16

92) 5, 9, 17

93) 7, 7, 11

94) 각각 다른 장에서 인용했기에 출처는
     (역자가) 인용문에 표기했다.

95) 9, 4, 12

96) 11, 1, 1; 2, 3, 5

97) 11, 1, 1

98) 4, 4, 7-8

99) 4, 4, 8

100) 13, 20, 27

101) 13, 19, 24

102) 13, 20, 26

103) 13, 20, 28

104) 13, 12, 13

105) 10, 6, 8

106) 10, 43, 68-69

107) 10, 6, 8

108) 4, 2, 3

109) *Enar. in Ps.* 72.32., Serm. 137, sec. 10.,
     De Beata Vita, 18.

110) 1, 15, 24

111) 13, 23, 33; 13, 22, 32

112) 9, 1, 1

113) 9, 1, 1

114) 13, 9, 10

115) 13, 31, 46

116) 7, 10, 16

117) 4, 4, 7

118) 각각 다른 장에서 인용했기에 출처는
     (역자가) 인용문에 표기했다.

119) 4, 4, 7

120) 4, 6, 11

121) 각각 다른 장에서 인용했기에 출처는
     (역자가) 인용문에 표기했다.

122) 4, 9, 14

123) 4, 12, 18

124) 4, 9, 14

125) 4, 4, 9

126) 10, 6, 10; 10, 6, 8.

127) 6, 12, 21-22

128) 6, 10, 17

129) 13, 25, 38

130) 13, 23, 33

131) 4, 12, 19

132) 9, 8, 18

133) 13, 26, 40-41

134) 4, 12, 18

135) 10, 34, 53

136) P. Hughes, *A History of the Church*, vol. 3 (New York: Sheed and Ward, 1947) 361-385.

137) 각각 다른 장에서 인용했기에 출처는 (역자가) 인용문에 표기했다.

138) Mausbach, *Dei Ethik des heiligen Augustinus*, 1, 262-263.

139) 이 책 3장을 참고하라.

140) 각각 다른 장에서 인용했기에 출처는 (역자가) 인용문에 표기했다.

141) 7, 9, 13. 그리고 7, 18, 24; 7, 21, 27도 참고하라.

142) 7, 18, 24

143) 7, 21, 27

144) 7, 20, 26

145) 10, 43, 69

146) 3, 8, 10; 4, 12, 19

147) 9, 13, 34

148) 10, 28, 39

149) 이 책의 3장을 참고하라.

150) 4, 16, 31. 그리고 10, 30, 42를 참고하라.

151) 4, 1, 1

152) 1, 20, 31

153) 3, 6, 10

154) 7, 7, 11

155) 각각 다른 장에서 인용했기에 출처는 (역자가) 인용문에 표기했다.

156) 이 책의 1장에서 다루었다.

157) 10, 26, 37

158) 8, 1, 1., 그리고 6, 7, 12; 9, 8, 18; 8, 12, 30을 참고하라.

159) 이 책의 2장 각주 77번을 참고하라.

160) 이 책의 2장 80~83면을 참고하라.

161) 각각 인용문에 표기했다.

162) 1, 1, 1., 그리고 13, 16, 19를 참고하라.

163) 7, 7, 11

164) 6, 4, 6

165) 6, 10, 17; 6, 11, 18-19

166) 4, 15, 26

167) 4, 15, 30. 그리고 Wangnereck, *Confessionum*, 134를 참고하라.

168) 10, 34, 52

169) 7, 5, 7

170) 10, 3, 4

171) 5, 2, 2; 9, 4, 10

172) 10, 29, 40. 또한 10, 3, 4를 참고하라.

173) 13, 14, 15; 11, 29, 39; 13, 38, 53

174) 각각 다른 장에서 인용했기에 출처는 (역자가) 인용문에 표기했다.

175) 12, 10, 10

176) 7, 13, 19; 10, 34, 53; 5, 1, 1; 9, 1, 1

177) 13, 1, 1

178) 10, 36, 59. 그리고 10, 37, 60; 10, 37, 61을 참고하라.

179) 10, 37, 60

180) 10, 37, 62. 그리고 10, 37, 61을 참고하라.

181) 9, 4, 7

182) 10, 30, 41

183) 10, 31, 43-45

184) 10, 31, 45

185) 6, 11, 20

186) 10, 29, 40

187) 10, 30, 41. 그리고 *Serm.* 38

188) 10, 29, 40

189) 이 책의 2장 105~106면을 참고하라.

190) 이 책의 2장 96~104면을 참고하라.

191) *Summa Theologica* 2-2, 155, 1

192) 6, 13, 23. 그리고 6, 6, 9; 6, 12, 21을 참고하라.

193) 8, 7, 17
194) 이 책의 4장을 참고하라.
195) 8권 2장에서 5장을 참고하라.
196) 8권 6장에서 7장을 참고하라.
197) 각각 다른 장에서 인용했기에 출처는
      (역자가) 인용문에 표기했다.

198) 8, 7, 18
199) 8, 12, 30
200) 6, 10, 16
201) 6, 10, 16

III

하나님께 나아가는 길의
장애요소들

무지, 하나님께 나아가는 길을 흐려 놓다

『고백록』은 하나님께 나아가는 길을 제시할 뿐만 아니라, 그 길에서 만나게 될 수많은 장애요소들에 대해서도 성찰한다. (여기에서는 행복을 저해하는 장애요소들을 개괄하고 그것들이 아우구스티누스에게 어떤 문제를 야기했는지를 살펴보고자 한다. 그 치유책 혹은 퇴치법은 다음 장에서 다룬다.) 가장 먼저, 무지 및 그에 관련된 요소들이 아우구스티누스가 하나님께 나아가는 길을 불투명하게 만들어 놓았다는 점에서, 이것부터 성찰할 필요가 있다. 그리고 가장 심각한 문제라고 할 수 있는 의지의 분열에 대해 다루기 전에 살펴보아야 할 또 다른 주제는 정욕의 문제이다. 다른 것들을 완벽하게 제어하기 위해서는 강력한 장애요소인 정욕의 문제부터 제대로 다룰 필요가 있기 때문이다. 이 문제가 의지의 '허약함' 혹은 의지의 '갈등'과 관계되기도 하지만, 본질적인 문제는 의지의 분열이라는 것이 아우구스티누스의 관점이다.

의지의 문제와 관련하여, 악한 습관에 대해서도 살펴볼 참이다. 악한 습관의 기원과 영향에 대해 다루게 될 것이다. 또한 타락한 교육관행에 대해서는 무지 및 헛된 동기형성과 연관 지어 다루고자 한다. 뿐만 아니라, 덕의 실천에 나타나는 장애요소를 그 이상의 문제, 즉 덕을 행하지 못하게 하는 것인 동시에 행복에 이르는 길에 놓인 가장 큰 장애요소인 죄에 대해 성찰하고자 한다. 아우구스티누스는 죄에 관한 다양한 분석을 통해 죄의 본성과 죄의 내적 외적 원천, 그리고 죄의 영향에 대해 많은 것을 우리에게 깨우쳐 준다.

무지에 대한 성찰은 『고백록』에 나타난 비난받아야할 무지의 구체적인 예와 관련된 문구들에 한정시켜 진행하고자 한다. 이를 바탕으로 무지에 관한 도덕적 성찰이 가능하리라 본다. 동시에 양심의 문제와 관련하여, 하나님의 손길을 다룰 때 제기될 수 있는 문제, 즉 아우구스티누스가 어느 정도나 마니교에 심취해있었는가를 집요하게 물고 늘어지는 논란에 휩쓸리지 않게 되리라 기대된다. 무지의 문제를 마니교시절의 오류와 연관 지어 설명할 수도 있지만, 그것보다는 아우구스티누스의 근본적인 오류가 무엇이었는지를 살펴보는 것이 옳다고 생각되기 때문이다.

마니교 시절 아우구스티누스가 저지른 오류는 크게 세 가지로 요약할 수 있겠다. ① 만물의 두 원인 혹은 원리가 있으며, 빛의 원리(Ormazd)는 선하고 어두움의 원리(Ahriman)는 악한 것으로서, 둘 다 영원한 원리들이자 끝없는 투쟁의 관계에 있다고 생각했던 점, ② 두 원리들 모두 물질적 존재이고, 만물 물질 또한 구성되어 있으며, 악은 물질적 실체일 것이라고 생각했던 점, ③ 족장들과 예언자들의 행위를 철저히 오해하여 구약성서를 거부했던 점 등이다.[1]

마니교도로서, 아우구스티누스는 그리스도를 하나의 환영(幻影)으로 보았다. 그리스도는 육체를 입고 태어나지 않았으며, 신이라고 불릴 수 있는 실체의 거대한 광채덩어리로부터 유출되었다고 여겼다.

구원자이신 당신의 독생자에 대해서도 당신의 광채덩어리로부터 유출되어 세상을 구원하기 위해 떨어져 나온 존재로 생각했습니다. 그분에 대한 내 관점은 헛된 상상에 끼워 맞춰 해석한 것에 불과했습니다. 그래서 이러한 존재는 육체와 결합하지 않고서는 동정녀 마리아에게서 태어날 수 없다고 단정 지었습니다. 내가 생각했던 신적 실체가 과연 어떻게 악에 물들지 않으면서도 육체와 결합할 수 있다는 것인지 도무지 믿겨지지 않았습니다.(5, 10, 20)[2]

이 기간에 그는 존재하는 모든 것은 물질적인 것이라고 생각했다. 그 결과 악 또한 무한한 물질적 실체이며, 대지 혹은 대기와 유사한 것으로 생각하여 악취가 나고 흉측한 존재일 것이라고 믿고 있었다.

이러한 생각 때문에 아우구스티누스는 덕을 실천할 필요도 없을 것 같다는 절망감에 사로잡혔다. 그리고 육체의 소욕을 따라 마음대로 살아도 되겠다는 생각에 이르렀다.[3] 이러한 오류들이 그의 윤리에 영향을 주었다는 것은 그리 놀랄만한 일이 아니다. 『고백록』에서 아우구스티누스 자신이 말했듯이, 타락한 감정들은 폭력과 탐욕으로 치달았고 도덕을 오염시키는 오류를 낳았다. 폭력과 탐욕의 원인은 무질서한 욕정들이며, 이는 결코 이성의 지배에 종속되지 않고 오히려 반항하며 극단적으로 발산된다. 마찬가지로, 지성 역시 거짓 지식으로 타락하여 악행을 일삼게 했다.

행위를 유발하는 영혼의 운동이 왜곡되어 거만하고 거칠고 무절제하게 될 때 죄를 짓게 되며 영혼이 육신의 쾌락을 한없이 즐기려는 충동을 받으면 추한 짓들을 저지르게 됩니다. 지성이 혼탁해지면, 오류와 거짓들이 우리를 혼란에 빠뜨리고 맙니다.(4, 15, 25)[4]

같은 문구에서, 아우구스티누스는 마니교시절 자신이 신앙이라는 초자연적 빛을 받아야만 한다는 것 자체에 대해 무지했었던 것이라고 고백한다. 하나님은 어둠 속에서 영혼에게 빛을 조명하시는 등불이시다.[5]

4권 초반부에서, 절친한 친구와 사별하여 비통한 지경에 이르렀을 때, 아우구스티누스는 자신의 잘못된 신 관념이 창조주에 대한 생각을 고취하지 못하도록 얼마나 방해를 했었는지 회고한다. 이 시련의 기간에, 아우구스티누스는 하나님께 돌아가 위로받기를 거절했다. 거대한 그림자 같은 존재인 신에게는 자신을 위로해 줄 만한 능력이 없다고 생각한 나머지 하나님의 위로를 받고픈 마음조차 없었다. 자신의 오류를 마치 하나님처럼 받들고 있었던 셈이다.

내 마음이 슬픔과 눈물에 휩쓸리지 않는 순간에는 더 큰 불행의 짐이 나를 짓눌렀습니다. 주님, 당신만이 이 짐을 덜어주실 수 있는 분이시기에 그 때 나는 당신께 짐을 내어 맡겨야 했습니다. 하지만 알면서도 그렇게 하려 하지 않았고 그렇게 할 수도 없었습니다. 그 당시 내 생각으로는 당신은 확고하고도 분명한 실체가 아니라고 여겨졌기 때문입니다. 그때 가지고 있던 하나님에 대한 내 관념은 당신 자신이 아니고 오류에서 비롯한 허황된 환상일 뿐이었습니다.(4, 7, 12)[6]

그 결과, 하나님을 사랑하기 위한 전제라 할 수 있는 바른 신 관념을 가질 필요성도 느끼지 못하고 있었다. 『고백록』 초반부에서, 아우구스티누스는 하나님을 알 수 없다면 어떻게 하나님을 찬양할 수 있겠느냐고 묻는다.[7] 4권에서도 같은 생각을 드러낸다. 하나님을 하나의 발광체로만 물질적 관점에서 생각하는 자가 어떻게 하나님을 사랑할 수 있겠는가? 이는 그가 하나님을 알지 못했고 사랑하지 못했던 것을 스스로 변명하는 것이 아니라, 자신의 잘못된 생각이 영적 간음을 낳았고 실재가 아닌 것을 추구하는 과정에서 죄를 짓고 말았다는 고백을 하고 있는 셈이다.[8]

무지에 대한 도덕적 책임의 문제를 다루면서, 아우구스티누스는 두 가지 끈질긴 원인들이 작용하고 있다는 생각했다. 교만과 세상에 속한 생각이 그것이다. 교만은 그를 마니교의 오류에 처박아 버렸다.

교만 때문에 오류에 빠져서 모든 교훈의 풍조에 밀려 요동하고(엡 4:14) 있었습니다.(4, 14, 23)[9]

훗날, 밀라노에서 마니교의 오류에서 벗어났을 때에도 그는 여전히 교만했다. 그는 기도하지 않으면서도 진리를 얻을 수 있으리라 고집을 부렸다. 이의를 제기하고픈 마음에 분개하기도 했다. 아우구스티누스의 고백에 따르면, 오류에서 헤어나지 못했던 셈이다. 오랫동안 그는 교회가 가르치는 교리들에 문제가 있다고 비난해왔다. 말하자면, 자신이 마땅히 배워야 할 것을 오히려 저돌적으로 비난하고 있었던 셈이다.

너무도 성급하고 불경건하게도, 힘써 탐구하려 하지 않고 무작정 저주를 퍼붓고 있었습니다.(6, 3, 4)[10]

아우구스티누스는 학식은 있으나 그리스도를 알지 못하는 학자들의 교만을 다루는 부분에서 그들이 스스로를 별처럼 추켜세우는 것은 루시퍼의 경우처럼 어리석은 자가 되어 무지에 빠지고 말 것이라고 말한다. 비록 그들이 피조물에 관해 많은 진실들을 말해주는 것은 사실이지만, 그들은 종교적 의미에서 피조물들을 지으신 창조주를 추구하지 않으며 그 결과 하나님을 만나지 못했다. 아우구스티누스의 이러한 생각에는 사도 바울이 반영되어 있다.[11]

교만과 무지의 관계에 대한 아우구스티누스의 설명에서 주목할 대목이 있다. 하나님을 알고는 있으나 창조의 일부요소들에 대해 무지하다고 해서 해를 입는 것은 아니다. 그러나 이러한 무지는 물질적 우주와 종교교리를 혼합시키는 억지를 부리면서도 자신의 무지함을 인정하지 않는 자에게 크나큰 해악이 될 것이다. 누구보다도, 파우스투스의 경우가 그렇다. 그는 알지도 못하는 것을 아는 척하면서 스스로를 성령이라고 사칭하며 심각한 오류를 가르치는 자였다.

그는 사물에 대해서도 제대로 알지 못하면서 다른 사람들을 가르치려 합니다. 그에게는 경건의 지혜가 없는 것이 분명합니다. 당신께 고백하는 것이야말로 경건입니다. 잘못된 지식을 떠들고 다니는 것은 허황된 일입니다. 그는 자신이 세상에 대한 지식을 가지고 있는 것처럼 떠들어대다가 이내 그분야의 전문가로부터 논박을 받게 되었고, 그 결과 훨씬 더 어려운 문제들에 대해서는 아무 지식도 없는 자라는 정체가 폭로되었습니다. 그는 사람들의 존경을 받고자 두루 다니면서 주장하기를, 자기 안에는 믿는 자를 풍성하게 하고 위로하는 성령이 친히 거하신다고 말하고 다녔습니다.(5, 5, 8)[12]

이처럼 심각한 무지에 빠진 파우스투스에게서 우리는 이단의 전형적인 특징을 볼 수 있다. 강퍅함 혹은 거짓된 교리에 대한 완고한 집착이 그것이다. 강퍅한 자는 결국 자신의 허황된 지식 때문에 해를 입게 될 것이다.

만일 세상 것들에 대한 지식이 경건의 교리의 본질에 속하는 것이라고 생각하거나 그 스스로 잘 알지 못하는 지식을 무리하게 독단적으로 억지를 부리면 그 지식으로 인해 해를 입게 될 것입니다.(5, 5, 9)[13]

교만 이외에, 세상에 속한 생각 혹은 피조물과 창조질서를 어기는 무질서한 사랑 또한 무지에 이르게 할 가능성이 높다. 쾌락에 물들어 방탕해지면 마음이 흐려지고 진리에 이를 수 없다. 또한 종교에 대해 무관심해지면, 우리가 자발적으로 동의만 한다면 삶을 변화시켜줄 도덕적 진리들에 대해서도 무관심해지고 만다.[14] 이러한 무관심은 인간에게 주신 지성으로 진리를 추구하는 것과는 정반대의 경우에 해당한다.

지성을 바르게 사용하면, 하나님의 피조물에 남겨 두신 자연계시를 통해 하나님을 발견할 수 있다. 이는 인간의 마땅한 도리이기도 하다. 하지만 인간은 피조물을 지나치게 사랑하여 거꾸로 사랑이 대상에게 노예가 되어 버리기 십상이다. 이렇게 노예상태가 되면 판단력도 상실하게 된다.[15] 이러한 뜻에서, 하나님께 대한 무지는 도덕적 비난의 대상이기도 하다.

세상에 속한 생각 및 무관심주의에 대한 세부적인 설명에서, 아우구스티누스는 말하기를 세상 것들을 향유하려는 욕구를 충족시키고자 한다면, 진리를 향하여 나아갈 수 없을 것이라고 한다. 세상 것들을 사랑하려는 감미로운 무지의 상태에서, 우리는 아우구스티누스 자신이 무관심주의자였던 시절에 즐겨 사용한 말을 반복하게 될 것이다.

'진리는 내일 찾도록 하지! 내일 되면 진리가 드러날 것이고 그 진리를 확실히 붙잡을 수 있겠지.'(6, 11, 18)[16]

회심에 앞서, 아우구스티누스는 바로 이러한 악순환에 빠져 있었다. 세상적인 것을 추구하는 일에 몰두한다는 것은 진리에 대한 진지한 모색의 시간이 없다는 뜻이요, 진리가 없다면 그의 삶의 방식을 바꾸어야 할 이유를 찾을 수 없게 된다. 반대로, 쾌락에 대한 집요한 추구는 세상에 속한 생각들과 방종을 정당화할 뿐이다. 영원한 보상에 대한 소망만이 그로 하여금 한시적인 쾌락을 희생하도록 이끌어 줄 수 있건만, 아우구스티누스는 그러한 소망을 키워가지 않았다. 결과적으로, 아우구스티누스는 도덕적으로 제자리를 맴돌고 있었다.

그에게는 진리를 얻기 위한 지성적 노력이 더 필요했다. 먼저, 회개와 단절이라는 의지적인 행위를 통해 삶의 방식을 바꿔야 한다. 그렇게 되면, 진리를 볼 수 있도록 하나님께서 빛을 조명해주실 것이다. 그러나 아우구스티누스는 이것을 실행에 옮기지 못했다. 세상에 대한 사랑과 세상이 주는 쾌락을 버리지 못한 탓에 무지의 시간들만 연장되고 있었다. 그러면서도 아우구스티누스는 죄책감에 시달렸다.

'세상에서 나태하게 살았기 때문에 벌을 받는 것을 아닐까?'(6, 11, 19)[17]

'나태함'(negligentia)이라는 단어에는 도덕적 죄책감도 포함된다. 윗 문구만 보더라도, 이 단어는 문맥상 특별한 의의를 지닌다. 아우구스티누스는 자신이 진리에 이르기 전에 죽음을 맞이하지나 않을까 싶어 두려워했다. 하나님께서 자신의 나태함을 벌하지 않으실까 염려한 셈이다. 아우구스티누스는 아카데미 학파의 근본원칙, 즉 인간은 삶이 질서에 관한 확실한 지식을 가질 수 없다는 생각을 부정하면서도 아카데미 학파의 근본적인 결함은 여전히 지니고 있었다. 아카데미 학파는 열정적인 근면함으로 진리를 추구하지 않았다.

'오, 위대한 아카데미 철학자들이여, 세상에는 인생의 방향을 정해 줄만한 확실한 근거란 없다는 것인가? 아니다. 그것을 더 열심히 탐구해야 한다. 포기하지 말아야 한다.'(6, 11, 18)[18]

아카데미 학파에 대한 비판에서 진리의 추구를 위한 근면성을 하나의 의무로 요구하고 있는 셈이다. 아우구스티누스는 영원한 것을 향하고 싶었지만, 자신의 상태를 보면 시간이 그리 많지 않다는 압박감을 가지고 있었다. 회심 이전에 그는 모든 오락거리를 멀리하고 진리추구에 몰두했다. 이미 그는 자신이 생각한 것처럼 교회가 거짓을 가르치고 있는 것이 아니라는 점을 깨달았다. 그는 새로운 소망을 가지고 진리의 문을 계속 두드렸다. 진리추구에 근면성을 적용한다는 것이 무엇인지를 제대로 보여주는 예라 하겠다.

마음속에 고민하면서 이 난제들에 대해 성찰하다가, 혹시라도 진리를 발견하기도 전에 죽게 되는 것은 아닐까 싶어 몹시 불안했습니다. 하지만 교회에서 가르치는 우리의 주요, 구원자가 되신 당신의 아들 그리스도에 대한 신앙이 내 마음 속에 확고하게 자리 잡아가고 있었습니다. 나는 아직 여러 가지로 온전하지 못하여 바른 교리를 빗나가는 경우가 있기는 했지만, 마음으로 그것을 포기하지는 않았습니다. 오히려 날마다 신앙의 교리를 더 많이 마실 수 있었습니다.(7, 5, 7)[19]

아우구스티누스가 무지에 대해 최종적인 승리를 거두고 진리를 얻기까지는 아직 소망적 사고(wishful thinking)라는 과정이 남아 있었다. 이에 대한 심리적이고 도덕적인 분석이 필요하다. 기본적으로, 자기 합리화는 모두에게 공유된 습관으로서, 인간이란 완벽하지 못하다는 식으로 변명하려는 경향성을 뜻한다. 우리는 '정당화될 수 없는 것을 정당화하기 위하여, 자신의 행동에 근거를 부여하기 위하여' 의지적으로 추론능력을 사용하곤 한다.[20] 우리는 의지와 감정의 대상들이 양심의 법정을 통과할 수 있는 것이기를 기대하곤 한다. 이러한 의미에서, 자기합리화란 하나의 소망적 사고인 셈이다. 말하자면, 논리적으로 잘못된 전제를 깔고 감정이 이끄는 대로 그럴싸한 결론에 이르도록 추론하는 과정을 뜻한다. 그것은 순수한 지성적 행위와는 거리가 멀다. 의지 역시 마찬가지이다. 순수한 지성, 순수한 의지가 아니라 정욕, 두려움, 교만과 같은 여러 감정적 요소들을 내포하게 되는 셈이다.

자기합리화는 금지된 쾌락을 정당화하기 위한 정욕의 무기가 되기도 하고 진리의 권면사항을 실천하지 못하도록 지연시키는 명분이 되기도 한다. 완전한 진리가 쾌락의 금욕을 요구한다는 점에 비추어 본다면, 자기합리화는 두려움의 가면일 뿐이다. 결국, 자기합리화는 교만을 두둔하고 개인의 아집을 추켜세우며 죄 문제에 대해 겸손하지 못하게 한다. 자기합리화는 영적 무지에 이르게 하며 진리를 혐오하게 만든다. (이에 대해서는 나중에 살펴보도록 하자.)[21]

분명히, 자기합리화에는 위장된 무지가 내포되어 있다. 하지만 무지에 빠진 자가 항상 그렇게만 하는 것은 아니다. 무지에 빠진 자는 자신의 행위에 내재한 악에 대해 모르는 체하면서 근본전제를 다른 것으로 대체시키기도 한다. 악을 피해야 한다는 전제를 쾌락을 추구해야 한다는 것으로 바꾸어 놓는 경우가 그렇다. 이러한 전제를 가지면 욕구된 쾌락은 선하며 정당화될 수 있다는 결론(적어도 그 추론의 당사자만큼은 만족시킴)을 낼 수 있게 된다.[22] 이는 위선에 해당하며, 의심의 여지도 없이 죄악에 해당한다.

이러한 자기합리화의 개념을 염두에 두고, 이제 우리에게 남은 것은 『고백록』에서 그 생생한 예들을 찾아내는 것이다. 첫 번째 예는 진리탐구에 헌신하기로 결심하여 세상적인 야망들을 즉각 절제해야 하겠다고 마음먹었던 내적 싸움에 관한 기록에 주목할 필요가 있다. 유의할 것은 그것이 죄가 되고 안되고의 문제가 아니라, 권면의 문제였다는 점이다. 과연 아우구스티누스는 독신이라는 금욕생활을 받아들이고 결혼이 주는 합법적인 쾌락까지도 포기했어야 하는 것일까? 그는 독신에 대해서는 절망감을 느꼈지만, 결혼의 쾌락을 절제하는 것 또한 무척이나 어렵게 느껴졌다. 그래서 당분간 자기합리화를 시도하면서 결단을 미루고 싶었다.

조금 기다려 보자. 이 세상 것도 우리에게 즐거움을 준다. 그 자체에 감미로움을 지니고 있기 때문에 결코 소홀히 여겨서는 안 된다. 그것을 단순하게 내 버릴 수는 없다. 버린 후 다시 찾고자 하면 더 부끄러운 일이다. 자, 지금 나에게는 명예로운 지위를 얻는 것이 무척이나 중요하다. 그것 말고 바랄 것이 있을까? 권력을 가진 친구들이 많으니까 그들에게 부탁하면 고위공직 정도는 어렵지 않게 얻을 수 있겠지. 그렇게 되면 돈 많은 여자와 결혼해서 우리의 경제적 부담을 줄여갈 수 있을 것이고 욕망을 채울 수 있겠지.(6, 11, 19)[23]

이것이 아우구스티누스의 독백 같은 추론이다. 아마도 육체적 쾌락을 절제한 이후에 그것들을 대체할 것이 없음을 아쉬워하고 있는 듯싶다. 그러나 절제 자체가 쉽지 않았다. 아내, 친구, 그리고 명예로운 직위를 추구하지 말아야 할 이유가 있을까? 이렇게 생각하는 것만으로도 만족스러웠던 것 같다. 따지고 보면, 많은 위인들은 아내가 있어도 지혜를 추구할 수 있었다. 그들을 모범으로 삼지 말아야 할 이유는 없지 않은가?

여기에서, 우리는 두 가지 욕망이 갈등하고 있음을 볼 수 있다. 그는 독신생활로 하나님께 헌신하기는 싫었다. 반면에, 세상의 쾌락과 결혼의 쾌락도 싫었다. 이러한 갈등 속에서 그는 어떤 결단도 내리지 않은 채 저급한 것들을 추구하는 자신을 합리화시키고자 했다. 이 문구는 자기합리화라는 것이 정욕에 이끌린 아우구스티누스로 하여금 결단을 내리지 못하고 우유부단하게 살게 하는 데 활용되었다는 점을 보여준다. 기독교뿐만 아니라, 독신생활에 대해서도 결단을 미루게 만든 셈이다.

비록 죄가 그의 결단을 지연시키는 데 포함되어 있지는 않지만, 그 당시 자신의 죄를 견책하면서 이렇게 말했다는 것도 의미가 있는 대목이다.

> 그렇게 시간만 흐르고 주님께로 돌이키기를 미루고 있었습니다. 날마다 당신 안에 사는 결단을 연기하고 있었지만, 죽음을 향해가는 나의 죽음은 연기할 수 없었습니다. 행복한 삶을 원하면서도 행복의 자리에 대해서는 여전히 두려워했고, 사실상은 행복한 삶을 피해가면서도 그것을 추구하고 있었습니다.(6, 11, 20)[24]

(앞서 말했던, 두려움과 사랑의 역설 부분을 참고하기 바란다.) 이렇게 합리화된 무지는 결과적으로 절제라는 것이 하나님 은혜의 선물임을 깨닫지 못하게 했다.[25]

합리화의 첫 번째 예에서는 정욕이 중요한 요소였던 것 같다. 우리가 살펴볼 두 번째 예에서는 교만이 중요하게 부각된다. 로마에서 마니교도로 지낼 때, 아우구스티누스는 죄를 짓는 것은 인간 자신이 아니라, 인간 안에 내재하는 알 수 없는 본성에 강요를 받아 저지르는 것이라고 믿고 있었다. 이러한 신념은 그의 교만을 더욱 고취시켰다. 이는 죄책감과 모멸감에서 나온 것이었다. 하나님께 죄를 고백하며 용서를 구하는 대신에 악을 행할 때마다, 그는 자신 안에 알 수 없는 '낯선' 원인이 있으며 그것과 의절하기 전에는 그것의 강요에 의해 죄를 짓게 되는 는 것이라고 변명하기에 급급했다.

교만은 스스로 자기합리화를 시도하여 영적 무지에 흐르고 말았다. 죄인이라고 말하기를 거절하는 스스로의 기준을 가지고 있는 한, 그의 죄는 구제불능에 해당하는 것이었다. 사실, 그는 자신의 성화를 위해 하나님께 내어맡기기보다 하나님께서 자신 안에 있는 악한 능력을 제거해 주실 것이라고 생각하고 있었다. 아우구스티누스는 시편 140편의 몇 절을 인용하여 이러한 회고적 문장을 결론짓는다. 이 시편에서 저자는 자신의 마음이 죄를 변명하는 악한 교설을 향하지 않기를 기도하고 있다.

그때만 해도, 죄를 짓는 것은 우리가 아니요 우리 안에 있는 그 무엇 때문이라고 생각했습니다. 이 생각은 교만에 만족감을 더해주어 스스로 무죄하다는 생각을 갖게 했습니다. 죄를 지어도 당신께 고백하여 용서를 받으려 하기보다는 나 자신을 변명하고, 내 안에 있는, 나 아닌, 나도 모르는 그 무엇을 탓하곤 했습니다. 하지만, 나는 하나인데, 나의 불경건함이 나를 둘로 나누어 내 안에 분열이 생기게 했습니다. 내가 스스로 죄인이라 여기지 않았던 것이야말로 용서 받을 수 없는 큰 죄였습니다. 오, 전능하신 하나님, 내가 당신께 정복당해 구원받기보다는 내 안에서 당신을 패배시켜 나 스스로 멸망에 이르기를 선호했습니다. 바로 이것이 나의 극악한 죄였습니다. 아직은 당신께서 내 마음이 악한 말에 솔깃해하지 않도록, 악한 자들과 함께 죄를 변명하지 않도록 내 앞에 파수꾼을 세우기 이전이었고 내 입술의 문을 지켜주시기 이전이었습니다(시 141:3, 4).(5, 10, 18)[26]

마니교를 거부하기는 했지만, 아직 회심은 하지 않은 상태에서 아우구스티누스는 자신의 죄를 신에게 속한 것이라고 탓하는 것 자체가 역겨운 일임을 깨닫는다. 이 점에서, 그는 마니교가 악으로 가득 차 있음을 알게 되었다. 그들은 그들 스스로의 인격으로 죄를 짓는다고 말하기보다 자신들 안에 신적 실체가 거하여 악을 겪게 만든다고 억지를 부리는 자들이었다.[27] 바로 이것이 마니교가 자기합리화를 통해 자신들은 악행에 대해 책임이 없다고 주장한 논법이었다.

자기합리화의 세 번째 예는 아우구스티누스가 어린 시절에 받았던 교육에 대한 회상에서 볼 수 있다. 가르치는 자들의 강압과 오류의 포도주, 그리고 고전에서 배운 음탕한 구절들에 휘둘린 시기였다. 아우구스티누스는 테렌티우스(Terrentius)의 『유누크』(Eunuch)에서 한 구절을 인용한다. 극장의 연극에 나오는 외설적인 젊은이 이야기였다. 그 젊은이는 유피테르를 음탕함의 모델로 삼았노라고 말한다. 그는 마치 하늘이 인정하기라도 한 것처럼, 음탕한 일을 즐기면서 이렇게 말한다. 위대한 유피테르는 간통을 저지르기 위해 하늘에서 내려오기까지 했는데, 하물며 유한한 인간인 자신이 유피테르처럼 행동하면 안 되는 이유라도 있다는 말인가? 간통죄를 저지른 이유가 그것이었고, 결코 그 일을 수치스럽게 생각하지 않는다는 내용이었다.[28]

고대의 시인은 간통죄를 합리화시켰다. 이것을 아마도 사회적 자기합리화라고 부를 수 있을 듯싶다. 일반적 경향성에 속하는 것으로 간주했다는 뜻이다. 아우구스티누스는 이것을 가리켜 이브의 자손들을 휩쓸고 간 인간 습속의 극악한 급류라고 말한다.

화 있으리라. 인간 습속의 급류여. 누가 그 흐름을 막을 수 있을까?

과연 언제 네 흐름이 말라붙을까? 언제까지 이브의 자손들을 넓고 무서운 바다로 휩쓸어 가려는가? 방주에 올라탄들 그 바다를 건널 수 있을까? 유피테르가 때로는 악한 자에게 벼락을 치고 때로는 그 자신이 간음을 행하는 이야기가 네 속에 있지 않은가? 그도 이 두 가지를 동시에 하지는 못한다. 이 두 가지를 다 했다고 하지만, 벼락이라는 속임수로 간음을 모방하라고 자극하기 위해 만들어낸 허구에 지나지 않는다. 학교에서 배움 받은 사람이 '이는 호메로스가 지어낸 이야기다. 그는 인간들의 죄를 신들의 죄라고 말한다. 신들이 하는 일을 인간들에게 옮겨 놓았더라면 더 좋았을 텐데.' 하고 말하면, 긴 가운을 입은 선생들 중 과연 누가 이 소리에 귀 기울여 주었을까? 하지만, 이렇게 말하는 것이 진실에 가까울 듯싶다. '이는 호머가 꾸며낸 이야기이다. 그는 신들의 속성을 죄인들의 속성과 동일한 것으로 여겼다. 인간이 저지른 죄가 신들의 행동을 모방한 것처럼 보이게 함으로써 죄를 더 이상 죄로 여기지 않게 하고 사람들을 절망하지 않게 하려는 이유에서 말이다.'(1, 16, 25)[29]

인간은 이런 식으로 간통죄의 죄책을 던져버리려 하고 다른 죄에 대해서도 마찬가지 논리를 편다. 자신들의 어리석은 행위를 정당화하기 위하여 신들의 신화에 의존하고 있는 셈이다. 타락한 습속을 따라 자신들이 저지른 악의 책임을 신들에게 탓하고 있는 셈이다. 아우구스티누스가 말한 것처럼, 신들의 속성이 인간에게도 부여되어 있다고 말하는 것은 결국 죄를 더 이상 죄로 간주하지 않게 한다. 사실, 젊은이들은 자신들의 악행에 대한 이유를 제시하기 위해 타락한 추론으로 가득 차 있는 고전들을 배우라고 강요받기도 한다.

이어서, 자기합리화의 네 번째 예는 아직도 혈기 왕성한 젊은 아우구스티누스의 기도에 묻어난다.

내게 순결을 주소서. 절제를 주소서. 그러나 아직은 마소서.(8, 7, 17)[30]

회고적 논조를 지닌 이 문구는 꼭 그의 젊은 시절의 표현이라기보다는 청년초기의 모습과 현재 그가 드리는 회고적인 기도 사이에 불일치가 내재하고 있음을 강하게 암시해주는 문학적 장치이다. 이 기도는 육체와 영혼의 갈등이 이미 청년기부터 격렬하게 나타나고 있었음을 표현하고 있다. 아우구스티누스에게서, 영혼은 하나님께 순결을 구했지만 육체의 경향성은 하나님께서 기도를 즉시 응답하시어 정욕의 상처를 신속하게 치료하시게 되는 상황을 원하지 않았던 셈이다.[31]

이 기도문은 진실을 말해주는 것이 아니라, 그 당시 아우구스티누스가 영혼이 추구하는 고차원의 이상보다는 육체가 추구하는 정욕에 더 많이 휘둘렸다는 점, 즉 의지의 분열을 보여주는 문구이다. 청년 아우구스티누스 스스로도 인정하고 싶지 않은 문제였다. 적어도 자신은 순결을 위해 기도하고 있었다는 그 사실을 부각시키고 싶었을 것이다. 말하자면, 그리 간절하지 않게 이런 마음으로 기도드린 셈이다. '네, 순결을 원합니다. 하지만 나는 육체의 소욕이 좋습니다. 잠시 동안 보류해 주소서.'

아우구스티누스에게 묻고 싶은 것이 있다. 자기합리화의 경향성과『고백록』에 전체에 스며들어 있는 진리에 대한 열정적 사랑이라는 두 가지 경향성의 상충을 과연 어떻게 해소했을지 자못 궁금하다. 기본적으로, 이러한 문장들은 하나님의 은혜를 따르는 것과 육체의 소욕을 따르는 것, 이 두 가지가 항상 상충한다는 점을 일깨워준다. 진리를 향한 그의 욕구는 보다 나은 삶을 향한 그의 동경과 조화를 이룬다. 보다 나은 삶을 바라는 것 자체도 쉽지 않지만, 육체적인 즐거움에서 오는 강한 유혹이 아우구스티누스에게서 보다 나은 삶을 향한 욕구에 큰 영향을 주지 못했던 시기가 있었다는 점 또한 놀랄만한 일은 아니다. 정욕은 여전히 행복에 이르는 길에서 빗나가게 했지만 아우구스티누스는 꽤나 설득력 있는 논증으로 정욕을 은닉시키고 있었다. 이것이 바로 자기합리화의 본질이다.

그러면서도, 진리를 향한 강렬한 사랑은 실행하지 못하고 있었다. 그는 마니교가 진정한 종교일 수 없다는 점을 깨닫자마자 이내 그들에게서 떠났다. 그러나 아카데미학파의 무관심주의에 머물고 말았다. 회심하기 직전에, 그는 진리에 대한 무관심만으로는 탈출구를 찾지 못하리라는 생각을 품게 되었고 양심의 가책을 느꼈다.

그 당시, 나는 다시 오류에 떨어질 것이 두려워서 그 어떤 것도 긍정적으로 받아들이지 않았습니다. 마치 허공에 매달려 있어서 더욱 목이 졸리게 되는 상태와도 같았습니다.(6, 4, 6)[32]

아우구스티누스는 두 가지 상반되는 경향성을 지닌 채 살고 있었다. 진리에 대한 모색, 그리고 죄와 결함을 변명하는 마음, 이 두 가지 말이다. 그러나 진리에 대한 열정이 다른 한쪽보다 더 컸다는 점은 다행스러운 일이다.

인간에게는 이와 같은 갈등이 찾아오게 마련이라는 점을 수긍하면, 도덕적 실천을 위한 바람직한 교훈을 얻을 수 있다. 행위 동기들에 대한 검토에는 엄격한 정직성이 요구된다. 결단을 연기하는 이면에 정욕이 주는 쾌락이 위험천만하게 도사리고 있으며 혹시라도 그 쾌락을 상실하는 것은 아닐까 싶은 두려움이 작용하기도 한다. 무엇이 양심을 허위의식으로 몰아가는지를 찾아내고자 한다면, 날마다 양심을 점검해보아야 한다. 그때 비로소 우리 자신이 진리를 혐오하게 하는 자기합리화에 둘러싸여 있음을 깨닫게 될 것이다.

진리를 혐오하는 자들에 대한 언급들은 10권에서 볼 수 있다. 10권은 이제까지의 『고백록』 아홉 권과는 그 분위기가 사뭇 다르다. 10권부터는 아우구스티누스가 내러티브를 말해주는 사람이라기보다 삶을 객관화시켜 성찰하는 철학자의 관점에서 영혼의 내적 갈등을 다루고 있는 것 같은 인상을 준다. 무엇보다도 자신이 지녀온 질문, 즉 인간이란 과연 진리를 기뻐하는 존재인가 혹은 거짓을 즐겨하는 존재인가를 비교하여 다룬다. 모두가 행복한 삶을 원하는 것처럼, 모두가 진리 안에서의 기쁨을 원한다. 그런가하면, 많은 사람들은 남을 속이려 들면서도 정작 자신은 속아 넘어가지 않으려 한다.[33]

이것이 인간의 욕구라 할 수 있다면, 인간은 왜 행복한 삶을 누리지 못하고 있으며 왜 진리를 기뻐하지 않는 것일까? 아우구스티누스가 보기에, 그 이유는 행복한 삶을 이끌어주는 것보다 불행을 초래하는 것들에 대한 탐닉에 있다. 진리를 혐오하고 진리의 설교자들을 싫어하는 이유 또한 마찬가지이다. 인간은 진리를 추구하기보다 자신들이 사랑하는 그것이 진리이기를 원하고 있다. 그런 탓에 거짓을 진리인 양 착각하고 있으며 정작 진리에 대해서는 혐오감을 드러낸다.

더구나 자신들이 오류에 빠져있음을 인정하기 싫어하며, 자신들이 추구하는 대상을 진리와 대등한 것처럼 생각하려 애를 쓰기도 한다.[34]

그들은 진리의 자리에 자기들이 사랑하는 것들을 올려놓고 그것들을 위하는 마음을 품고 있기에 진리를 혐오합니다.(10, 23, 34)[35]

인간이 진리를 혐오하는 이유는 또 있다. 스스로의 결함 때문이다. 진리가 빛을 조명해주기 때문에 진리를 사랑할 뿐, 그 진리를 따라 자신들의 삶을 개선하려 들지 않는다. 진리가 삶에 관해 말해주는 것이 되는 순간, 그들은 진리를 혐오하게 된다.

진리가 그들을 조명해 주면 진리를 사랑하나, 진리가 그들을 꾸짖으면 진리를 혐오합니다. 스스로 속기는 싫으나 남을 속이기는 좋아하기 때문에, 진리가 드러날 때는 진리를 사랑하지만, 진리가 그들의 잘못을 들추어내면, 진리를 혐오합니다.(10, 23, 34)[36]

이러한 괴팍함 때문에, 그들은 진리의 징벌을 받게 된다. 진리는 들통 나지 않기를 바라는 자들의 사악함을 폭로해 준다. 진리는 그런 자들에게 자신을 숨기고 그들이 영적 무지에 빠지도록 버려둔다. 이것이야말로 인간이 타락한 존재임을 보여주는 요소라 하겠다.

인간의 마음은 어둡고 병들었으며, 악하고 추하기 때문에 자기 자신은 숨기려 하면서 자기에게는 아무 것도 숨겨져서는 안 된다고 생각합니다. 사실은 정반대 현상이 나타납니다. 인간은 진리 앞에서 자

기를 숨길 수 없고 진리는 그러한 인간의 마음으로부터 숨어 버립니다.(10, 23, 34)[37]

예를 들어, 불경건한 자들은 육체의 쾌락을 진정한 기쁨으로 삼으려 하며 어두움은 진리를 미워하도록 술잔을 들도록 부추긴다. 이 모든 것은 무질서한 욕정들을 따라 이성을 희생시키며 악습을 낳고 만다.[38]

자기합리화와 진리 혐오에 대한 성찰에서, 우리는 사도 바울이 로마서 첫 장에 기록했던 '비뚤어진 감각'이라는 개념의 발전된 형태를 볼 수 있다. 다른 말로 하자면, 교만에 이르는 과정이라고 할 수 있겠다. 인간이 육체적 쾌락을 위한 것이든 혹은 과음을 위한 것이든 간에 욕정의 고삐를 풀어버리면, 자기 맘대로 자행하는 일들을 정당화하기 위해 자기합리화를 시도하게 된다. 마침내, 이성적으로도 무지해지고 자신에게 깊이 파고든 욕정에 저항하지 못하는 무지에 이르고 만다. (영적 무지에 대해서는 다시 다룬다.)[39] 『고백록』에 나타난 것처럼 위장된 무지의 한 형태로서의 자기합리화는 물론이고, 무지 그 자체가 개인의 양심과 도덕에 엄청난 해악이 될 수 있다는 점에 유의해야 할 것이다.

정욕, 하나님께 나아갈 기회를 허비하게 하다

행복에 이르는 길의 또 다른 장애요소는 정욕이다. 『고백록』에서 이 단어는 몇 가지 의미를 지닌다.

당신께서는 내게 육신의 정욕과 안목의 정욕과 이생의 자랑(요일 2:16)을 절제하라고 명령하시옵니다.(10, 30, 40)[40]

가장 흔한 용법은 무질서한 육체적 욕망을 말하는 것이지만 맛있는 음식, 좋은 향기, 감미로운 음악 등 감각적 쾌락을 지칭하기도 한다. 다만 색채의 아름다움에 대해서는 별도의 용어를 사용하고 있다. 일반적으로, 이 모든 감각들은 감각기관에 즐거움을 주는 것들로서, 모든 감각적 쾌락들은 육신의 정욕이라는 말로 표현된다.

감각적 쾌락들에 대한 이러한 구분을 통해 볼 때, 『고백록』에서 사용된 정욕이라는 말은 지식에 대한 무질서한 욕망과 새로운 것에 대한 무질서한 호기심을 지칭할 뿐만 아니라, 두려움의 대상에 대한 병적인 욕망으로 신체적 고통을 겪으면서까지 무언가를 알아내고자 하는 집착에도 사용된다. 말하자면, 안목의 정욕은 두 가지 하위개념으로 구분된다. 병적이지는 않지만 무질서한 호기심이 그 하나이고, 다른 하나는 병적인 호기심이다.

몽중의 성욕 역시 육신의 정욕에 속하는 것으로 볼 수 있다. 나아가, 극단적인 슬픔의 경우는 육체적 정욕과 연관성이 있는 것으로 간주되기 때문에 이것도 여기에서 논의 될 수 있을 듯싶다.

정욕의 본질에 대한 분석이 정욕의 관계들에 대한 탐구로 이어지는 것은 당연하다. 『고백록』에서는 적절한 연관성을 지닌 두 가지 상호작용이 드러난다. 정욕의 습관과 정욕의 영향이 그것이다. 정욕의 습관은 도덕적 게으름의 원천이 되고 정욕의 영향은 의지에 대해 어떤 영향을 미치는가의 문제와 연관된다. (이 문제는 의지의 분열에 대해 다룰 때 살펴보도록 하자.)

『고백록』에서 가장 빈번하게 언급된 정욕은 성적 쾌락과 관련된 무질서한 욕망이다. 8권에서, 아우구스티누스는 성욕에 대해 넘쳐날 정도로 이야기했다. 그 중에서 몇 가지 대표적인 문장들을 선택해서 살펴보자. 먼저, 『고백록』에 나오는 아우구스티누스의 어린 시절에 대해 생각해 보자. 아우구스티누스가 자신의 어린 시절에 대해 말한 것들은 매우 과장된 것이라고 말하는 사람들도 있기는 하다. 그러나 이러한 극단적인 관점은 이 책이 가진 개인의 고백으로서의 타당성을 부정하는 것에 지나지 않는다. 『고백록』의 타당성을 인정한다면, 훗날 아우구스티누스가 저지른 성적 타락 역시 사실로 받아들일 수 있을 것이다.[41] 그가 과연 그런 짓들을 실제로 저질렀을까 하는 문제는 소년기 막간에 일어난 일들에 대해 아우구스티누스가 지나치게 엄격했던 것 아닌가의 문제와는 별개이다.

아우구스티누스가 성장기에 마다우라에서 공부하던 때는 대략 12~17세에 해당한다. 이 시기에 그는 도덕적으로 해이했다. 그가 집을 떠나 모니카의 영향권을 벗어나 있었다는 점에서, 외부의 영향을 쉽게 받는 나이에 디도(Dido)와 아에네아스(Aeneas)를 좋아하여 이교도의 영향에 심취해 있었고 테렌스의 간음옹호론을 배우고 있었다는 점을 기억한다면 그리 놀랄만한 일은 아니다.[42] 이러한 교육풍토에서는 육체적 쾌락에 대한 기독교적 관점을 기대할 수 없을 듯싶다. 아우구스티누스가 16세에 타가스테에 도착했을 때 어떤 일이 벌어졌을지 생각해 보자. 도덕적 해이가 심각해지고 육체적으로 죄 지을 기회들이 많아졌다. 얼마 지나지 않아 아우구스티누스는 고삐 풀린 동료들과 놀아났다. 그는 거리의 부랑아가 되어 흥미로운 일과 쾌락을 쫓아 광장과 공공장소를 돌아 다녔다. 아우구스티누스는 자신이 간음에 시간을 허비하고 탐닉했던 때였다고 고백한다.[43]

이러한 질풍노도의 시기를 회고하면서, 아우구스티누스는 자신의 무질서함을 바로잡아줄 사람이 없었기에, 젊음의 밀물을 잠재우지 못하는 한, 아마도 결혼까지 했을 것이라고 말한다. 아우구스티누스는 자신이 지냈던 동거생활보다는 결혼이 더 나을 것 같다고 생각했다. 결혼을 하면 정욕이 고쳐질 수 있을 것 같았지만, 결혼하라고 권면해준 사람은 아예 없었다. 오히려, 아버지는 그에게 지나친 자유를 주면서 아들이 사춘기를 겪으며 성장하고 있음을 기뻐하며 자손을 얻을 수 있으리라 기대하기도 했다. 모니카 역시 간음과 음란을 경고하기는 했지만, 아우구스티누스의 행태를 단순한 여성호기심 쯤으로 여길 뿐이었다.[44]

어머니의 충고가 점점 더 강력해졌겠지만, 아들의 무모한 짓에 대한 아버지의 느슨한 태도에 때문에 효과를 볼 수 없었을 것이다. 모니카 자신의 잘못이 아니었다는 뜻이다. 아들에게 육체적 어긋남에서 벗어나도록 설득할 수 없다는 것을 깨닫고서는 모니카도 결혼은 권하지 않았다. 명망가와의 결혼이 아닌 경우, 아들의 출세에 걸림돌이 되지나 않을까 하는 염려도 작용했다. 훗날 아우구스티누스는 어머니의 이러한 태도를 『고백록』에서 완곡하게 견책한다.[45] 마다우라에서 받은 이교도 교육 및 그 환경, 아버지의 야릇한 태도, 청소년기라는 중요한 시기에 지나친 자유를 누릴 수 있었다는 점, 이 모든 것이 육체적 어긋남으로 치닫던 젊은 시절의 죄에 대한 판결에서 정상참작 사유가 될 수는 있을 듯싶다.

그러나 이것으로는 죄를 변명할 수 없다. 아우구스티누스는 그를 타락시킨 사탄을 보이지 않는 적이라고 말한다. 실제로 그는 타락하고 있었기 때문이다.

> 보이지 않는 원수는 도시 한복판으로 나를 끌고 가기 위해 발길로 차서 넣을 듯 유혹했습니다. 내가 쉽게 유혹에 넘어가서 그랬을 것입니다.(2, 3, 8)[46]

아우구스티누스가 카르타고에 유학했을 때, 그는 사랑 그 자체에 미쳐있었고 그의 삶은 문란해졌다.

> 아직 사랑에 빠진 것은 아니었지만, 그러고 싶었습니다. … 사랑할 대상을 찾고 있었지만, 사랑 그 자체를 사랑할 뿐이었습니다. 위

험하지 않은 안전한 길을 버리고 말았습니다. … 나는 오로지 사랑하기와 사랑받기만을 생각하고 있었습니다. 육체의 쾌락은 더더욱 감미로웠습니다. … 우정의 물을 추한 욕정으로 오염시켜버렸습니다. 악랄한 탐욕에 눈이 어두워져서 빛을 잃었습니다.(3, 1, 1)[47]

비록 부도덕하게 살고 있었지만, 아우구스티누스는 존경받는 점잖은 사람이고 싶었다. 하지만 허영심과 불경건에 휩쓸려 경사길로 곤두박질치도록 미끌어져 내리는 것 같았다. 영혼은 성적 쾌락에 탐닉하는 노예가 되어 버렸고 하나님의 은혜에 대한 내적 기쁨은 상실되고 말았다. 아우구스티누스는 영혼이 이렇게 텅 비워진 원인을 성적 충동에 내재한 폭력 탓으로 돌렸다.[48]

수사학을 배운 이 청년은 얼마 지나지 않아 그의 삶에서 꽤나 오랫동안 같이할 동거녀를 만났다. 그는 기꺼이 슬픔의 줄에 매여 있고 싶어서 질투, 의심, 두려움, 분노, 그리고 다툼에 불타오르는 고통을 겪었다.[49] 그의 이러한 생활이 합법적인 결혼임을 보여주는 암시는 하나도 없다. 이 여인과 적어도 15년간 동거했다는 것만큼은 분명하지만, 충분한 시간이 흘렀음에도 그들은 합법적인 관계로 발전하지 못했다.

기껏해야 동거일 뿐이었다. 아우구스티누스가 죄책감을 느꼈다는 점에서 본다면 이 점은 더 분명해진다.[50] 비록 세례 받은 그리스도인이 된 것은 아니었지만, 자신의 동거가 우리가 알고 있는 합법적인 결혼은 아니라는 점을 인식하고 있었다. 훗날 동거에 대해 회상하면서, 합법적이지 못했던 것으로 말하면서 합법적인 결혼과의 차이를 강조하여 말했던 부분에서도 이 점은 분명해진다. 그는 자신이 동거한 것은 다루기 힘든 격정 때문이었으며 아무리 말해도 누구에게도 이해를 받을 수 없는 일로서, 결혼제도 안에서 인증을 받은 합리적인 선택의 결과는 아니었다고 말한다. 결혼은 자기절제를 실행할 수 있게 하는 반면에, 동거는 탐욕의 흥정이라 할 수 있으며 그들 사이의 자녀는 부모가 간절히 원해서 출생한 것도 아니며, 출생했다고 해도 진정한 사랑을 받지는 못할 것이라고 말한다.

그 때, 한 여자 친구가 있었습니다. 그 여자는 합법적인 결혼으로 맺어진 사람은 아니었고, 방황하며 헤매던 정욕이 찾아낸 사람이었습니다. 그러나 나는 이 여자 하나만을 두고 있었고 또 그에게 신의를 지켰습니다. 그 여자와 사는 동안, 출산을 목적으로 하는 결혼계약과, 출산에는 관심이 없고 욕정의 사랑으로만 맺어진 두 사람의 관계는 크게 차이가 난다는 것을 경험하게 되었습니다.(4, 2, 2)[51]

이러한 대조는 아우구스티누스가 동거를 일종의 성가심의 상태 즉 안정되지 못한 결합에 특징적으로 나타나는 질투, 의심, 두려움 등등을 만끽하려는 것이라고 말했던 점에서 더 분명해진다.[52]

그는 밀라노의 교리학교에 들어가고자 하는 마음을 일시적으로 가지게 된 후에도 여전히 동거생활을 이어갔다. 모니카는 아들의 결혼을 적극 주선하고 나섰다. 모니카는 아들의 상태를 이교도적 의미의 결혼으로조차 간주하지 않았던 셈이다. 아우구스티누스는 아데오다투스의 어머니 즉 자신의 동거녀와의 결별하기 전까지는 합법적인 결혼을 추진하지 않았다. 새로 약혼이 성사되자 그는 동거녀를 아프리카로 돌려보낸다.[53] 말할 필요도 없이, 그 결별의 과정은 쉽지 않왔다. 아우구스티누스와 15년간 함께 살아온 여인은 다시는 남자를 만나지 않겠노라 울부짖으며 아프리카로 돌아갔다. 당시의 느낌을 아우구스티누스는 이렇게 적고 있다.

침대에서 함께 지냈던 동거녀는 내 결혼에 방해가 되지 않겠다며 눈물을 흘리며 떠났습니다. 내 가슴은 찢어져 피가 나올 것처럼 아팠 습니다.(6, 15, 25)[54]

인간에 대한 연민의 정을 포함하여 깊은 감정들이 갑작스럽게 짓 누르며 밀려오자, 그는 육체적 유혹에 더 약해지고 만다. 그의 마음 에 여전히 남아있는 동거녀와의 오래된 쾌락에서 분리되기는 했지만, 인간적으로 그토록 가깝게 지냈던 사람과 이별한 후 그 자리를 대신 할 그 무엇도 찾을 수 없었다. 그가 약혼녀의 혼기를 채우기 위해 2 년을 기다리지 못하고 또 다른 여인을 만났다는 것은 그다지 놀랄만 한 일도 아니었다. 이 시기에, 그는 여전히 정욕의 습관을 따르는 노 예였고 악덕을 주인으로 삼고 있었다.

그때, 그는 결혼에는 탐욕이라는 요소가 결부되어 있지 않다는 것 을 깨달았다. 새로운 여인과의 만남을 통해 그의 탐욕의 습관이 더 커져갔지만 그녀에게서 얻는 육체적 쾌락이 이전 동거녀와의 이별 에서 얻은 상처를 고쳐주지는 못했다. 아우구스티누스는 여기에 덧 붙여서, 새로운 여인이 성적 만족을 위한 욕구를 누그려 뜨려 주기는 했지만 동시에 탐욕을 더 강화시켜 주었을 뿐이었다고 말한다. 덜 예 민해지기는 했지만, 더욱 절망스러워져서 그는 괴로웠다. 순간적으 로는 육체적 쾌락을 얻기는 했지만, 이런 종류의 쾌락을 향한 습관적

인 욕망을 이겨낼 희망은 그만큼 더 줄어들었다.[55]

탐욕의 습관이 강화되면서, 그는 두려워졌다. 소망과 인내의 덕에 결부된 유익한 두려움이 아니라, 자신을 정당화하려는 합리화된 두려움이었다.[56] 예를 들어, 알리피우스가 그에게 결혼하지 말라고 설득하자, 아우구스티누스는 많은 사람들이 결혼했으면서도 지혜를 소중히 여기고 하나님을 신실하게 섬기는 경우들을 볼 수 있다고 말하면서 알리피우스의 반박했다. 자신이 탐닉하고 있는 정욕의 습관이라는 쇠사슬에서 풀려나고 싶지 않았고, 그렇게 될까싶어 두려웠기 때문이었다. 그리고 알리피우스에게 변명하기를 자신이 결혼하려는 것은 가정을 이루어 자녀를 낳으려는 목적이 아니라 습관화되어 끊어내기 어려운 성적 탐욕 때문이라고 말한다.[57]

이처럼, 두려움과 정욕은 자기합리화로 이어진다. 좀 더 정확하게 말하자면, 자기합리화란 정욕의 쾌락을 상실하지 않을까 두려워 하는 마음에서 생겨난다. 예를 들어, 절제를 위해 기도하기는 했지만 성의가 없이 기도했던 성장기 아우구스티누스에게 이러한 두려움이 숨겨져 있었다.[58]

지적 난제들을 해소하고 신앙을 향하여 가까이 나아갔지만, 정욕의 습관과 그에 따른 두려움이 집요하게 이어지고 있었던 셈이다. 하나님을 영적 존재로 인식한 이후에도 그는 하나님을 향유하는 길에 나서지 못했다. 여전히 정욕에 사로잡혀 있었던 탓이다. 하나님께 붙어있기를 소망했지만, 아직 정화되지 못한 상태였다. 게다가, 이 시기에 자신의 영적 무지에 대해서는 더 이상 변명하지 않았지만, 육체의 욕망에서 해방되는 것만큼은 싫었고 또한 두려웠다. 육체의 노예 상태는 아니었지만, 거기에서 헤어 나오기가 쉽지 않았던 셈이다.

당신의 아름다우심에 마음이 끌리다가도 내 마음의 무게 때문에
당신에게서 떨어져 나와서 슬퍼하며 아래로 떨어졌습니다. 육체의
버릇이 그 무게였습니다.(7, 17, 23) ··· 아직 땅에 매여 있었기 때문에
당신의 병사가 되기 싫었습니다. 당신에게 나아가는 길을 가로막는
장애요소들을 두려워했어야 하건만, 장애요소에서 벗어나는 것을
두려워하고 있었습니다.(8, 5, 11)[59]

침묵 속에 두려움만 남았을 뿐, 더 이상 논증도 변명도 하지 않았
다. 그러나 그는 죽음을 두려워하는 것만큼이나 육체적 부도덕을 절
제하는 것이 두려웠다. 실제로, 결단과 회심 직전에도 육체적 쾌락이
없이는 살아갈 수 없으리라는 두려움 때문에 그는 뒷걸음질 치기도
했다.

그것들은 나를 대면하여 겨루지 않고 내 등 뒤에서 부드럽게 속삭
이듯 하였으며 내가 슬쩍 뒤를 돌아보도록 옷깃을 살짝 잡아당기는
것 같았습니다. 그리하여 그것들은 나의 발걸음을 느리게 하였습니
다. 그로 인하여 나는 그것들을 떼어 떨쳐버리고 부름을 받은 곳으로
뛰어가기를 머뭇거렸습니다. 이때 습관의 폭력이 내게 '그것들 없이
도 살 수 있을 것 같으냐?' 말하는 것 같았습니다.(8, 11, 26)[60]

이러한 두려움이 탐욕의 습관들을 버리지 못하게 하고 그 결단을
지연시켰다는 점에 유의할 필요가 있다. 탐욕에 탐닉하는 자에게 영
적 가이드를 주고자 한다면, 탐욕 그 자체를 문제 삼기보다는 이러한
두려움의 문제부터 해결하도록 권면하는 것이 좋을 듯싶다. 그리고

하나님의 은혜를 힘입으면, 악행이 주는 쾌락이 없어져도 잘 절제해 낼 수 있다는 확신을 주는 노력을 병행해야 할 것이다. 덧붙여서, 악덕과의 싸움은 즉시 결단하여 시작하는 것이 좋다는 점을 강조해야 한다. 꾸물거리는 것은 도움이 되지 않으며, 절제가 불가능한 것 아닐까하는 두려움만 키워줄 뿐이다. 이러한 뜻에서, 아우구스티누스는 영혼이 육체의 노예가 되기보다 육체를 영혼에 종속시키라고 말한다.[61]

정욕의 또 다른 측면이 있다. 아우구스티누스가 꿈속에서 성적유혹을 받는다고 고백한 것은 지금까지 지녀왔던 악덕의 소산이었다. 유념할 것은, 히포(Hippo)의 주교가 된 아우구스티누스가 자신의 과거 행적을 회고한 것이 아니라, 현재의 유혹에 대해 말하고 있다는 점이다. 그는 이러한 유혹이 자신의 과거에서 기인하여 떠오르는 이미지들이라고 보았다.

내 기억 속에 과거의 나쁜 습관이 새겨둔 여러 가지 쾌락의 이미지들이 남아 있습니다.(10, 31, 41)[62]

그는 자신이 깨어 있는 동안에는 이들 이미지가 영향을 끼치지 못했고, 잠든 동안에만 나타났으며 때로는 꿈을 꾸고 있는 자신의 상상력과 결합되기는 했지만 자신의 이성이나 의지에서 나온 것이 아니라고 말한다. 이러한 뜻에서, 그가 그 꿈에 대해서까지 책임을 져야 하는 것은 아니었다. 깨어있는 동안에는 양심이 성적 유혹의 이미지들을 거절하고 있으며 꿈속에서도 그가 자발적으로 동의한 것은 아니기 때문이다. 꿈속에서 성적 유혹을 받았어도 잠에서 깬 후에는 그 스스로 꿈속의 내용에 동의한 것은 아니기 때문에 괴로워할 필요도 없고 양심의 평화를 얻을 수 있지만, 자신에게 불경건한 것들이 남아 있다는 것 때문에 고민에 빠졌다.[63]

아우구스티누스의 경험들은 깨어있는 동안 이러한 상상들을 거절한 사람들의 경우, 꿈속에 나타난 일에 대해서는 책임을 물을 수 없다는 점을 보여준다. 아마도 그는 이렇게 질문했을 듯싶다. 이는 도무지 답을 찾을 수 없는, 무척이나 도발적인 질문인 듯싶다.

> 원하지 않았어도 꿈속에서 떠오르는 그것은 어디에서 오는 것인가요? 그 허상들을 받아들일 동의를 하지 않고 마음을 다해 금욕하고 있는 동안에도 이런 일이 생기는 이유는 무엇인가요?(10, 30, 41)[64]

자신으로서는 답을 찾을 수 없었다. 도덕에 관한 근본문제가 완전히 해소되지 않은 채 남아있던 셈이다. 과연, 마음을 써서 동의한 것만 책임을 져야 하는 것일까? 아우구스티누스는 또 하나의 질문을 제기한다. 하나님은 잠을 자는 동안의 불순한 움직임까지도 해결해 주실까? 그렇다고 답하면서, 그는 하나님의 은혜가 영혼의 비자발적인 경향성까지도 고쳐주시기를 기도한다.[65]

이 문제를 다룬 10권 30장은 주교가 된 이후에도 여전히 남아있는 가장 내밀하고도 미묘한 문제를 말한 것이라는 점에서 주목받을만한 대목이다. 그는 양심의 공적 검증이라 불릴 수 있는 문제에서 무척이나 솔직하고 겸손한 모습을 보여주었다. 비록 성적인 꿈에 대해서, 그리고 잠을 자는 동안에 나타나는 오염의 문제는 그 자체로 죄가 되는 것은 아니지만, 아우구스티누스는 하나님을 향한 놀라운 신뢰를 바탕으로 정욕의 최소한의 찌꺼기까지도 제거하시어 자신을 깨끗이 씻어주시기를 간구한 셈이다. 하나님의 전능하심은 인간의 지각을 넘어서는 참으로 위대한 능력이기 때문이다.[66] 하나님을 향한 이러한 신뢰와 정욕에 대한 싸움은 탐욕의 멍에를 벗어던지는 것 자체를 두려워하던 이전의 아우구스티누스와는 전혀 다른 모습이다.

아우구스티누스가 젊어서부터 중독되어 오랫동안 노예생활을 했던 정욕의 역동성에 대한 성찰 및 그의 싸움과 승리에 관한 이야기에서, 가장 강력한 치유책은 하나님의 은혜임이 분명하게 드러났다. (이에 대해서는 다음으로 미루어두고,)[67] 감각적 정욕의 다양한 모습들에 대해 살펴보도록 하자.

먼저 아우구스티누스는 정욕이 먹고 마시는 일에 슬그머니 스며들어 있음을 깨달았다. 음식을 먹어야 하는 필요성이라는 바로 그 달콤함이 정욕의 덫이 되고 만다. 건강을 위해서는 먹고 마셔야 하겠지만, 이러한 필요성을 이용하여 위험한 쾌락이 치고 들어온다. 그리고 너무도 자주, 건강을 위한 목적으로만 먹고 마시는 것처럼 가장하다가 이내 주인행세를 하려든다.[68]

건강을 위해 먹고 마시는 것만으로는 쾌락을 채우기에는 턱없이 부족하다. 음식을 먹는 목적이 무엇인지 잊어버리게 되는 경우도 있다. 꼭 필요해서 먹으려 하는 것인지 혹은 포만감을 위해 먹는 것인지 자기도 모르게 잊어버리곤 한다. 이러한 불확실성 때문에, 식도락을 즐기면서도 스스로를 방어할 변명거리를 찾기도 한다. 건강을 위한 것이라는 명분으로, 포만감을 위장하기도 한다.

건강에 필요한 만큼과 쾌감에 필요한 정도가 각각 달라서, 건강에는 충분한 분량의 음식이 쾌감을 만족시키지는 못합니다. 과연 몸이 요구하는 필요성이 음식을 먹게 하는 것인지 혹은 쾌감을 위한 탐식이라는 속임수에 넘어가 음식을 먹는 것인지 분명하지 않은 경우가 있습니다. 가련한 내 영혼은 이처럼 불분명한 상태를 즐겨하며 그것을 이용하여 스스로를 숨기고 변명하기도 합니다. 건강유지에 충분한 적정량이 어느 정도인지 확정할 수 없는 애매함을 통해 건강을 위한다는 명분으로 쾌감을 추구하지만 기꺼이 그것을 숨겨버립니다.(10, 31, 43-44)[69]

아우구스티누스는 때로 자신도 과식을 한다는 점에서 스스로를 문제 삼으면서, 먹고 마시는 일에서도 하나님께서 은혜를 주시어 절제할 수 있게 해주시기를 간구한다. 절제에 대해 말하자면, 그 자체로 하나님 은혜의 선물이다.

당신께서 명하시는 것을 행하게 하시고, 당신께서 원하시는 것을 명하여 주소서.(Da quod jubes, et jube quid vis)(10, 29, 40)[70]

정욕의 뿌리가 먹고 마시려는 욕구 그 자체에 있다기보다, 욕구의 무질서한 본성이 문제라 하겠다. 아우구스티누스가 육식의 불결함이 아니라 욕망의 불결함을 두려워한다고 말한 것은 아마도 육식을 금한 마니교의 주장을 눈여겨보았기 때문일 듯싶다. 아우구스티누스는 광야생활을 했던 이스라엘 사람들의 식욕이 문제가 되는 이유는 그들의 육식습관 때문이 아니라, 광야에서도 고기를 먹고 싶어 하는 욕망 때문에 하나님을 원망했다는 바로 그 사실에 있다는 점을 상기

시켜준다.[71] 먹고 마심의 욕구가 무질서한 것이 되고 죄악이 되는 것은 그것이 하나님을 거스르고 율법을 어기는 경우이다. 육체적 정욕에 비해 볼 때, 먹고 마심의 정욕은 그것이 일상적인 것이라는 점에서 육체의 정욕에 대한 것보다 더욱 주의가 필요하다. 육체적 정욕은 지속적이지 않으며, 육체적 정욕에 휘둘린다 해도 그것이 몇 날 며칠 이어지는 일상화된 정욕은 아니기 때문이다.[72]

아우구스티누스는 먹고 마시는 일에 있어서 지나치게 엄격했던 것 같다. 음식을 좋아해서 건강유지에 필요한 것 이상으로 조금 더 먹었다고 해서 과연 이것을 죄라고 해야 하는 것일까? 그렇지는 않다. 이 경우, 욕구를 만족시킨 것이지, 도덕법을 어긴 것이라고는 하기 어려워 보인다. 그의 이러한 엄격주의는 모든 종류의 정욕을 대항하려는 열정적인 마음에서 비롯된 것인 듯싶다.[73]

음악에 관해서도 이와 마찬가지의 조심성이 드러나기는 하지만, 음악의 문제에 있어서는 이보다 더 심각한 문제를 제기하고 있다. 아우구스티누스는 교회음악에서 그 의미보다 즐거움에 더 심취했던 자신을 문제 삼는다. 그러나 문제의 심각성을 말하면서도 이것을 지나치게 예민하게 다루게 되면 지나치게 엄격주의에 빠질 수 있음을 말하는 대목도 있다. 예를 들어, 회심 직후 교회음악을 들을 때마다 흘리던 기쁨의 눈물을 회상하는 문구가 있다.

어떤 경우에는 이러한 유혹을 지나치게 두려워한 탓에 너무도 엄격해지는 실수를 저지르기도 합니다. 다윗의 시를 노래로 만들어 부르는 찬송이 나 뿐만 아니라 온 교인들의 귀에서도 사라졌으면 좋겠다고 생각하는 경우까지 생겨납니다. … 나는 교인들이 분명한 목소리와 조화로운 곡조로 찬송을 부를 때 노래 자체보다는 그 가사의 뜻에 감동을 받습니다. 이점에서, 교회에서 찬송 부르는 관습이 무척이나 유익한 것이라는 점을 인정할 수 있겠습니다. 나는 위험에 빠질 수 있는 감각적인 즐거움과 신앙적 경험 사이에서 분명한 의견을 말하지 못하고 있습니다. 귀의 즐거움을 통해 마음이 약한 자들이 경건의 감정으로 자극을 받기 하기 위해 교회에서 찬송 부르는 옛 관습을 허락하는 것이 나을 듯싶습니다. 하지만 음악 가사의 뜻보다 음악 그 자체에 감동될 경우, 나는 애통해야 할 죄를 짓는 셈입니다. 그런 경우에는 찬송 소리를 안 듣는 것이 더 나을 것 같습니다.(10, 33, 50)[74]

이보다 앞서, 9권에서 아우구스티누스는 찬송과 교회음악이 얼마나 자신에게 큰 영향을 주었는지 말했다. 귓가에 음악이 들려올 때, 그의 마음에 진리가 밀려왔고 그의 감정을 불타오르게 하며 죄를 애통하는 눈물이 흘러나왔다.[75] 주목할 것은, 그가 이 문구를 크나큰 감동으로 마무리했다는 점이다.

내가 거기에 있다는 것이 무척이나 행복했습니다.[76]

더구나, 귀에 들려오는 기쁨의 찬양이 그의 연약한 마음을 헌신의 길로 이끌어 주었으며 교회에서 들려오는 찬송소리에 크게 매료되었다고 말한다. 하지만 이러한 호의적인 견해가 교회음악에 대한 확정적인 태도인 것은 아니었다.[77]

다음으로, 아우구스티누스가 말한 육체의 시각적 정욕에 대해 살펴보자. 이는 감각적 정욕에 속하는 것으로서, 안목의 정욕과는 확연히 구분된다. 우리 눈은 아름다움을 추구하고 다양한 형태를 보게 마련이지만, 영혼은 신체적 아름다움에 함몰되어서는 안 되며 시각과 색채 모두를 지어내신 하나님을 향해야만 한다.

눈은 다양한 아름다운 모습과 찬란하고 부드러운 색깔을 좋아합니다. 그러나 이것들이 내 영혼을 다스리지 않게 하옵소서. 이 모든 것을 선하게 지으신 당신만이 내 영혼의 주관자가 되어 주소서.(10, 34, 51)[78]

시각을 통한 느낌들은 인간을 죄짓게 하는 것일 경우 유혹에 해당한다.[79] 육체의 시각에서 오는 정욕들의 많은 것이 그 경우에 속한다.
아우구스티누스가 보기에, 더욱 위험천만한 것은 성경에서 안목의 정욕이라고 표현한 바로 그 정욕의 문제이다. 이것은 다른 정욕들과는 세심하게 구분되어야 한다. 『고백록』에서, 육체의 정욕은 다양한 감각적 대상들에서 오는 쾌락과 관계된다. 반면에, 안목의 정욕은 육체를 즐겁게 하는 것이 아니라, 육체를 활용하여 실험을 감행하는 특징이 있다. 영혼이 육체의 감각들을 활용하여 허황되고 괴상한 욕구들을 실행하는 경우가 그렇다. 알고자 하는 욕구 즉 호기심에서 기인할 때 이런 현상이 생긴다. 여러 감각 중에서 시각은 영혼이 추구하는 이러한 지식을 위한 기본감각이 된다. 여기에 내재된 무질서한 경향성을 성경에서는 안목의 정욕(concupiscentia oculorum)이라고 한다.(요일 2:16)
쾌락은 아름답고 산뜻하고 향기로운 대상들을 추구하게 마련이다. 하지만 호기심은 정반대의 것들을 추구한다. 골머리를 앓기 위해서가 아니라, '실험'정신을 실천에 옮겨보려는 마음에서 말이다. 안목의 정욕은 비통한 것들과 기형적인 것들까지도 알아내려 하는 반면에 육체의 정욕은 쾌락만 추구한다는 점에서 다르다.

이보다 더 복합적이고 위험스러운 유혹이 있습니다. 육신의 정욕은 모든 감각과 쾌락을 만족시키려 하지만 이내 그 노예가 되고 당신에게서 멀어져 힘이 떨어져 망해버립니다. 이것 말고 다른 유혹이 있습니다. 우리 영혼이 육신의 쾌락을 채우려 하기보다 감각을 통해 경험해보려는 허황된 호기심이 그것입니다. 이 호기심은 학문과 지식이라는 명분으로 가면을 쓰고 있습니다. 이 지식은 감관들 중에서 가장 중요한 눈을 통해 얻는 것이기에, 성경에서는 '안목의 정욕'(요1, 2:16)이라 말했습니다. 그 이유는, 본다는 것은 눈만의 특별기능이지만 다른 감관을 통해 지식을 얻는 경우에도 본다는 단어를 사용하기 때문입니다. … 이 점에서 감각을 통해 얻으려는 쾌락은 호기심과 다른 것임을 알 수 있습니다. 쾌락은 보기 좋고, 듣기 좋고, 냄새 좋고, 맛좋고, 감촉이 좋은 것을 추구하지만 호기심은 새로운 경험을 얻으려는 목적을 가지고 있어서 때로 앞의 것과는 정반대의 방향으로 흐르기도 합니다. 그렇게 하는 이유는 불쾌함을 체험하려는 목적에서가 아니라 새로운 것을 모색하고 발견하려는 욕구를 갖고 있기 때문입니다.(10, 35, 54)**80**

아우구스티누스는 안목의 정욕을 설명하기 위해 몇 가지 예를 든다. 많은 사람들이 자신의 마음을 병적인 모습을 채우고 싶은 욕구에서 심하게 훼손된 짐승의 사체 주변에 몰려들곤 한다. 이러한 병적인 호기심은 기괴한 공연을 보려고 극장에 몰려드는 사람들에게서도 볼 수 있다. 마술이 이제껏 흥행에 성공해온 이유 역시 다르지 않다. 종교적으로는, 기적과 표적을 예로 들 수 있겠다. 그것들은 하나님께서 행하시는 것이지만, 이를 종교적 진리 혹은 복음을 확증해주는 방식으로 추구하지 않고 단지 병적인 호기심에서 추구하는 경우가 그렇다. 이는 하나님을 시험하려는 악의적인 자들에게서 나타나는 현상이다. 하나님이 과연 선하시고 전지하신 분이라면, 그러한 신적 속성의 증거들을 보여 달라고 요구하는 경우들이 여기에 해당한다. 하나님의 완전하심을 의심하는 것은 항상 죄악일 뿐이다.[81]

그 외에, 영혼이 쉽게 빠져나올 수 없는 옹졸한 호기심과 경멸을 받아 마땅한 호기심들이 몇 가지 더 있다. 어쩌면 주의력 분산이라는 표현을 써도 될 것 같다. 자주, 그리고 일상적으로, 우리는 사소한 것에 대한 호기심으로 유혹을 받기도 하고 굴복당하기도 한다. 아우구스티누스가 제시한 예들 중에 이런 것도 있다. 집에 있을 때, 어떤 경우에는 거미줄로 파리를 잡아놓은 거미에게 주의력을 빼앗겨버리는 경우도 있다. 이내 자신의 삶이 이와 유사하게도 기도가 응답되지 않아서 정처 없이 헤매고 있는 것이라고 불평할지도 모른다.[82] 이처럼 자발적으로 주의력을 분산시키는 것 자체를 죄라고 할 수는 없다. 집요하게 의도한 것은 아니라는 점에서 말이다.

좀 더 살펴보면, 『고백록』에는 슬픔과 정욕에 결탁된 경우들도 나온다. 먼저 슬픔의 다양한 유형들을 볼 수 있다. 우선, 연극공연과 관련된 슬픔을 생각할 수 있겠다. 아이러니하게도 여기에는 쾌락이 관여하기도 한다. 다른 사람의 슬픔을 자신도 그대로 체험하려는 마음에서가 아니라, 그들의 슬픔을 느껴봄으로써 쾌락을 얻으려는 경우들이 그렇다.[83] 이것은 본질적으로 그릇된 것은 아니지만, 위험천만하다. 연극배우가 스스로를 죄의 위험에 노출시키는 모습을 보면서 관객들이 묘한 쾌락을 느끼는 경우를 보면, 위험스러운 경우임에 틀림없다.

아우구스티누스의 이러한 생각은 카르타고에서 지낸 젊은 시절의 경험에서 떠올린 것이었다. 그곳에서, 아우구스티누스는 무대연극에 넋이 나가 있었다. 그는 연극에 등장하는 배우들이 서로 사랑하고 서로 이별하는 과정을 음침한 눈길로 즐기고 있었다. 아우구스티누스는 당시에 자신이 나쁜 친구들과 어울려 다녔던 것을 회고한다. 그리고 극장공연의 헛된 슬픔을 감상하면서 대리만족을 누리려했던 것들이 우정을 비뚤어지게 만든 원인이었다고 진단한다. 좋은 친구들과 어울렸다고 해도, 무대에서 공연되는 모습을 보게 되면 탐욕에 오염되고 말았을 것이라고 추정했다.[84] 실제로, 그는 이렇게 말한다.

> 이런 것들에 감명을 받게 되면, 슬픈 감정에서 헤어 나오지 못하고 온전해질 수 없습니다.(3, 2, 2)[85]

더구나, 아우구스티누스에 따르면 관객들이 비극에 공감하는 현상은 진정한 긍휼이 아니라, 무익하고도 사악한 동정심일 뿐이다. 인간이 각자의 내면에서 고통을 느낄 때, 이는 비참함이라 할 수 있고, 다른 사람을 불쌍히 여기는 것을 긍휼이라고 부를 수 있다는 것이 아우구스티누스의 관점이다. 극장에서 관객들은 다른 사람들의 슬픔을 줄여주라는 명을 받은 것이 아니라, 단지 슬퍼할 뿐이다. 더구나, 슬픔을 더 많이 느끼게 하는 공연일수록, 잘된 공연이라는 평을 받는다.[86] 이는 관객으로 하여금 이웃을 향한 긍휼의 태도보다는 쾌락을 누리게 하는 사악한 감정에 지나지 않는다. 이러한 경우의 쾌락은 선한 일에는 아무 소용도 없는 쾌락이다.

아우구스티누스는 이러한 동정심과는 정반대되는 일을 하라고 권한다. 연극에서 치명적인 쾌락을 누리지 못했다고 괴로워하는 자를 동정하기보다, 연극을 보고 쾌락을 누렸노라 떠들면서 자신의 사악함을 즐거워하는 자를 보거든 그의 어리석음을 불쌍히 여기라는 것이다. 이것이야말로 진정한 긍휼이다. 긍휼 속에 드러나는 슬픔은 극장공연의 슬픔과는 다르다. 슬픈 공연을 통해 역설적으로 쾌락을 누리는 것과는 다르다는 뜻이다. 우리는 하나님에게서 가장 순수한 형태의 긍휼을 볼 수 있다. 하나님은 우리가 자신을 사랑하는 것보다 더 순수하게 우리 영혼을 사랑하시는 분이시다. 하나님은 스스로 슬픔을 겪지 않으면서도 우리를 불쌍히 여기신다. 이 점에서, 아우구스티누스는 슬픔 중 어떤 것은 수용될 수 있겠지만, 이웃의 불행을 보고 느끼는 슬픔이 아니라면 슬픔 그 자체를 사랑의 대상으로 삼아서는 안 된다고 말한다. 할 수만 있다면, 슬픔 자체를 당하지 않는 쪽이 더 나을 듯싶다.[87]

아우구스티누스는 슬픔에 대한 사랑이 결국 모든 형태의 도덕적 전염병을 옮기는 더러운 질병이었다고 말한다.[88] 그가 경험한 슬픔은 육체적 정욕과 긴밀하게 연계된 일종의 쾌락추구형 슬픔이었다. 슬픔에 대한 도덕적 성찰은 아우구스티누스 자신의 경험을 바탕으로 진행된다. 그는 사악한 슬픔이 위험하고도 나쁜 친구들과의 만남으로 이어진 과정을 설명하면서 사악한 동정심과 진정한 긍휼을 날카롭게 구분한다. 이를 바탕으로, 이웃의 복지에 관심을 가지는 경우라면 슬픔과 비통함이 허용될 수 있을 것이라고 말한다.

『고백록』에서, 슬픔의 대리만족을 말한 부분 외에도 자신의 슬픔을 말하는 부분을 볼 수 있다. 아우구스티누스는 성장기에 절친한 친구와의 사별로 인해 슬픔에 사로잡혀 있었다. 그때 그의 슬픔은 병적인 것이다. 그 슬픔을 병적이고 터무니없는 것이라고 말하는 데는 이유가 있다. 그 슬픔이 무질서한 우정 때문에 생긴 것이라는 점에서, 그리고 절망을 동반하는 슬픔이었다는 점에서 그렇다.[89] 하지만 어머니를 여의고 나서 그의 태도는 과도하지 않았고 심지어 엄격할 정도였다. 훗날 아우구스티누스는 그 당시의 느낌을 회고하면서 인간의 본성 그 이상으로 너무도 긴장해 있었다고 적었다.

어머니를 여읜 후, 격렬한 슬픔이 밀려왔으나 그는 이 슬픔을 참아냈다. 어머니는 이제 천국에서 행복하게 지내실 것이라고 믿었기 때문에, 눈물을 흘리는 것은 적절하지 못하다고 생각했기 때문이었다. 심지어 아들에게도 울음을 그치라고 했을 정도였다. 그래서 모든 이가 눈물 없이 장례를 치렀다. 참으로 감당하기 어려운 일이었다. 장례를 마친 후, 그는 울음보를 터뜨리고 말았다. 그때 그는 어머니 여읜 슬픔에 눈물을 금했던 자신의 모습이 지나치게 엄격했던 것이었음을 깨달았다. 자신의 과거를 회고하면서, 아우구스티누스는 이와 관련된 몇 가지 유익한 지침을 제시한다.

어머니를 여읜 슬픔이 무척이나 큰 것이었음을 깨닫고 나서, 그는 무척이나 아파했다. 그는 눈물을 흘릴 수밖에 없는 자신의 연약함을 안타까워했다.

눈물을 흘리며 우는 것이 위로가 되었습니다. 나는 참아왔던 눈물을 마음껏 터뜨려 그 눈물로 침상을 띄웠습니다. 내 울음을 오해하여 경멸하는 사람들은 없었고 당신께서 가까이 내 울음소리를 듣고 계셨습니다.(9, 12, 33)**90**

아마도, 하나님께서 자신에게 모든 감정을 제어할 능력을 주시어 자신이 겪는 이중적 의미의 슬픔을 통해 고통 받게 하심으로써 온당한 의미에서 인간의 연약함을 수용하라는 교훈을 주실 것으로 기대했던 듯싶다. 아우구스티누스는 아들에게 자연적인 슬픔을 견뎌내라고 했으며, 사랑하는 사람을 잃은 슬픔에 눈물을 흘리는 것이 당연하다는 것을 인정하고 싶지 않았다.

더구나, 어머니를 위해 눈물을 흘리는 것이 온당한 것인지 여부를 확신할 수 없었다. 그는 독자들 중 어떤 이들은 자신의 슬픔을 죄에 해당한다고 말하는 사람도 있으리라 생각하면서도, 스스로를 하나님의 관용에 내어맡김으로써 이 문제에 대한 도덕적 의의(적어도 그에게는 문젯거리였다)를 해소한 셈이다. 안목의 정욕이라는 것과 연관 지어 볼 때, 인간의 사소한 연약함에 민감해지는 것보다는 하나님의 긍휼을 구하는 것이 훨씬 더 낫다는 교훈을 준 셈이다. 인간은 슬픔의 표현을 본성적인 한계의 하나로 인정해야 하며, 자신의 연약함을 온전히 수용하는 겸손의 덕을 실천하는 것이 마땅하다.**91**

정욕의 여러 측면들 중에서, 정욕이 주는 쾌락에 이중적 한계 즉 한시적이요, 부분적인 것이라는 한계가 있음을 살펴보았다. 정욕의 쾌락은 전인격을 만족시키는 것이 아니며 인간의 기능 중 특정한 하나를 만족시킬 뿐이다. 이러한 뜻에서, 정욕은 그것을 은닉시켜주는 자기합리화의 가면을 쓰고 있는 셈이다. 이는 또한 두려움과 감미로움을 추구하는 쾌락 그 자체를 끊어내기 싫어하는 심리에도 영향을 준다.[92] 그러나 정욕이 연관된 것들 중 가장 중요한 것은 아직 살펴보지 못했다. 의지와 관련하여, 정욕은 의지에 과연 어떤 영향을 주는가 하는 문제가 그것이다. 말하자면, 의지를 약화시키는 요인은 무엇인가 하는 문제를 살펴볼 차례이다.

의지의 연약함은 하나님께 나아가는 길에 놓인 장애요소 중 하나이다. 정욕이 얼마나 의지를 연약하게 만드는지 성찰해야 할 이유가 여기 있다. 이를 통해, 『고백록』이 말하는 것처럼, 정욕에 사로잡혀 정욕의 노예가 되어버린 인간을 치유할 방책에 대해서, 그리고 행위의 주된 지배요소인 의지의 중요성을 살펴볼 수 있을 것이다.

3

의지의 분열,
하나님께 나아갈 능력을 상실하게 하다

『고백록』에 나타난 의지의 문제를 살펴볼 때, 마니교적 배경을 놓쳐서는 안 된다. 마니교는 아주 무책임한 인간관을 가지고 있었다. 우주에서도, 인간에게서도 두 근본원리가 우위권을 차지하려 싸우고 있다는 것이다. 하나는 선의 원리이고 다른 하나는 악의 원리이다. 개인이 악행을 하는 것은 악한 원리의 작용 때문이라는 설명법은 인간의 도덕적 책임을 면제해주고, '악한 본성'이 선한 본성을 이겼기 때문이라고 변명할 수 있게 해준다. 고의적으로 무지에 빠져 있는 셈이다.[93]

31세가 된 아우구스티누스는 이 문제의 해법을 찾고 있었다. 최소한 자신이 의지를 지닌 존재라는 점은 알고 있던 단계였다. 그는 점차로 자신의 의지가 죄의 원인이라는 사실을 확신하게 되었다. 자신이 존재한다는 것 자체는 의심의 여지가 없는 사실이듯, 의지가 행위의 원인이라는 사실 또한 분명하다는 점을 인정하게 되면서, 아우구스티누스는 선과 악을 행하는 것은 외적 원인이 아닌 그 자신이 원인이라는 점을 깨달았다. 하지만 그는 인간의 자유의지가 죄의 원인이라고 결론짓기는 주저하고 있었다. 하나님이 선하신 분이라는 점에서 본다면, 모순이 있는 설명법이라고 오해하고 있었기 때문이다.[94]

하나님을 영적 존재로 인식하고 악을 결여적 실체로 깨닫고 난 후에야 비로소 그는 인간의 의지가 죄의 원인이라는 점을 확신하게 된다. 그때까지만 해도, 아우구스티누스는 악을 물질적 실체로 여겼으며, 전적으로 선하신 하나님께서 과연 어떻게 악 혹은 타락을 창조하실 수 있는가를 두고 고민에 빠져 있었다. 이러한 오류를 극복하고 난 후에, 아우구스티누스는 인간의 의지가 죄의 원인이라는 점을 분명하게 말할 수 있었다. 이 과정을 풀어서 설명하자면 이렇다. 하나님만이 타락하지 않는 존재이며 침해당하지도 않고 변하지 않는 분이시다. 하지만 모든 피조물은 그 본성적 한계에 의해 타락하며 침해당하고 변화한다. 의지 역시 하나의 피조물이기에 변하고 침해당할 수 있다. 따라서 의지는 죄를 짓는 원인이 될 수도 있으며 원치 않는 것에게 종속되기도 한다.

하나님에 대한 추론을 통해, 아우구스티누스는 논의를 심화시킨다. 하나님은 불변하시는 분이시기에, 하나님의 의지는 악에 빠질 수 없다. 하나님은 불변하시는 분이시기에, 하나님은 강제력이나 외부의 힘에 종속되실 수 없다. (마니교의 주, 과는 정반대로,) 하나님은 만물보다 강하시며 홀로 한분이시기에, 하나님의 능력은 곧 하나님의 의지와 동일한 것이 되며 하나님 자신의 의지를 거스르는 방향으로 능력을 행하시지 않는다. 이러한 뜻에서, 죄의 원인은 하나님의 의지가 아니라 인간의 의지라고 해야 할 것이다.

당신의 본체는 타락에 의해서도 전혀 침해를 받지 않는 분이심을 깨달았습니다. 어떤 종류의 타락도 우리 하나님께 해가 될 수 없습니다. 의지나 필연이나 우연도 당신께 해가 될 수 없습니다. 당신께서는 우리 하나님이시오, 당신께서 뜻하시는 것이 선이며, 당신 스스로 선이시기 때문입니다. 하지만 타락할 수 있는 것은 선이 될 수 없습니다. 당신은 당신의 뜻을 거스르는 일을 하도록 강요도 받지 않으십니다. 당신의 뜻은 당신의 능력과 동등하기 때문입니다. 만일 당신의 뜻이 당신을 능가하는 것이라면 당신의 뜻한 당신의 능력보다 더 월등하다고 하겠습니다. 하지만 그렇지 않습니다. 당신의 뜻과 당신의 능력이 바로 하나님 자신이시기 때문입니다. 모든 것을 아시는 당신께 우연이라는 것이 있겠습니까? 모든 것은 당신이 그것을 알고 계시는 결과로 존재합니다. 하나님이신 그 본체는 타락할 수 없다는 논증을 입증하기 위해 더 이상 무슨 말이 필요할까요? 당신의 본체가 타락할 수 있다면, 하나님이라 할 수 없지 않겠습니까?(7, 4, 6)[95]

마니교에 대한 이러한 반론은 『고백록』의 여러 곳에 산재한 내성법적 특성들을 통해 입증되고 강화된다. 아우구스티누스는 자신이 마니교의 어두움에 사로잡혀 있는 동안, 실제로는 죄의 원인이 자신에게 있다는 점을 인정하면서도 자신의 죄에 대해 외적 실체를 탓하는 관습에 젖어있었노라고 말한다. 다시 말해, 진리에 가까이 다가설수록 그는 자신이 짓는 죄에 대해 책임을 져야 할 존재는 자기 자신뿐이라는 점을 깨달아갔다.[96] 마침내, 그가 회심 직전 정원에서 경험한 영적 절정의 순간, 그는 선과 악이라는 두 원리들이 인간을 지배하고 있다는 마니교의 관점이 얼마나 어리석은 것인지를 깨달았다.

그때 그는 인간의 단일한 영혼 안에서 다른 두 의지들이 상충하는 것이 아니라, 다양한 욕구들이 상충하고 있음을 깨달았다. 의지는 하나뿐인데, 인간의 영혼 안에 있는 여러 개의 다양한 욕구들 각각에 의지를 대입시키려는 것은 어리석은 짓이라는 통찰이다. 인간의 영혼은 단일한 것이요, 의지 또한 하나뿐이며, 이것이 다양한 여러 대상들에 의해 이끌릴 수 있고 상충하는 여러 욕구들에 때문에 고통스러워한다는 것이 아우구스티누스의 결론이다.

사람 안에 대립적인 의지가 많고 대립적인 본성이 많다면, 사람 안에는 두 본성만 있을 것이 아니라 많은 본성이 있다고 해야 할 것입니다. 마니교 집회소에 갈까 혹은 극장에 갈까 고심하는 사람이 있다고 생각해 봅시다. 마니교에서는 이렇게 대답할 것입니다. '자, 이것이야말로 사람에게 두 본성이 있음을 보여주는 좋은 예가 된다. 선한 본성은 이리로 인도하고 악한 본성은 저리로 인도한다. 그것이 아니라면, 상반된 두 의지의 주저함을 과연 다르게 설명할 수 있겠는가?' 내가 보기에는, 마니교 집회에 가고 싶어 하는 의지 혹은 극장에 가고 싶어 하는 의지, 둘 다 악합니다. 마니교도들은 자기들 집회에 오게 하는 의지가 선한 것이라고 생각합니다. 그렇다면, 교회로 갈까 극장으로 갈까, 결정하지 못하고 대립적인 두 의지 사이에서 주저하는 사람이 있다고 생각해 봅시다. 과연 마니교는 어떻게 대답해야 할지 주저하지 않겠습니까? 그들은 마니교에 출석하는 것이 선한 것이라고 말하고 싶어서 교회에 가지 못하게 인도하는 충동이 선한 의지라고 말하려 할 것입니다. 혹은 그 사람 안에 (*역주: 선과 악이 아닌) 악한 두 본성끼리 싸우고 있다고 말해야 할 것입니다. 그렇다면, 그들이 항상 말한 내용 즉 둘 중 하나는 악하고 하나는 선하다는 것은 오류가 됩니다. 진리에 입각하여 말하자면, 그들은 사람이 무언가를 하려고 생각할 때, 단일한 영혼이 대립적인 여러 의지들 사이에서 혼란스러워하고 있음을 부정하지 못하게 됩니다. … 그 모든 것을 같은 시간에 있고 싶은 때는 어떻게 해야 하는지요? 마음이 그 중 하나를 택하려고 생각하는 동안에 다른 의지들이 마음을 혼란스럽게 하고 말 것 아니겠습니까? 하고자 하는 의지를 모두 선한 것이라고 할 수는 없습니다. 어느 하나를 선택하기 전까지 모든 의지들이 서로 싸우게 됩니다. 그 중 하나를 택하면 각각 분열되었던 의지는 단일하게 되어 안정을 찾습니다. 영원한 복이 위에서 끌어당기고 세상에서 좋은 것이 밑으로 끌어내릴 때도 의지는 여전히 단일한 것이며 둘 중 어느 하나를 선택해야만 하는 것은 아닙니다. 영혼은 진리를 위해 위에 것을 택하지만, 습관 때문에 아랫것을 버리지 못하여 고통스러워하고 갈라져 버리게 됩니다.(8, 10.23-24)[97]

이러한 관점은 마니교 이단과 정반대되는 것이었다. 마니교에서는 인간 안에 반대되는 복수의 본성들이 있으며, 의지들이 서로 상충한다고 주장한다. 그렇다면, 인간은 자신 안에 여러 본성들을 지닌다는 결론이 나와야 하지만, 인간의 본성 혹은 의지는 실제로 복수가 아니다. 인간이 갈등한다는 것은 동일한 시간에 의지가 둘 또는 그 이상의 대상들을 향하고 있다는 뜻이다. 말하자면, 결단을 내려서 목표를 선택하기 전까지는 의지가 분열되어 있는 셈이다.

의지의 분열에 관하여, 아우구스티누스는 이러한 대답을 수없이 반복하고 있다. 이와 관련하여 성찰해야 할 중요한 주제가 있다. 마니교의 이원론적 분리의 사고방식이 아우구스티누스의 윤리에 지대한 영향을 준 것은 사실이다. 그가 진리를 발견한 이후에도 이원론적 분리의 흔적이 나타난다. 하지만 그 의미는 사뭇 다르다. 덕에 관한 지식과 그 실천을 분리시키는 경향이 나타난다는 의미에서의 이원론이다. 회심 직전 아우구스티누스가 하나님께 대한 엄청난 확실성을 추구한 것이 아니라, 하나님을 추구함에 있어서 다소간의 안정성이 확보되기만 원했던 것이 그 예가 되겠다.

> 나는 당신의 존재에 대한 분명한 확실성보다 당신 안에서 견고히 서 있기를 더 많이 원하고 있었습니다.(8, 1, 1)[98]

그는 마땅히 해야 할 바를 알고 있었지만, 그리스도를 따르는 새로운 삶의 방식이 자신의 감각적 욕구들을 충족시키는 데 익숙해있는 자신에게 너무도 힘겨운 일이 되지나 않을까 싶은 두려움 때문에 망설이고 있었다. 그의 마음에 비춰진 빛을 따라 그의 감정들이 정화되어야만 했다는 뜻이다.

> 한시적인 내 삶의 모습처럼, 문제들은 여전히 해결되지 못한 그대로였으며, 내 영혼은 옛 습관의 누룩으로 더욱 부풀어 올랐습니다. 길이신 주님, 세상의 구세주께서 나를 선하게 대해주셨지만, 아직 나는 좁은 문으로 들어가고 싶지 않았습니다.(8, 1, 1)[99]

비록 마음에 내키는 것은 아니었지만, 그는 여전히 육체적 쾌락을 따라 살고 있었으며, 독신이라는 고차원의 삶을 살기에는 너무나 연약한 존재라고 자책하며 살았다. 매우 적절한 비유가 하나 있다. 그는 회심 이전의 자신의 모습을 잠에서 막 깨어나려는 모습에 비유한다. 잠에서 깨어나야 한다는 것을 알고 있기에 벌떡 일어나고 싶기는 하지만, 졸음을 이기지 못해 다시 잠드는 경우가 자신의 모습과도 같다고 본 셈이다. 마음에 내키지는 않지만, 다시 잠들어 버린 셈이다. 아우구스티누스 자신이 쿠피디타스에 탐닉하기보다 하나님께 나아가는 것이 훨씬 유익하다는 것을 확신했으면서도 여전히 벗어나지 못하고 있는 것이 이 경우와 같다고 본 것이다.[100] 그는 여전히 쾌락의 노예였다. 마땅히 해야 할 것으로 알고 있는 해법을 실천에 옮기지 못했다. 의지의 능력이 부족해서가 아니라, 의지의 바른 목적을 설정하지 못했기 때문이었다.

의지에 대한 성찰에서, 아우구스티누스가 가장 강조하고 싶었던 것 중 하나가 바로 이것이다. 대개의 경우, 내면의 갈등이라는 말을 쓰면 영과 육의 싸움을 말하는 것처럼 생각하기 쉽다. 아우구스티누스도 이러한 싸움을 말하기는 했지만, 그가 말하려는 것은 이와는 또 다른 싸움이 있다는 점이다. 영과 영의 싸움이 바로 그것이다. 이는 하나의 주된 목적 혹은 목표에 맞추어 자신의 행위를 통합시키지 못한 경우를 말한다. 우선, 육과 영의 싸움에 대해 살펴본다면, 『고백록』은 사도 바울의 관점을 이어간다. 아우구스티누스는 이방인의 사도, 바울을 인용하여 인간 내면에서 하나님의 법이 육체의 지체들을 죄에 빠지게 하는 다른 법과 대립하고 있다는 사실을 강조한다. 사도 바울을 따라, 아우구스티누스는 하나님의 법을 거스르는 육체적 경향성을 이겨낼 원동력은 오직 예수 그리스도의 은혜를 힘입는 데 있음을 알려준다.

속사람으로는 하나님의 법을 즐거워하되, 우리의 지체 속에서 한 다른 법이 우리 마음의 법과 싸워 우리 지체 속에 있는 죄의 법으로 나를 사로잡는 것을 보게 될 때(롬 7:22-23), 우리가 할 수 있는 일은 과연 무엇이겠습니까? … 누가 이 사망의 몸에서 구해 줄 수 있습니까?(롬 7:24) 예수 그리스도로 말미암은 당신의 은혜밖에는 없습니다.(7, 21, 27)[101]

유념해야 할 것은, 육과 영의 갈등에 습관이라는 요소가 포함된다는 점이다. (이에 대해서는 다시 살펴보기로 하자.) 정욕의 습관에 대항하여 싸우기 시작하던 때를 회상하면서, 그는 이렇게 말한다.

진정한 기쁨이신 하나님, 이제 막 당신을 향유하며 당신을 섬기기리라 마음먹기 시작한 새로운 의지는 오랫동안 자리잡아온 옛 의지를 다스릴 힘이 아직은 없습니다. 나의 옛 의지와 새 의지는 육체적인 것과 영적인 것으로서, 서로 싸우고 있으며, 그것 때문에 내 영혼은 산산이 조각난 상태입니다.(8, 5, 10)[102]

이러한 싸움을 설명해줄 예를 하나 들어보자. 8권 8장 및 9장에 나오는 것과는 사뭇 다른 경우로서, 아우구스티누스는 영과 영의 갈등을 성찰한다. 이 부분은 아우구스티누스가 폰티티아누스의 이야기를 들은 후 일어난 일을 회고한 대목이다. 그는 자신의 내면 깊이 들어가 그리스도인 되기를 주저하고 있는 자신의 모습에 항의한다. 그 당시에는 자신의 결단을 미루게 하는 원인을 알 수는 없었지만, 『고백록』을 집필하면서, 그는 자신의 아픈 곳을 만져가며 진단하기를, 분열되고 불구가 되어버린 의지 때문이라고 말한다. 분열된 의지는 여전히 인간을 의지 안에 머물게 하면서도 우유부단함과 무대책의 상태에 놓아둔다는 생각이다.

> 오, 나의 하나님, 나는 영적으로 심각하게 고민하고 있었습니다. 내 모든 뼈들이 내게 당신의 뜻을 수용하고 당신과 언약을 맺으라고 하늘을 향해 외쳐도 나는 그렇게 하지 않았습니다. 나에 대한 스스로의 분노가 강력하게 치밀었습니다. 그곳에 이르는 것은 배를 타거나 수레를 타거나 발로 걸어가는 길이 아니며, 집에서부터 우리가 앉아 있는 이곳까지 걸어 온 거리만큼도 안 됩니다. 의지만 있으면, 그 길을 걸어갈 수 있으며 그 길의 목적지에 이를 수 있었습니다. 강력하고 온전한 의지를 가져야 했습니다. 수시로 우왕좌왕하거나 요동하는 의지로는 갈 수 없었습니다. 가변적이고 뒤틀리며 흔들려서 한쪽으로 쏠렸다가 다른 쪽으로 기울어지면서 난리를 치는 의지로는 안 되는 것이었습니다.(8, 8, 19)[103]

이어서, 아우구스티누스는 의지와 행위란 매우 긴밀하게 연계되어 있어서 무엇인가를 단호히 의지하게 되면, 그것이 곧 행위의 시작이 된다는 점을 말해준다. 그러나 이는 동일한 인간 행위의 두 가지 상이한 측면들일 뿐이다. 바로 이 부분에 난점이 있다. 몸은 내가 살짝 마음만 먹어도 내 뜻을 따라 움직여준다. 그리고 의지는 자신의 명령을 스스로 실행하는 것이 아니라, 몸이 그 지체를 움직여서 마음이 원하는 것을 실행에 옮긴다. 왜 이런 일이 생기는 것인가? 의지는 왜 자아에게 영향을 주기보다 몸의 지체들에게 직접적인 영향을 주는 것일까? 대답은 똑같다. 마음이 스스로에게 행하라고 명령한 것을 그대로 실행하지 않는 이유는 마음이 전심을 다해 명령하지 않았기 때문이다. 동시에, 마음의 에너지가 다른 대상에게 빨려 들어가 버리고, 이로 인해 명령을 실행할 수 없게 된다.

　내가 가장 소중하게 바라던 어느 하나도 행하지 않았습니다. 내가 그렇게 행하려고 마음만 제대로 먹었다면, 그렇게 할 수 있었을 것입니다. 이는 할 수 있는 능력과 하고자 하는 마음이 일치되는 경우입니다. 무엇인가를 원한다는 것은 곧 그것을 행한다는 것을 뜻하게 됩니다. 하지만 내 경우에는 그렇게 되지 않았습니다. 내 몸은 마음이 원하는 대로 지체를 움직여 쉽게 따랐지만, 내 마음은 마음이 하라는 것을 따라주지 않았습니다. … 이러한 이상한 현상은 왜 생기는 것입니까? … 마음이 몸에게 명령하면 몸은 그대로 실행합니다. 마음이 스스로에게 명령하면 그대로 실행하지 않습니다. 마음이 손에게 움직이라고 하면 그대로 행합니다. 명령과 복종 사이에 거의 차이가 나지 않습니다. 하지만 마음은 마음이요, 손은 몸의 일부분입니다. 마음이 마음에게 무엇을 하라고 명령하면 이 둘은 동일한 것 즉 마음이지만 스스로의 명령을 따르지 않습니다. 이러한 이상한 현상은 왜 생기는 것입니까? … 마음이 마음에게 무엇을 하라고 명령할 때 마음이 그것을 실행하려고 원하지 않았다면 그런 명령도 하지 않았을 것입니다. 하지만 마음은 스스로가 원하는 것을 실행하지 않은 것입니다. 사실은 마음이 그것을 하려고 전심으로 원하지 않았기 때문에 전심을 다해 명령하지 않은 것이라 하겠습니다. 마음이 원하면, 마음은 명령합니다. 마음이 원하지 않으면, 명령한 것이라 할지라도 그것을 실행하지 않습니다. 마음은 실행하라고 명령합니다. 그것은 자기 자신에게 하는 명령입니다. 자신이 그 명령을 이행하지 않는 이유는 마음이 완전하게 원한 것이 아니기 때문입니다. 마음이 원하는 것이 완전했다면 스스로에게 그렇게 하라고 명령할 필요도 없습니다. 이미 그렇게 실행했을 것이기 때문입니다.(8, 8, 20)[104]

의지가 하나로 통일되면, 의지 스스로에게 실행하라고 내린 명령을 의지가 그대로 실행하게 될 것이다. 뒤집어 말하자면, 우유부단함이란 부분적으로는 무엇인가를 의지하기는 하지만 부분적으로는 그렇게 의지하지 않는 것이며, 이는 영혼의 질병 즉 병든 영혼의 상태라 할 수 있겠다.

마음이 부분적으로는 실행하고 싶어 하고, 부분적으로는 실행하고 싶지 않다고 하는 현상이 생기는 것은 이상한 것이 아닙니다. 그것은 우리 마음의 질병입니다. 마음이 진리 위에 서 있기는 하지만, 습관의 무게에 짓눌려 아예 일어나지 못하는 상태입니다. 우리에게는 두 가지 의지가 있습니다. 이 두 의지가 각각 부분적인 상태에 있어서 한 편에서 부족한 것을 다른 편에서 찾고 있는 상태입니다.(8, 8, 20)[105]

말하자면, 의지가 반대되는 방향으로 동시에 이끌리고 있는 셈이다. 진리라는 목적이 영혼을 위로 끌어올리는 반면에, 고질적인 육체의 쾌락이라는 목적이 영혼을 아래로 끌어내린다. 그 결과가 바로 우유부단함이다. 좀 더 정확하게 말하자면, 의지가 상반되는 두 대상에 매료되기는 했지만, 그 어느 것도 의지하지 않는 경우인 셈이다. 이렇게 두 동강난 의지는 아무것도 의지하지 않는 것이나 다름없다. 아무리 애를 써도, 개선할 확고한 목적을 세우지 못하는 한, 도덕적 단조로움에 갇혀있게 되고 만다.

아우구스티누스는 자신의 회심이 연기되고 늦어진 것이야말로 도덕에 관한 설명에서 분열된 의지가 어떤 결과를 낳는지 보여주는 예가 된다고 생각했다. 온 마음으로 의지하지 않았기 때문에, 그는 회심을 연기하면서 여전히 죄를 짓고 있었다. 그의 이러한 망설임에 대한 분석에서 우리들에게 또 하나의 상식적인 개념적 오해가 내재해 있음을 생각해 볼 수 있을 듯싶다. 일상적으로 우리가 의지의 연약함이라는 말을 쓰기는 하지만, 아우구스티누스는 의지의 연약함이란 하나의 환상이라고 생각했다. 의지는 약하거나 강하거나 한 것이 아니라, 분열된 것이거나 통합된 것이거나 둘 중 하나이다. 상반되는 동기에 의해 상반되는 방향으로 이끌리는 경우, 의지는 분열된다. 의지가 통합된다는 것은 단일한 대상을 목적을 삼아 그것에 집중하는 것을 말한다.

유념해야 할 것은, 아우구스티누스가 '의지의 연약함'에 대해 자책한 이유이다. 의지의 연약함 자체가 아우구스티누스 자신에 고유하지 않은 낯선 그 무엇이라는 생각에서가 아니라, 세심하게 분별하는 행위들에 대해서는 온전히 자기 자신이 책임을 져야 한다는 생각에서 비롯되었다는 점이 중요하다.

나의 하나님, 이제껏 생각해왔듯이 내 주를 섬겨야겠다고 세심하게 분별하는 것을 의지한 것이 바로 나 자신 아닙니까? 그렇게 행위할 수는 없다고 생각하는 것도 나 자신 아닙니까? 나 자신이야말로 그 장본인입니다. 하지만 나는 전심으로 의지하지 못했거나 혹은 전심으로 의지하지 않았습니다. 나는 지금 나 자신과 싸우고 있으며 나 자신에게 실망했습니다. 나의 방탕함이 내 의지를 거스르게 한 원인 이었습니다. 하지만 이는 악한 영의 간섭으로 생긴 일이 아니라, 나 스스로 때문에 생긴 일로서 징벌을 받아 마땅합니다.(8, 10, 22)[106]

도덕적 행위 즉 인간의 행위란 본질적으로 의지의 행위이기에, 의 지에 대한 날카로운 분석에서 『고백록』의 윤리적 결론을 찾을 수 있 을 듯싶다. 『고백록』은 육과 영의 싸움에 대해서만 아니라, 영과 영의 싸움에 대해서도 말하고 있다. 영과 영의 싸움에서 의지는 상반되는 목적들을 동시에 추구하기도 한다. 그 결과 우유부단해지고 의지의 연약함이 드러나게 된다. 그 치유법은 의지를 하나의 목적에 집중시 키는 것이다. 다시 말해 상반되는 목적들 중 하나를 제거하는 것이다. 분열된 의지를 고치기 위해서는 영혼의 모든 기능 즉 온 마음을 쏟아 피조물을 통해 드러난 하나님의 뜻을 구현하는 데 집중해야 한다. 그 래야만 하나님께 나아갈 수 있다.

이러한 해법을 세우고 성취하는 일은 그 자체로 하나님 은혜의 선 물이라 할 수 있다. 아우구스티누스가 증언한 것처럼 말이다.

오, 주님, 당신은 은혜로우시며 긍휼이 많으십니다. 주의 오른 손 이 내 마음 속 깊은 곳에 찾아오시어 나를 타락의 자리에서 끌어올리 십니다. 바로 이것이 내가 원하는 전부입니다.(9, 1, 1)[107]

하나님의 은혜를 힘입는 순간, 의지는 행복의 목표를 추구할 힘을 얻게 되며 행복의 목표이신 하나님을 모든 가치의 으뜸자리에 올려

놓고 전심을 다해 하나님을 추구할 수 있게 된다. 이것이야말로 가장 중요하고 효과적인 해법이다.

'강하고 온전하게 의지하라'(velle fortiter et integre)는 아우구스티누스의 이 말은 하나님께서 의지를 초자연적 은혜로 끌어올리심으로써 보상해주시는 해법의 표현이다. 회심 이후, 아우구스티누스의 의지는 하나님의 아름다우심에 자석처럼 이끌렸고, 하나님을 이 땅의 다른 쾌락보다 더 감미로운 분이라고 말한다.

> 오, 나의 도움이시며 구주이신 예수 그리스도여, 내 자유의지가 즉각적으로 불려나오는 깊고 은밀한 그곳은 어디인가요? 내 목은 당신의 멍에를 쉽게 멜 수 있게 되었으며 내 어깨는 당신의 짐을 가볍게 짊어질 수 있게 되었습니다(마11:30). 허망한 것들이 주는 쾌락을 포기하는 것이 갑자기 내게는 지극한 기쁨이옵니다! 내가 그렇게 내려놓기를 두려워했던 것을 놓아 버린 것이 지금은 내게 엄청난 기쁨이옵니다!(9, 1, 1)[108]

하나님은 아우구스티누스가 이전에는 그것 없이 살 수 없으리라 염려했던 세상적인 쾌락들을 능가하는 것으로 보상해주셨다. 아우구스티누스의 경우처럼, 우유부단함에 얽매여 있는 이들에게는 목적의 단일성 혹은 의지의 통합을 이루기 위해서는 하나님의 은혜를 힘입어야만 한다. 하나님은 그 아름다우심으로 인간을 매료시키시며 하나님과 연합하고자 하는 욕구로 가득 채워주실 것이다. 의지가 이렇게 변화되면, 이 세상의 상충하는 가치들에 이끌려 타락하게 되는 일은 더 이상 생겨나지 않게 될 것이다.

4
악한 습관,
하나님께 나아가는 길에 족쇄를 채우다

『고백록』에 나타난 의지의 몇 가지 측면들을 추가로 살펴보자. 그 첫째는 인간의 반역과 원죄 사이의 연관성이다. 아우구스티누스는 이 문제를 몇 문구에서 요약적으로 언급하고 있다. 회심 이전, 죄의 원인을 성찰하면서 아우구스티누스는 의지를 거스르는 움직임이 자신 안에서 일어나고 있음을 발견했다. 그는 이 움직임을 죄라기보다 죄에 대한 징벌이라고 생각했다.

> 하지만 비의지적으로 행하는 것들은 내가 행하는 것이라기보다 그런 행위를 강요받는 것이라고 생각했습니다. 나는 그것이 죄가 된다기보다 징벌에 해당한다고 생각했습니다.(7, 3, 5)[109]

여기에서, 비의지적으로(invitus)라는 표현은 의지의 자발성을 거스르면서 정욕이 작동한 것으로서, 이처럼 의지를 거스르는 행위는 원죄에 대한 징벌로 나타난 것일 수 있다. 바울의 표현대로 하자면, '내 속에 거하는 죄의 불씨'(fomes peccati, 롬 7:17)이다. 의지가 행위에 동의함이 없이 그 행위에 대하여 죄책감을 느끼게 되는 것은 현실적인 죄라기보다 원죄에 따른 징벌의 흔적이기 때문일 듯싶다.[110]

다시 말해, 아우구스티누스가 '괴물'(monstrum)과 '영혼의 아픔'(aegritudo animi)이라고 생생하게 묘사한 것처럼, 의지의 분열은 아담의 죄에 따라 모두에게 공유되는 징벌이다.

> 이처럼 괴상한 현상의 원인은 무엇일지요? 왜 그러한 현상이 나는 것인지요? 이 질문의 답을 찾을 수 있도록 당신의 자비로 내게 빛을 비춰주소서. 혹시 우리가 짓는 자범죄에 따른 숨겨진 벌인지, 혹은 아담의 후손이라면 겪어야 할 어두운 슬픔의 고통인지 알고 싶습니다. … 그 싸움은 내 안에 이어져 내려온 죄에서 유래한 것이었습니다(롬7:17). 그 죄는 아담이 자발적으로 지었던 죄에 대한 벌로 이어져 왔습니다. 나는 분명 이러한 아담의 후손입니다.(8, 9, 21-22)[111]

또한 자신의 유아기에 대한 설명에서, 아우구스티누스는 자신이 죄악 중에 출생했다고 말한 시편 51편의 표현을 인용하기도 했고, 유아기 행동의 사악함을 회상하기도 했다. 그는 분노와 질투 등 무질서한 움직임들을 기억해내면서 그것들 역시 죄에 해당하는 것이었다고 스스로 질책한다. 이러한 유아기의 경향성들에 대해 책임을 물은 것은 아니었지만, 그는 유아기 행위들이 악행의 시작이었다는 점을 강조한다. 아우구스티누스는 유아기의 '순진무구함'이 무질서한 경향성 때문이 아니라, 인간의 연약함 때문이라고 결론짓는다. 요컨대,

유아조차도 아담의 죄의 영향 하에 있음을 강조한 셈이다.

내 어린 시절의 죄를 누가 내게 말해 주겠습니까? ⋯ 그때 나는 질
책을 받을만한 일을 했을 것이 분명합니다. 하지만 그때는 내 상태가
질책하는 사람들이 그렇게 하는 이유를 알지 못하는 단계라는 이유로,
세상 습속이나 상식이 나를 질책하지 않고 용납해주었을 것입니다.
⋯ 성장하면서, 유치한 모습들을 버리게 됩니다. 하지만 지혜로운 사
람이 나쁜 짓을 끊어버리려고 하다가, 좋은 것까지 버리는 경우는 없
습니다. 그 시절, 가지면 해악이 되는 것을 갖게 해달라고 울어 보채
던 일, 나이가 많고 지혜로운 이들에게 내 잘못된 욕심대로 이루어주
지 않는다며 짜증을 부리던 일, 내게 해악이 될 것을 알고 내 욕심을
이루어주지 않은 사람들에게 분을 내며 덤벼들던 일은 잘한 일입니
까? 어린아이가 순진무구하다는 것은 마음이 선해서 그러는 것이 아
니라, 몸의 지체가 아직은 죄지을 만큼이 되지 못해서입니다. 아이가
질투하는 것을 보았습니다. 말도 할 줄 모르는 아이가 제 젖을 다른
아이가 먹는 것을 보고 얼굴이 새파랗게 되어 분을 내고 있었습니다.
⋯ 내가 죄악 중에서 출생되었고 어머니가 죄 중에서 나를 잉태하였
다면(시 51:5) 내 주 하나님이여, 당신의 종인 내가 어디에서 언제 죄
없었던 때가 과연 있었겠습니까?(1, 7, 11-12)[112]

의지의 또 다른 중요한 측면은 습관의 문제이다. 습관이 중요성을
말하는 것은 그것이 특정한 방식으로 의지에 의존하는 일상화된 행
위라는 점에서, 또한 쉽지는 않겠지만 의지에 의해 제거될 수 있는
행위라는 뜻에서이다. 기본적으로, 습관이란 선한 행위(덕)에 해당할

수도 있고 악한 행위(악덕)에도 해당할 수 있지만, 『고백록』에서는 정욕과 관계된 것이요 무척이나 끈질긴 것이라는 점에서, 악한 행위를 지칭하는 것으로 볼 수 있다.

잘 알려진 문구에서, 아우구스티누스는 불경건한 습관에 사로잡혀있던 자신의 모습을 습관의 문제와 연계시킨다. 줄줄이 연결되게 만들어진 쇠사슬이 결국은 마침내 의지를 노예화하고 말았다는 것이다.

> 다른 누구의 쇠사슬에 의한 것이 아니라, 내 의지의 쇠사슬에 묶여 있었습니다. 마귀가 내 의지를 지배하여 의지로부터 쇠사슬을 만들고 그 쇠사슬로 나를 묶어 놓았습니다. 왜곡된 의지에서 욕심이 생겼고 욕심을 반복함으로써 습관화되고 그것을 끊어내지 못한 결과 필연적인 것이 되고 말았던 셈입니다.(8, 5, 10)[113]

이 사슬에는 네 개의 주요 고리가 있다. ① 비뚤어진 의지 : 무엇보다도 고의적인 불경건함으로 드러난다. 이는 하나님의 법에 대한 반항이다. 그 결과 의지의 최고선이신 하나님께서 주신 의지의 본래적인 지위가 박탈되어, 육이 영에 반항하게 되었고 이러한 하나님의 법에 대한 불순종은 그 다음 단계로 이어진다. ② 리비도 혹은 비뚤어진 탐욕 : 최초에 탐욕이 쾌락을 누린 이후, 쾌락을 누리도록 자극하고 흥분시키는 일이 지속적으로 이어진다. 이것이 반복되면 세 번째 단계에 이른다. ③ 습관 : 이것으로 영혼은 계속해서 악을 추구하는 악덕에 휘둘리게 된다. 반복되는 방종으로 악한 습관이 형성되고 이는 다음 단계로 이어진다. ④ 필연 : 쇠사슬이 각각의 고리들로 만들어지듯, 의지 역시 불경건한 행위들을 반복하게 되고, 쾌락을 누리기 위해서는 악행의 습관을 반복할 수밖에 없다고 믿게 된다. 마침내 습관의 폭력에 저항할 힘이 없어지고 습관을 피할 수 없는 것으로 생각하게 되어 습관의 충동에 항상 굴복하고 만다.[114]

죄 짓는 과정을 잘 살펴보면, 그 안에 하나님의 징벌적 요소가 들어 있다. 자유를 남용하여 방종에 흐르게 된 의지는 그 자신이 추구하는 것에 의해 결국 악덕의 노예가 되어버린다.[115] 악습에 의한 중독현상들이 그 구체적인 예가 되겠다. 과음하는 습관이 형성되는 과정을 보면 분명해진다. 말하자면, 습관화된 죄를 악하다고 하는 것은 악행을 습관화시킨 것 자체가 문제라는 뜻이다.

습관의 형성에는 삶의 구체적 정황 속에서 전 인격이 작용하는 역동적 과정이 작용한다. 따라서 습관에는 의지 이외의 요소들이 포함된다. 왕네렉(H. Wangnereck)은 아우구스티누스의 젊은 시절 탐욕의 습관에 대한 탁월한 분석에서 이와 관련된 몇 가지 요소들을 발견했다. 외설적인 시낭송, 허영심에 가득 찬 사람의 나쁜 예, 16세 때 아우구스티누스가 학교생활에서 게으름을 피웠던 경우, 타락한 동료관계, 그리고 이교도의 지식을 과도하게 높이 평가하는 그의 부모가 보여준 허영심 등이 그것이다.[116]

책임의 문제는 습관의 형성과 밀접한 관계가 있다. 아우구스티누스의 삶에 나타난 세 단계를 통해 이 문제를 설명할 수 있겠다. ① 불경건을 이겨내려는 그 어떤 노력도 하지 않고 불경건에 자신을 내어맡겼던 시기, ② 밀라노에서 이러한 악덕과 싸우고 있었지만 여전히 그 악덕에 굴복하던 시기, 그리고 ③ 회심과 세례 이후, 의지가 만들어낸 습관을 전적으로 거절한 시기이다.

첫 번째 시기에 저지른 불경건의 죄에 관해 생각해보면, 그는 습관적으로 불경건한 행위들을 저지르고 있었던 셈이다. 습관을 따라서 죄를 지었다고 표현하기는 하지만, 그 본질은 그가 스스로 원해서 죄를 지은 것과 다르지 않다.

두 번째 시기는 신앙을 향하여 나아가고 있을 때로서, 첫 번째 시기에 비해서는 죄가 그다지 심각한 정도는 아니었다. 이 시기에, 그는 악덕에 대항하여 싸우기 시작했지만 효과는 거의 없었고, 의지는 여전히 습관의 폭력에 끌려가고 있었다. 아우구스티누스는 이렇게 말한다.

> 오, 주님. 당신을 섬기고 당신을 향유하고자 출발한 새로운 의지는 … 너무도 오래 자리 잡아온 옛 의지를 제어할 정도는 아니었습니다.(8, 5, 10)[117]

이 부분에서, 그는 책임을 인정하고는 있지만 자신이 과거에 저지른 일에 대해 지금으로서는 책임질 일이 아니라고 느끼고 있는 듯 보인다. 분명, 자신의 옛 의지에 대해서도 책임을 져야 마땅하다. 자신을 제어하도록 허용한 장본인이 다름 아닌 그 자신이었기 때문이다. 그의 옛 의지는 지금의 모습으로 보기에는 도무지 의지하지 않았을 상황으로 그를 이끌어갔다. 이제 그는 자신이 용인하지 않는 저급한 의지보다는 기꺼이 스스로 용인하는 차원 높은 의지에 만족해하고 있다. 하지만 자신의 의지와 일치하는 단계는 아니었으며 탐욕의 습관들을 완전히 잘라내지는 못했다. 그 행위가 주는 쾌락을 잃게 되는 것은 아닐까 두려워하면서, 그는 이 불경건한 행위를 끊어버리는 결단을 오랫동안 연기하고 있었다.[118] 불경건한 죄악과 싸우며 정욕의 폭력적인 충동에 순응하지 않으리라 마음먹기는 했지만, 여전히 이 제까지 저질러온 것과 같은 류의 죄에서 벗어나지 못하고 있었던 셈이다.

더구나, 그의 이러한 머뭇거림과 의지의 분열, 그리고 그토록 악덕에서 벗어나고 싶어하던 죄를 끊지 못하는 와중에서 자기합리화를 시도하고 있었다.[119] 과거의 삶을 청산하고 하나님께 헌신하기로 결단하던 때에도 여전히 탐욕의 습관을 되풀이하고 있었던 것이다. 이처럼, 정욕이라는 것은 그 자체로 일종의 심리적 경향성을 가진 습관이기에 그 폭력적 성향을 하루아침에 제거할 수 있으리라 기대하기는 어렵다. 아우구스티누스는 이러한 경향성을 자신이 과거에 지었던 사악한 습관들에 대해 하나님께서 주시는 징벌로 받아들이면서 그 경향성들을 맞서 싸우기는 했지만, 여전히 죄를 짓고 있었다. 『고백록』을 쓰던 당시에도 이러한 유혹들은 여전히 남아있었다. 하지만, 비록 이러한 유혹들이 잠을 자는 동안 때때로 위장된 동의를 얻어낸 듯 넘실거리기는 했지만 아우구스티누스 자신은 그 유혹에 휘둘리지 않으려 애를 썼다는 것이 중요하다.[120]

의지가 제대로 마음먹기만 하면 탐욕의 습관을 제어할 수도 있지만, 그에 따른 심리적 여파와 이에 수반되는 심리적 효과들은 의지에 대해 강력한 시련거리가 되곤 한다. 이러한 죄의 흔적들은 너무도 강력해서 의지를 휘어잡아 버린다. 의지가 단절을 선언한 이후에 또다시 그런 일들을 저지르게 되면, 이는 더 심각한 문제가 되고 만다. 하지만, 아우구스티누스가 이 문제를 성공적으로 극복한 것처럼, 우리도 하나님의 은혜를 힘입어 고질적인 충동들에 맞설 수 있음을 기억해야 할 것이다. (습관과 그 책임에 관해서는 습관에 대한 치유책을 살펴볼 때 다시 다루게 된다. 습관의 악덕에 대한 적극적인 치유책과 소극적인 치유책들을 생각해 볼 수 있을 것이다.)[121]

또한, 『고백록』에는 지적으로 강퍅했던 젊은 시절의 아우구스티누스가 지니고 있던 다른 습관들에 대해 간략하면서도 애절하게 말해준 부분도 있다. 어머니가 주교에게 아들을 설득해서 진리에 길에 들어서게 해달라고 간청했다는 이야기에서 그 흔적을 볼 수 있다. 주교가 당시로서는 아우구스티누스가 너무도 마니교에 심취해 있어서 잘못을 인정하지 않을 것이기 때문에 아무 소용이 없을 것이라고 대답했을 정도로 아우구스티누스는 교만하고 강퍅했다.[122]

『고백록』에 나타난 의지의 또 다른 측면은 점성술사들과 그 고객들이 자신들의 도덕적 책임을 암묵적으로 거부하는 대목에서 볼 수 있다. 아우구스티누스 자신이 젊어서 한동안 심취했던 점성술을 우상숭배라고 강력하게 비난한다. 먼저, 4권에서 그는 기독교와 점성술을 대조하여 설명한다. 기독교는 죄에 대한 책임을 인정하고 완전한 개선을 위해 하나님의 긍휼을 구하는 모습을 갖고 있지만, 점성술에서는 인간행위의 책임을 별자리에 귀속시키고 자신들의 책임을 회피해 버린다. 그들은 교만한 자들로서, 자신들의 죄를 별자리에 뒤집어씌우면서 자신에게는 아무 죄도 없다고 생각하여 회개와 용서의 은혜도 필요 없다고 주장했다.

그리고 점성가를 자칭하는 사기꾼들과 의논하는 일을 서슴지 않았습니다. 제사절차도 없고 귀신의 도움을 구하는 기도절차도 없이 점을 치는 것이 마음에 들어서였습니다. 참된 기독교 신앙과 경건은 이런 짓을 반드시 질책하고 정죄해야 합니다. 내가 당신께 '나를 긍휼히 여기소서. 내가 주께 범죄하였사오니 내 영혼을 고치소서'(시41:4)라고 기도했다는 것이 다행스럽습니다. 그리고 당신의 긍휼을 악용하여 죄 짓는 기회로 삼지 않고, '보라 네가 나았으니 더 심한 것이 생기지 않도록 다시는 죄를 짓지 말라'(요5:14)는 말씀을 기억했다는 것 또한 다행입니다. 하지만 점성가들은 이 건전한 말씀을 무너뜨리려는 목적으로 인간이 죄를 짓게 되는 원인은 하늘의 별자리가 결정한 필연 때문이라고 떠들어 댑니다. 금성이나 토성이나 화성이 하는 일이라고 말입니다. 혈육을 지닌 교만하고 타락한 인간에게는 아무 책임도 없고 하늘의 별을 지으시고 다스리시는 당신에게 책임을 돌리는 것과 다르지 않습니다.(4, 3, 4)[123]

7권에서, 아우구스티누스는 점성술사들의 점술행위를 두 가지 관점에서 문제가 있다고 논박한다. ① 별자리가 같거나 혹은 다를 경우에도 그 차이는 너무도 극미하다. 예를 들어, 피르미누스와 그의 노예는 별자리가 같았기 때문에 인생의 운 역시 동일해야 마땅하지만, 한 사람은 귀족으로 태어나 승승장구했던 반면에 다른 한 사람은 노예로 태어나 피르미누스를 주인으로 섬겨야 했다.

② 점성술대로 하자면, 쌍둥이는 그 운명이 같아야 한다. 그러나 쌍둥이라 해도 그들의 삶은 무척이나 다를 수 있다. 대표적으로 에서와 야곱을 생각해 보면 쉽게 알 수 있다. 한 마디로 점성술은 거짓이다. 별자리는 같아도 운명이 달라진다면 별자리를 보는 것 자체는 무의미한 짓이다. 같은 별자리를 타고난 운명은 모두 같아야 하는데 그렇지 못하다.

점성술사들은 돌팔이일 뿐 아니라, 헛된 예언을 늘어놓는 죄를 짓

고 있다. 인간으로서는 하나님의 섭리에 담긴 신비를 너무 깊이 알고
자 애쓸 필요가 없는 대도 말이다. 하나님은 종종 이러한 헛된 호기
심에 대해 점성술사들이 예언한 것 중 일부가 들어맞게 하심으로써
징벌하신다. 운처럼 보이는 것도 있지만 사실은 하나님의 징벌인 셈
이다. 인간으로 하여금 자신의 유한한 조건에 대해 이야기 듣기를 솔
깃하도록 만드시지만, 결국은 이러한 방식으로는 진리에 이르지 못
하게 하시는 징벌을 주신 셈이다.[124] 아우구스티누스의 요점은 점성
술이 책임회피인 동시에 무질서한 호기심의 남용이라는 것이었다.

5
타락한 교육관행, 허황된 꿈을 심어주다

아우구스티누스가 하나님께 나아가는 길에 마주친 또 다른 장애요소는 타락한 교육관행의 문제였다. 그는 '인간 습속의 급류'를 비난하면서 폭압적인 방식의 교육을 문제 삼았다. 이것이 젊은 학생들의 도덕에 치명적인 악영향을 준다고 보았기 때문이다.[125] 우리가 살펴보려는 것은 『고백록』이 말하는 교육의 여러 측면들, 즉 교육을 명분으로 비교육적인 인센티브를 사용하는 문제, 부모와 교사들의 비뚤어진 교육관, 악한 습관을 교정해야 하는 문제, 그리고 이교도 문학을 최고의 가치로 다루는 문제 등이다. 소년시절을 회고하면서, 아우구스티누스는 선생들이 잘못된 동기를 심어주었을 뿐 아니라, 좋은 모범 또한 아니었다고 비판한다.

그들은 나를 바른 길로 인도하지 않았습니다. … 강압적으로 가르치는 이유와 의도를 이해시켜주지도 않았고, 결국은 수치스러운 결과를 낳게 되는 세속적 영광과 겉치레에 지나지 않는 부를 향한 그칠 줄

모르는 욕망을 채우는 것이 그들의 목적일 뿐이었습니다.(1, 12, 19)[126]

뿐만 아니라, 이들 선생들은 학생들을 징벌하기에 급급했다. 아우구스티누스는 아주 재치 있게 이렇게 말한다.

어른들이 하는 놀이와 나태함은 그들의 직무라는 이름으로 포장하면서, 어린이가 이런 짓을 하면 징벌하기 일쑤였습니다.(1, 9, 5)[127]

더구나, 아우구스티누스는 학교에서 가르친 이야기 중에는 퇴폐적인 본성을 가진 것들도 있으며 이것이 결국은 학생들로 하여금 죄를 짓게 만드는 원인이 될 수 있다는 사실에 주목한다. 자신이 얼마나 디도(Dido)의 이야기에 넋이 나가있었는지 회상하면서, 아우구스티누스는 이러한 지식들은 어리석음일 뿐이라고 말한다.

읽기와 쓰기의 주제였던 어리석은 이야기들이 유익하고 건전한 것이라는 착각에 빠졌습니다.(1, 13, 21)[128]

학생들은 이교도의 지식을 탁월하게 습득하는 경우에 인센티브로 제공하는 상금에 유혹되기도 했다. 이교도의 지식이 학생들에게 해준 것은 야망에 불타오르게 만들어 준 것뿐, 바람직한 가치를 심어주지 못했다.[129] 그런 탓에, 훗날 수사학 및 웅변술을 가르치는 자가 된 아우구스티누스는 사람들의 칭찬을 듣고 싶은 헛된 욕망에 놀아났다.

좀 더 배웠다고 해서 남보다 내가 더 우월하다고 생각하면 안 됩니다. 내가 많이 배우기는 했어도 그 배움은 나를 행복에 이르게 하는 배움이 아니었습니다. 그런데 나는 내 학식을 뽐내며 사람들에게 즐거움만 주려고 설쳐댔습니다. 그들에게 무엇인가를 가르쳐주기보다 그들을 즐겁게만 해주려고 했습니다.(6, 6, 9)[130]

그 당시 학생들이 문법적인 실수를 저지르면 무척이나 수치스럽게 느끼면서도, 정작 자신의 삶이 비록 건전하지 못해도 문장으로 훌륭하게 표현하기만 하면 영광스럽게 생각하는 도덕적 왜곡에 빠져들고 있었다는 점 또한 그리 놀랄만한 일은 아닐 듯싶다.[131]

아우구스티누스가 이교도의 고전 전체를 비난한 것은 아니다. 그는 이교도 고전에서 배울만한 유익한 것들이 많이 있다고 보았으며, 그 중에서 덜 해로운 자료들을 통해 유익한 배움에 이를 수 있음을 말하고 있다.

헛된 것을 공부하기는 했지만 그 안에 유익한 것들도 있기는 했습니다. 하지만 그 유익한 것들은 허황되지 않은 학문에서도 배울 수 있는 것들입니다. 어린이들에게는 이 길을 걸어가게 하는 것이 안전할 듯싶습니다.[132]

이를테면, 이교도 고전 연구에 적용할 규범들을 넌지시 암시해준 셈이다. 각 시대와 작가들을 대표할 수 있는 문장들을 선별하되, 도덕적으로 반론에 부딪히지 않을만한 것들로 선별하라는 것이다. 아우구스티누스의 용어대로 하자면, 이집트에서 황금이 될 만한 것들을 골라내야 한다는 뜻이 된다,

그는 이것을 출애굽 하기 전에 이스라엘 백성들이 황금을 가지고 나왔던 것에 비유하면서, 진리의 요소들 중에서 이교도의 오류와 결합된 것이 섞여 있다는 점 또한 암시해준다. 모세와 바울의 예를 따라, 아우구스티누스는 신플라톤주의에서 거짓에 해당하는 요소들은 거부하면서도 그 안에 담긴 황금 즉 진리를 추출해냈다. 하나님께 속한 진리 즉 황금은 그 어느 곳에라도 매장되어 있을 수 있기 때문이다.

그들에게서 진리를 찾아내려 했지만, 도무지 들어있지 않아서 지긋지긋해졌습니다. 오, 주님. 당신께서는 기꺼이 야곱에게서 열등한 것에 대한 비난을 제거해주십니다. … 당신께서는 이방인들을 불러 그 유업을 잇도록 하셨습니다. 나 역시 이방인들 중에서 당신께로 나아왔습니다. 나는 당신께서 백성들에게 애굽에서 가지고 나오라 하신 그 황금에 마음을 쓰려고 했습니다. 누구에게 있었던 것인지는 몰라도, 황금 자체는 당신의 것입니다.(7, 9, 15)[133]

그러나 아우구스티누스는 이교도 철학자들의 글을 읽을 때 분별력이 필요하다는 점을 강조하면서 바울의 말씀(골2:8)을 인용한다.

누가 철학과 헛된 속임수로 너희를 사로잡을까 주의하라. 이것은 사람의 전통과 세상의 초등학문을 따름이요, 그리스도를 따름이 아니니라.(3, 4, 8)[134]

이러한 경계심을 전제로, 아우구스티누스는 자신이 키케로와 플로티누스에게 빚지고 있음을 인정한다. 아우구스티누스는 키케로의

『호르텐시우스』를 읽었던 일이 자신으로 하여금 지혜 혹은 철학에 대한 열망을 타오르게 한 요소라고 말한다. 이 책은 아우구스티누스에게 깊은 영향을 주었으며 그가 이제껏 추구해왔던 쾌락이 헛된 것임을 깨닫게 해주었고 하나님께도 돌아가야 한다는 열망에 불타오르게 했다.

> 이 책은 내 마음을 변화시켜 내 주님이신 당신을 향하여 기도하게 했고, 내게 새로운 소망과 욕구를 심어주었습니다. 이 책을 읽고, 지금까지 지녀온 내 헛된 소망 모두가 갑자기 보잘 것 없는 것으로 여겨졌습니다. 나는 불멸의 지혜를 추구하고픈 욕구로 가득 차서 당신께 돌아가고자 일어서게 되었습니다. ⋯ 내 하나님, 그때 나는 이 땅에 속한 것으로부터 당신께 나아가고자하는 열망에 불타올랐습니다. 하지만 당신께서 나를 위해 무슨 일을 하고 계신지 모르고 있었습니다.(3, 4, 7-8)[135]

키케로가 아우구스티누스에게 건전한 영향을 주었던 것처럼, 다른 이교도 작가들의 작품도 분별력을 가지고 선별할 수만 있다면 그리스도인에게 유익한 것이 될 수는 있을 듯싶다. 더구나, 플로티누스의 저술이 아우구스티누스로 하여금 영적 실체의 개념에 도달할 수 있도록 이끌어 주었다는 점에 중요한 의의가 있다. 하지만 신앙의 굳은 기초 위에서 읽지 않는다면, 플로티누스의 저술은 자칫 길을 잃게 할 수 있을 정도로 교묘하고도 불건전한 매력 또한 지니고 있다. 플로티누스의 저술은 구원을 스스로의 힘으로 배워갈 수 있는 것이라는 인상을 심어준다. 이 점에서 아우구스티누스는 그 자신이 성경을 먼저 읽고 난 후에 플로티누스를 읽었다면 그 덫에 걸려서 어쩌면 결코 진리의 길에 들어서지 못했을지도 모른다고 회고하면서 그 위험성을 지적하고 있다.

> 만일 당신의 성경으로 양육 받고 성경에 익숙해져서 당신을 맛본 후에 그 책을 읽었다면, 그것이 경건의 확고한 기초를 빼앗아 갔을지도 모릅니다. 혹은 내가 성경에서 얻은 바른 느낌에 굳게 서 있었다 해도, 플라톤주의자들의 책만 공부해도 지혜를 얻을 수 있겠다는 착각에 빠졌을지도 모릅니다.(7, 20, 26)**136**

현대의 그리스도인들이 특정한 유혹거리가 다분하게 담겨있는 세속적인 글들을 무분별하게 읽는 것이 위험천만해 보이는 이유가 여기 있다. 성숙한 분별력과 건전한 도덕원칙들에 대한 이해를 항상 기초에 두어야 한다는 점을 강조하고 싶다.

『고백록』이 다룬 교육의 또 다른 측면은 어린이들을 그르치는 요소가 있다는 것이다. 어린이가 순진무구하다는 것은 그들의 의지가 약하다는 뜻에서가 아니라 그들이 어리다는 점 그 자체에 있다. 어린이에게 분노 혹은 질투의 무질서한 경향이 드러난다면, 그 즉시 바로 잡아주어야 할 것이다. 그렇지 않으면, 그 시절에 비롯된 유해한 습관들이 어린이가 성장하면서 더 심각한 습관으로 전이되어 결과적으로 문제가 커질 수 있다. 아우구스티누스는 나쁜 습관을 교정하지 않으면 동일한 형태로 남아 있다가 습관의 대상이 어린 시절의 사소한 장난거리에서 어른의 야심 즉 황금과 나라와 권력에 대한 야심으로 전환된다는 점을 날카롭게 지적한다.

이러한 죄는 인간이 성장하면서 어른들과 교사들의 영향력에서 벗어나고, 어린 시절 장난감이던 호두와 공과 새들을 버렸다고 해도, 그것이 다른 것으로 전이되어 관료가 되어서도 황금과 토지와 노예를 더 많이 차지하려던 모습으로 이어집니다. 어린 시절 잘못해서 선생님께 맞았던 채찍이 훗날 남들을 더 가혹하게 징벌하는 모습으로 바뀌어 나타나기도 합니다.(1, 19, 30)[137]

아우구스티누스가 어린 시절에 받았던 교육 중에서 가장 중요하고 할 수 있는 것은 도덕적 영향이다. 어린 시절의 친구 관계에서, 그리고 청소년이 되어서는 부모와의 관계에서 그 영향이 드러난다. 『고백록』을 보면, 모니카와 패트리키우스가 무척이나 대조적이었음을 알 수 있다. 이교도적 태도를 지니고 있던 패트리키우스는 아들의 불경건을 경책하기는커녕, 오히려 육체의 쾌락을 독려한 듯싶다.[138]

아우구스티누스의 아버지가 보여준 야릇한 태도들은 청소년 아우구스티누스로 하여금 정절을 권하는 어머니의 권고에 대해 그것은 여성에게나 해당하는 것이라는 식으로 경멸하는 태도를 갖게 했을 것이다. 훗날 아우구스티누스는 어머니의 권고를 무시했던 자신을 경책하면서, 어머니의 교훈에 담긴 하나님의 음성을 깨닫지 못했었던 것이라고 회고한다.[139] 부모의 권위가 이렇게 상반된 방향으로 분리된 결과, 열여섯 살 된 아우구스티누스의 고삐는 풀릴 대로 풀려 있었고, 마치 면허라도 받은 듯 불경건의 습관에 이르는 대로가 그의 앞에 열려 있었다. 또한 악덕이 자리 잡는 데에는 나쁜 동료들과 어울리고 그들의 죄를 모방함으로써 동료들에게 인정받고 싶어 하던 아우구스티누스 자신의 욕망이 내재해 있었다는 점 또한 간과해서

는 안 될 것이다.[140]

훗날, 아우구스티누스는 양친 모두가 이교도적 교육을 과대평가하고 있었음을 아쉬워한다. 아버지는 아우구스티누스에게 헛된 자만심만 심어주었다. 아버지는 아우구스티누스가 장차 탁월한 웅변가로 성공해주기를 기대했다. 그 당시 아우구스티누스는 도덕이란 그다지 중요한 것이 아니라고 생각했다. 그의 아버지부터가 도덕을 무시하고 있었으며 아들이 감각적 쾌락을 즐기는 것을 눈감아주고 있었다.[141] 아우구스티누스는 아버지가 왜곡된 가치관을 지니고 있었음을 한탄하면서도, (앞서 살펴본 것처럼)[142] 어머니에 대해서도 아쉬움을 표한다. 아들이 교육을 받으면 금욕할 수 있게 되리라고 교육을 과대평가하고 있었던 점에서 말이다. 아우구스티누스는 어머니가 바빌론의 중심부에서 빗겨나 있기는 했지만 치맛자락을 살짝 걸쳐놓고 있었다고 시적 표현을 사용했다. 어머니는 그 아들이 빠져있는 죄악의 진흙탕에서는 벗어나 있었지만, 완전히 벗어난 것은 아니어서 여전히 아들의 세속적인 성공을 기원하는 헛된 소망을 지니고 있었다. 아우구스티누스는 양친 모두가 그에게 엄격하기는 했지만 그 대신에 그를 도덕에 무지하게 만들었고 스스로 노예화되고 그 악한 쾌락에 자신을 탐진하도록 방임했던 셈이라고 보았던 것이다.

그 당시, 내게는 마음대로 놀아날 수 있도록 고삐가 풀려있어서 아무런 제제도 받지 않고 내 마음대로 놀이의 범위를 넘어 방탕한 지경까지 이르렀습니다. 오, 하나님, 이렇게 지내는 동안 내 눈에 안개가 자욱하여 당신의 진리의 광채를 볼 수 없었습니다. 마치 피부의 지방질이 부풀어 나오듯 죄가 솟아올랐습니다.(2, 3, 8)[143]

모니카의 관점에서 보자면, 아들의 이 유약한 시기에 그리스도에 관한 교리를 가르치고자 열심을 다했던 시기였다. 어린 시절, 병들었을 때 아우구스티누스는 세례 받기를 간청했고 이후로 그는 그리스도의 이름을 부를 때, 다른 그 어떤 이름과도 견줄 수 없는 존중의 마음을 가지고 있었다.[144] 어머니는 아우구스티누스에게 그리스도야말로 구원이시라는 진리를 심어주었고, 아우구스티누스의 마음에 이보다 더 강력한 생각이 들어서지 않게 되었던 것 역시 어머니 덕분이었다. 영적 방황기에도 그는 그리스도의 이름을 잊지 않았다. 자신의 영혼이 치유되기를 바라기 시작하던 때, 아우구스티누스는 이 거룩한 이름이 빠져있는 것이라면 그 어떤 가르침에도 마음이 끌리지 않았다. 키케로의 『호르텐시우스』가 아우구스티누스에게 지혜에 대한 열망을 심어준 것은 사실이지만, 키케로의 철학을 진리라고 확신하지는 않았던 것은 그 속에 그리스도의 이름이 없기 때문이었다.

> 오, 주님, 당신의 긍휼로 말미암아 내게 그 이름, 당신의 아들, 내 구주이신 그 이름을 내 어린 영혼에게 어머니의 젖과 함께 정성스럽게 먹여주셨고 무엇보다도 소중한 이름으로 마음 속 깊이 심어주셨습니다. 제아무리 깊이가 있고 잘 쓰인 책이라 해도, 당신의 이름이 없는 것이면 내 마음을 사로잡지 못했습니다.(3, 4, 8)[145]

어린 시절 아들에게 주었던 어머니 모니카의 영향은 오랫동안 지속되었다. 어머니가 아들에게 그리스도에 대해, 신앙과 교리의 요점들을 심어주는 것이 얼마나 중요한지를 입증해주는 예라 하겠다.

6
죄, 하나님께 나아갈 소망을 꺾어버리다

아우구스티누스가 하나님을 향하여 떠난 여정에서 마주친 가장 큰 장애요소는 죄의 문제였다. 『고백록』에서는 죄 문제를 다양하게 다루고 있다. 그는 오랫동안 악의 문제와 씨름했고 하나님의 선하심에 어울리지 않은 요소, 즉 악이란 물질적 실체일 것이라고 보았던 자신의 관점 사이에 생겨난 난제를 해결하고자 했다.[146] 플로티누스의 『엔네아데스』를 읽은 후, 그는 비로소 이 난제의 해법을 찾게 된다. 기본적으로, 하나님과 모든 존재자들에 대한 물질적 관점에서 설명하고자 했던 것이 문제였다. 『엔네아데스』에서, 그는 하나님이 영적 존재이심을 깨닫게 된다. 존재하는 한 모든 것은 선하며, 악이란 존재의 결여라는 사실 또한 알게 된다.

이제껏 그 근원을 궁금해 했던 악이란, 실재가 아니었습니다. 악이 실재한다면 선한 것이라 해야 하기 때문입니다. 실재한 것으로서 나빠지지 않는 것이라면, 그것은 악이 아니라 최고선일 것이요, 나빠질 수 있다면 그 안에 선한 것은 여전히 남아 있어야 합니다. 분명히 당신께서는 모든 것을 선하게 지으셨습니다. 그리고 당신께서 창조하지 않으신 실체는 하나도 없습니다. 나는 이것을 확신합니다. 하지만 당신이 지으신 모든 것은 대등한 것들이 아니기에, 모든 것이 대등하게 존재하는 것은 아닙니다. 그럼에도, 각각의 존재는 그 자체로 선한 것들입니다. 또한 창조된 것 모두의 총화는 심히 좋습니다.(7, 12, 18)[147]

요컨대, 악이란 선의 결여이다. 이점에서, 아우구스티누스는 죄란 외부에 실재하는 그 무엇이 아니라, 의지의 왜곡 즉 마땅한 질서를 왜곡시킨 것이라고 말한다. 이를 바탕으로, 그는 죄의 다양한 동기들을 철저하게 분석한다. 『고백록』에서 아우구스티누스는 유혹의 주요형태들에 대해, 죄가 되는 경우에 대해 성찰한다. 그는 죄와 그에 따른 벌 사이에 본래적인 연관성이 있다는 점 또한 분명하게 입증한다.

1) 죄의 본성

『마니교 반박』에는 '죄란 영원법을 거스르는 모든 행위나 말 또는 욕구'라는 죄에 대해 논리적 정의가 나오지만,[148] 『고백록』에는 이런 시도가 없다. 죄의 본질은 영원법에서 벗어난 무질서이다. 『고백록』에서는 이러한 개념을 발전시켜 죄란 의지가 그 최고의 선이신 창조주에게서 벗어나 저급한 가치들, 즉 피조물에게로 향하는 왜곡이라고 말한다.

오, 우리 주여, 이러한 저급한 질서에 속한 것들을 더 사랑하면서 진정으로 선하고 가장 선하신 당신과 당신의 진리, 당신의 법을 소홀히 여기는 무질서한 사랑이 죄의 원인입니다.(2, 5, 10)[149]

죄는 실체(substance)가 아니다. 더구나 선과 악에 대해서는 개인의 변덕스러운 생각으로 평가해서는 안 된다. 죄란 의지가 교만에 선동되어 창조주를 싫어하고 피조물을 자신의 기반으로 삼으려 하는 것을 뜻한다.

같은 빵도 환자에게는 맛이 없지만 건강한 사람에게는 맛이 있습니다. 같은 빛도 환자에게는 고통스럽지만 건강한 사람에게는 즐거움이 됩니다. 이는 전혀 이상한 일이 아니라는 사실을 경험을 통해 깨달았습니다. 악한 자들은 당신의 정의를 혐오합니다. … 나는 악이란 무엇인지 알고 싶었습니다. 나는 악이란 실체가 아니라 의지의 왜곡 또는 최고의 실체이신 당신에게서 방향을 돌림으로써 자신의 내면에 담긴 보배를 버리고 저급한 것들을 향하는 것이며, 팽팽하게 부풀어 오른 상태라는 것을 깨달았습니다.(7, 16, 22)[150]

죄의 구성요소는 세 가지이다. ① 하나님께 등을 돌리는 것, ② 피조물에게 향하는 것, 그리고 ③ 교만이 그 근본동기가 된다는 점이다. 하나님은 인간의 목적이시며 모든 피조물은 인간을 하나님께 인도해주는 방편이다. 인간이 저급한 질서에 속하는 것에 집착하는 부적절함을 통해 창조주에게서 등을 돌리면, 그것이 곧 죄가 된다. 인간은 최고선이신 하나님과 하나님의 진리, 그리고 인간의 완성을 저해

하는 것들을 다스리는 하나님의 법을 거절해 버렸다. 상위의 가치들을 거절하게 되면 아집이라는 보이지 않는 중독에 빠져, 하나님이 계셔야 할 자리에 다른 피조물들을 대신 세우거나 심지어 인간 자신을 세워놓게 된다.

> 하지만 그 기쁨은 세상 사람들이 정신적인 술에 취하여 창조주이신 당신을 망각하고 당신을 대신하여 피조물을 사랑하며 즐기는 것에 지나지 않습니다. 술에 취했다는 것은 사람이 당신을 떠나 저급함을 향해 어그러지고 왜곡된 의지에 휘둘리는 것을 뜻합니다.(2, 3, 6)[151]

더구나, 죄에 있어서 인간의지의 이러한 왜곡에 대해, 아우구스티누스는 겉보기에 사소한 것 같지만 '결코 정당화될 수 없는 죄의 상징적 표현, 악행 그 자체의 목적보다 조금 더 지나친 행위'의 예를 들고 있다.[152] 소년시절, 그는 친구들과 어울려 이웃집에 배서리를 갔다. 배를 먹고자 해서가 아니라, 단지 도망치는 스릴을 느끼고 싶어서였다. 이 행위는 그리 중대한 것처럼 보이지 않기 때문에 왜 그가 이 사건을 언급했는지 의아해 할 수 있다. 그의 대답은 행위의 동기 즉 의도가 문제라는 것이다. 순전히 악의에 의해 자행한 행위의 예라고 생각되는 이 사건을 두고, 아우구스티누스는 변명거리조차 찾아내지 못할 정도로 당혹스러워했다. 이 일을 기록하면서, 그는 악이란 적극적인 그 무엇이 아니라, 선의 결여이며 존재하는 그 어떤 실체가 아님을 깨달았다. 이 사건의 경우, 의지를 매료시킬만한 그 어떤 선도 없어 보인다. 그가 집어 던져버린 배도, 도둑질 그 자체도 즐거운 일은 아니었다. 그는 아주 솔직하게, 이 사건에서 자신의 동기가 얼마나 사악한 것이었는지 헤아리지 못했다고 말한다.

> 불쌍한 내 영혼이 사랑했던 것은 과연 무엇이었습니까? 도둑질입
> 니다!(2, 6, 12) … 과연 누가 뒤엉키고 헝클어진 매듭을 풀어줄 수 있겠
> 습니까?(2, 10, 18)[153]

이 일을 두고, 아우구스티누스는 가장 사악한 죄는 악의에서 자행
한 죄 혹은 단지 죄를 짓기 위해 죄를 짓는 것이라고 말한다. 그리고
자신의 배서리를 비롯한 모든 죄의 근본동기가 교만이라는 점을 지
적하고 있다.

> 오, 하나님, 당신만이 만물을 초월하여 높이 계시는 분이십니다.
> 모든 것 위에 뛰어난 존귀와 영광을 받으셔야 할 분은 당신뿐입니다.
> 하지만 인간의 교만은 당신의 높으심을 모방하려 듭니다.(2, 6, 13)[154]

인간은 죄를 지음으로써 하나님께만 합당한 완전성을 불법적으로
소유하려 한다. 하나님께 등을 돌리고 하나님을 향하여 발뒤꿈치를
들어 올린 자는 왜곡된 방식으로 하나님을 모방하는 것이기 때문이다.
말하자면, 죄인은 하나님처럼 되기를 원하고 있는 셈이다.

> 당신에게서 멀리 떠나 당신을 거스르고 교만해지려 하는 모든 짓
> 은 당신을 잘못 모방하는 것입니다.(2, 6, 14)[155]

아우구스티누스는 배서리에서 과연 자신이 원하던 것이 무엇이었

는지 자문해 본다. 은밀한 방식으로 법을 거스르고 자신의 능력으로
는 할 수 없는 것을 실행해보려 하는 것이 아니었을까? 말하자면, 전
능자께서 금하신 불경건을 자행함으로써 하나님의 권능을 흉내 내
고 있는 것이다. 하나님의 전능하심을 어두움의 방식으로 모방하고
있는 것이며 결국 죄의 노예가 되어 하나님을 등지고 그림자를 쫓아
가는 셈이다.[156]

죄인들은 죄를 지으면서 하나님처럼 되고 싶어 하지만, 교만하고
노예적인 자유를 추구하는 것일 뿐이다. 이처럼 죄를 전능하심에 대
한 왜곡된 모방으로 보는 관점 이외에, 『고백록』은 천사들의 죄에 대
해서도 다룬다. 자신의 독자들에게 죄에 대한 종합적인 정의를 제공
하고 있는 셈이다. 죄와 관련된 몇 가지 예를 살펴보자.

우선, 죄는 인간의 영혼을 하나님과 분리시킨다. 영혼이 물체의 운
동을 통해서가 아니라 의지를 통해서만 하나님께 나아갈 수 있는 것
과 마찬가지로, 의지의 작용을 통해 하나님에게서 도피할 수도 있다.
하나님으로부터 영혼이 분리된다는 것은 시간 및 공간적으로 멀어
진다는 뜻이 아니다. 영적으로 멀어진다는 것이요, 창조주의 자리에
피조물을 올려놓고 사랑하는 것을 뜻한다. 아우구스티누스는 이것을
욕정의 어두운 그늘이라고 부른다.

당신의 얼굴을 정면으로 향하지 않고 등을 지고 멀리 떠나 욕정의
어두운 그늘에 있었습니다. 당신에게서 떠나는 것과 당신에게로 돌
아가는 것은 우리의 발걸음 혹은 공간상의 문제라 할 수 없습니다.
탕자가 아버지의 집을 떠나 재산을 탕진하러 갈 때, 말이나 수레나
배를 타고 간 것도 아니고 눈에 보이는 날개를 얻어 탄 것도 아니고

걸어서 간 것도 아닙니다. 떠난 자식을 사랑으로 대하시며 비참한 꼴로 돌아올 때 더 많이 사랑해 주시는 아버지시여! 욕정에 이끌려 당신을 떠나는 것, 다시 말해 마음이 어두워져 당신에게서 멀어지는 것이야말로 당신의 얼굴을 멀리하는 것입니다.(1, 18, 28)[157]

이것을 아우구스티누스는 영적 간음 즉 우상숭배에 견주어 말하면서, 인간이 하나님을 등지고 오직 하나님께만 해당하는 순수함과 깨끗함을 하나님 이외의 것들에게서 추구하는 것 자체가 우상숭배라고 보았다.

당신을 사랑하지 않고 당신을 멀리 떠나 음탕하게 살았습니다. 내 곁에 있는 자들은 나와 더불어 죄를 지으면서 '잘한다, 잘한다' 하며 환호했습니다. 당신을 떠나 세상을 사랑하는 것이 바로 간음이 아니겠습니까?(1, 13, 21) ⋯ 영혼이 당신을 등지고 당신 이외의 것들에게서 순전하고 깨끗한 것을 찾으려는 것이 곧 우상숭배입니다. 그 영혼은 당신께 돌아가기 전에는 그것을 찾지 못할 것입니다.(2, 6, 14)[158]

영혼이 하나님에게서 떠나 깊은 심연의 어두움을 닮아가는 생활에 빠져버리면 하나님의 빛을 다시는 볼 수 없게 된다. 죄란 어두움의 상태에 속하기 때문이다.

영적 피조물의 선함은 항상 당신께 가까이 의존하며 사는 데 있습니다. 그렇지 않으면, 영적 피조물은 당신을 향했을 때 얻었던 빛을 당신에게 등을 돌림으로써 상실하여 어두운 심연 같은 죽음의 상태로 다시 떨어져 버립니다. 영혼을 지니고 있기에 영적 피조물에 속하는 우리들 자신도 다르지 않습니다. 우리는 진정한 빛이신 당신에게서 등을 돌려 어둠에 갇혀 있었습니다.(엡 5:8) 아직도 남아있는 어둠 속에서 몸부림치면서 당신의 아들을 통해 '하나님의 산'(시 36:6)과 같은 당신의 의(고후 5:21)가 될 수 있기를 기대합니다. 우리는 깊은 심연 같은 하나님의 심판의 대상이 되었습니다.(13, 2, 3)**159**

다른 문구에서, 아우구스티누스는 자신이 하나님과 죄를 겸하여 섬기려 했던 탐욕을 비난하면서 죄를 일종의 거짓말이라고 설명하기도 한다. 죄의 결과로, 인간은 죄의 영향을 받지 않으시는 하나님 즉 거짓말하는 자와 함께 하시지 않는 하나님으로부터 길을 잃게 되었다. 하나님은 생명이시요, 선하신 분이시며 진리이시지만, 죄는 이 모든 것을 결여하고 있다.

욕심 때문에 진리이신 당신을 잃고 싶지는 않았습니다. 그러면서도 나는 거짓 또한 놓고 싶지 않았습니다. 당신과 거짓을 겸하여 소유하고 싶었습니다.(10, 46, 66)**160**

죄는 가치의 선택과도 관련이 있다. 『고백록』의 몇 문구에 이 문제를 다루는 부분이 있다. 무엇보다도, 피조물들에게는 아름다움과 매력이 있으며 그 때문에 의지가 피조물들에 이끌린다는 점을 지적한다.**161** 인간이 하나님의 무한한 선하심을 위해 소용되는 다양한 형태의 자연적 아름다움에 집착하게 되면, 가치가 전도되는 현상이 발생한다.

아우구스티누스가 말한 것처럼, 가치전도의 현상은 이교도적 기류에서 나타난다. 그들은 마땅히 준수해야만 구원을 얻을 수 있는 하나님의 법은 소홀히 하면서도 문법규칙은 꼼꼼하게 따지고 든다. 이교도 지식인들이 그들의 동료들이 특정 단어를 잘못 발음하는 것을 두고 불쾌해하는 경우가 그렇다. 법률가를 교육하는 과정에서도 마찬가지로, 탁월하게 기만하는 일을 성공의 수단으로 여기기도 한다. 이처럼, 인간은 자신들의 맹목성을 자랑하는 것조차도 맹목적이다.[162]

일반적으로, 저급의 가치들을 획득하려는 욕구 때문에 혹은 그것들을 상실할 것 같은 두려움 때문에 죄를 짓게 된다. 아우구스티누스가 말한 예를 보면, 카타리나조차도 자신의 사악한 행위를 즐긴 것이 아니라 사악한 행위의 동기기 되는 것들을 즐겼다.

> 왜 죄를 짓게 되는가를 묻는다면, 저급한 것을 얻으려는 욕망 혹은 그것을 상실할까 싶은 두려움 말고는 다른 설명법이 없습니다. … 카타리나조차도 자신의 죄를 사랑한 것이 아니라, 다른 그 무엇을 사랑했습니다. 그것이 동기가 되어 죄를 지었다고 하겠습니다.(2, 5, 11)[163]

의지가 추구하는 선(bonum)은 항상 있게 마련이다. 하지만 아우구스티누스가 배서리 사건에서 자신의 동기가 무엇이었는지 완전하게 인식하지 못했다는 점을 두고 보면, 문제가 그리 쉬운 것만은 아니다. 아우구스티누스가 죄의 기저에 교만이라는 동기가 깔려 있다고 말했던 점에서 본다면, 자신이 젊은 시절에 배나무 주인에게 붙잡혀 처벌받지 않으면서도 금지된 그 무엇을 행할 수 있었던 달콤한 자유, 다시 말해 젊은이들이 동료들과 함께 집단적으로 행하는 것이라

는 점에서 더욱 매력적이었던 바로 그 자유에 이끌렸던 것이라고 추정할 수 있겠다.[164]

진정한 가치의 선택에 관한 논의는 우정 이야기에 나온다. 마치 하나님을 섬기기라도 하듯, 아우구스티누스가 친구와의 우정에 지나친 가치를 두었던 시절이 있었다. 하지만 이러한 무질서한 욕정은 그의 마음의 눈을 가리었고 더욱 심각한 오류에 빠지게 했다. 우정이 비록 아름다운 것이기는 해도, 하나님께서 인간의 최고선이 되신다는 점을 놓치게 되면 그 우정은 슬픔으로 결말이 나고 만다.

> 슬픔을 이기고 힘을 내게 한 것은 다른 친구들의 위로였습니다. 나는 그들과 함께 당신을 사랑하는 대신에 내가 좋아하는 것을 사랑했습니다. 하지만 그들은 몹시도 헛된 이야기, 장황한 거짓말, 음탕한 언어로 내 귀를 유혹하여 내 영혼을 부패시켰습니다.(4, 8, 13) … 인간이 당신을 향하지 않는다면 어느 곳을 향하든지 간에 슬픔을 겪게 될 것입니다. 당신 이외의 것에서, 나 자신의 외부에서 아름다움을 추구하는 것도 마찬가지입니다. 당신에게서 유래하지 않는 아름다움은 있을 수 없습니다.(4.10.15)[165]

마침내 지상에 있는 다양한 가치들에서 행복을 찾으려던 길에서 돌이킨 후에, 아우구스티누스는 선택의 문제에 대해 요약하기를, 자신의 외부에 있는 것들 중에서 영속적인 가치가 있을 것이라고 생각해서는 안 된다고 말한다. 세상적인 행위들에 탐닉하여 거기에서 행복을 찾은 척 하는 자들은 이내 모든 내적 균형을 상실하고 말 것이다. 아우구스티누스의 체험이 이를 단적으로 보여주고 있다. 그들의 영혼은 결국 굶주리게 되며, 세상적인 것에서는 결코 자양분을 얻을 수 없다.

> 행복이란 나의 외부에 있는 것이 아니요, 해 아래서 내 육신의 눈으로 볼 수 있는 것들에서는 도무지 찾을 수 없음을 깨달았습니다. 외부의 것들에서 행복을 찾으려고 하면 이내 허무에 빠지고 보이는 것들과 무상한 것들을 통해 스스로를 상실해 버리고 맙니다.(9, 4, 10)[166]

이러한 논의를 통해 분명하게 알 수 있는 것은 인간의 죄에는 의지만 포함되는 것이 아니라, 지성도 연루된다는 점이다. 거짓 선택 역시 죄에 해당하며, 이것을 반복하게 되면 우리 마음에 실재적인 선의 그림자에 불과한 것들만으로 구성되는 그릇된 가치관을 갖게 되고 만다. 죄인이란 실체의 그림자를 선택하는 자인 셈이다.

> 당신을 피해 다니며 그늘을 찾아 숨어드는 당신의 악한 종입니다.(2, 6, 4)[167]

나아가, 아우구스티누스는 죄를 자멸행위라고 말한다. 하나님은 죄에 영향을 받지 않으시나, 죄는 죄인의 영혼을 심각하게 손상시킨다. 예를 들어, 본성에 반하는 죄를 지음으로써 인간은 그 자신의 본성을 타락시키고 왜곡시킨다. 마찬가지로, 인간은 피조물을 부적절하게 사용함으로써 스스로에게 해악을 입힌다. 하나님께서는 이러한 방식으로 인간에게 자신이 죄에 대한 징벌을 받게 하신다.

인간이 아무리 당신을 해치고자 해도 당신께서 해를 받으시겠습니까? 하지만 당신은 그 죄를 저지른 자를 벌하십니다. 그러한 죄를 짓는 자는 스스로 해를 받게 됩니다. 그들이 당신을 향해 죄를 짓는 것은 자신들의 혼을 망치는 일밖에 되지 않습니다. 죄 짓는 것은 자신일 것이며, 당신이 지으시고 정하신 본성을 왜곡시키거나 악해지게 하는 것입니다. 또한 선하게 사용하라고 주신 것을 악하게 사용하는 것이며, 금지된 것을 실행하려 하며 본성을 거스르는 것을 즐기는 것과 같습니다.(3, 8, 16)[168]

2) 죄의 원천

『고백록』에는 죄에 대한 형식상의 구분이 나타나지 않는다. 여러 죄에 대해 말하기는 하지만, 주로 죄의 원천에 관해 이야기하고 있다. 외적 원천과 내적 원천, 그리고 죄의 숨겨진 역동성 및 죄짓게 되는 유혹의 경우 등을 다루고 있다. 죄의 구분에 대해서는 아마도 그의 모든 저서들을 두루 살펴보고 정리해야 할 문제일 듯싶다. 어쩌면, 그의 용어들이 이런 문제들을 아우르는 것이라기보다 하나의 주제에 집중하는 경향이 있기 때문일지도 모른다. 다시 말해, 죄의 구분에 대한 질문보다 더 중요한 질문이 있는 셈이다. 『고백록』에서 말하는 죄는 과연 어느 정도나 심각한 것일까?

아마도 그는 죄의 심각성에 무게를 두고 있는 듯싶다.(역주: 영어원서에는 죄의 종류에 관한 신교와 구교 사이의 신학적 차이에 관련된 부분이 있으나, 이 책 전체 흐름을 살리는 방향으로 번역했음을 밝혀둔다.) 하나님 대신 피조물을 궁극목적으로 삼는 죄, 영혼에 하나님을 향한 사랑이 사라져 버린 죄에 대한 언급 등이 그렇다. 아우구스티누스는 의지가 최고선으로부터 벗어나 왜곡되는 것과 피조물을 하나님인 것처럼 사랑하는 것, 전능하심을 교만하게도 모방하는 것, 사악한 욕정, 그리고 영적 간음의 문제 등 여러 죄악들이 심각성에 주목하고 있다.[169]

죄란 진정한 궁극목적에서 등을 돌리는 것이다. 하나님께 대한 사랑을 상실하지 않으면서도 피조물을 일정부분 과도하게 사랑하는 것 역시 죄에 해당한다. 『고백록』에서 아우구스티누스는 어린 시절에 겪었던 경험도 죄문제와 연관 짓는다.

쓰기, 읽기, 암기 등을 태만히 하는 죄를 짓곤 했습니다.(1, 9, 15)[170]

또한, 『고백록』 후반부에서는 죄와 관련하여 영적 죽음에 대해서도 언급한다. 아우구스티누스는 세상의 쾌락을 끊고 그리스도를 위해 살아가는 영혼과 세상의 쾌락에 젖어서 그리스도를 향하지 않는 영혼을 대조시킨다. 앞의 것은 '살아 있는 것'(viva)이요, 그리스도를 향하지 않는 경우는 '죽은 것'(mortua)이라 할 수 있다. 이러한 뜻에서, 아우구스티누스는 우리에게 이 세상에 순응하여 살지 말라고 권하고 있는 셈이다.[171]

더구나, 생명의 샘을 저버리는 자의 행위는 죽은 영혼의 행위가 되고 만다. 교만, 탐욕, 그리고 사악한 호기심 등은 우리 영혼을 이 세상의 한시적인 것들의 노예가 되게 한다.[172] 이러한 성찰을 바탕으로, 아우구스티누스는 죄의 근원적 치유책을 제시한다. (이에 대해서는 다음에서 살펴보자.)[173]

무엇보다도, 교만은 모든 죄의 원천이다. 아우구스티누스에 따르면, 죄를 짓게 하는 다양한 동기들을 살펴본 후에 이 모든 것들이 육신의 정욕과 안목의 정욕, 그리고 이생의 자랑 즉 사도 요한이 구분한 세 요소로 환원되며, 궁극적으로는 교만이 근본원이다.

생명의 원천이시요, 유일하시며 창조주이시며 통치자이신 주님, 당신을 등지고 살면 이러한 일들을 저지르고 맙니다. … 사람이 어리석고 교만해지면, 부분적인 것을 마치 전체적인 것인 듯 사랑하게 되고 맙니다.(3, 8, 16)[174]

교만의 또 다른 이름이 있다. 무질서한 자기애이다. 모두의 공동선이신 하나님보다 자신의 사적 선을 선택하게 만드는 원인이 바로 이것이다.

모두를 위한 선이신 당신보다 개인의 것을 더 사랑하는 것 말입니다.(3, 8, 16)[175]

교만은 겸손과 대비되는 것이요 죄의 원인이 된다.[176] 플라톤주의자들에 대한 비판에서도 교만의 문제가 다루어진다. 아우구스티누스는 철학자들의 우쭐해대는 거만함과 하나님께 돌아오는 죄인의 겸손한 신뢰를 분명하게 구분한다.

그 책에는 경건의 고백, 참회의 눈물, 당신의 희생, 괴로워하는 죄책감, 상하고 통회하는 마음, 겸손, 당신의 백성들의 구원, 당신의 신

부인 도성, 성령의 보증, 우리의 구원의 잔이 없었습니다.(7, 21, 27)[177]

또한 자신의 경험에서도 교만의 예를 말한다. 헛된 야심의 문제가 그것이다. 그는 연설하러 가는 길에 만났던 술주정뱅이의 모습을 비유로 들면서, 명연설가로 명성을 날리고 싶어 했던 자신이야말로 만취한 술주정뱅이보다 더 흐느적거리고 있었다고 회고한다.[178] 교만의 다른 예를 인용할 수도 있지만, 그럴 필요는 없어 보인다. 그 대신,『고백록』에 언급된 죄의 다른 동기들을 예로 들어 설명하는 것이 유익할 듯싶다.

예를 들어, 존경받고자 했던 욕심에 대해 살펴보자. 아우구스티누스는 배서리의 예를 회고하면서, 자신이 친구들에게 선망의 대상이 되고 싶었을 뿐 아니라, 장난기 섞인 청소년기의 쾌락을 누리고 싶기도 해서 자행했던 일이라고 말한다.

> 과연 우리가 무슨 일을 꾸미고 있는지도 모르고 우리에게 속아 넘어갔던 자들을 생각하면서 너무도 유쾌해서 큰 소리로 웃었습니다. 우리가 속인 줄을 알았다면 그들은 분노하고 말았을 것입니다. … 누군가 '가자!'하고 말하는 소리를 들으면, 우리는 나쁜 짓에 대담해지지 못하는 것을 부끄럽게 여겼습니다.(2, 8, 16)[179]

이 외에, 아우구스티누스가 수사학을 가르치기 시작한 초기에 지식을 전하기보다 사람들을 즐겁게 해주기를 선호했던 자신의 모습을 회상했던 부분도 참고 할 수 있겠다. 그는 사람들에게 가르침을 주려는 마음이 아니라 칭찬을 받고 싶은 마음에 가득 차 있었다. 그는 아첨과 거짓말을 즐겼다. 예를 들어, 사람들의 칭찬을 받고 싶은 마음에 황제를 칭송하는 연설문에 거짓말까지 사용하여 사람들의 박수 갈채를 받아내기도 했다.[180]

또한 다른 문구에서는 사탄이 공직자들을 대중에게 두려움의 대상이자 존중의 대상이 되고픈 욕구로 유혹하여 모든 진리와 선의 원천이신 하나님을 잊어버리게 한다는 점을 일깨워 준다. 하나님을 위해서가 아니라, 자신을 위해 칭송을 받게 되면 교만에 부풀어 올라 결국은 사탄의 노예가 된다는 것이다.[181] 또한 이교도 친구들의 공격을 두려워한 나머지 오랫동안 세례를 연기해왔지만, 마침내 두려움을 이겨내고 교회의 가족이 된 빅토리누스의 경우를 소개한다.[182]

사실, 빅토리누스가 그동안 자신이 가르쳐온 모든 거짓된 교설들에 대해 공개사과를 시도했던 일은 그의 연약함을 극복하는 데 좋은 기폭제가 되었다. 그는 자신이 이교도 사상을 가르침으로써 입힌 손해를 보상해야 할 책임이 있다는 생각에서, 목회자들이 빅토리누스에게 공개적인 사과보다는 사석에서 신앙고백을 할 수 있도록 배려해주었음에도 수많은 회중 앞에서 자신의 믿음을 공개적으로 고백했다. 이를 통해 빅토리누스는 이제까지 자신이 이교도 사상을 가르쳤던 잘못들을 회중 앞에서 고백함으로써, 죄를 용서받고 회중들에게 기쁨을 선물할 수 있었다.[183]

그 외에 『고백록』에 언급된 죄의 중요한 원천들로서는 증오, 추행, 질투, 그리고 성급한 판단 등이 있다. 진리에 대한 혐오는 특정한 쾌락에 대한 무질서한 집착에 그 뿌리가 있다. 예를 들어, 술주정뱅이가 술에 취해 진리를 증오하던 모습에서 가장 잘 드러난다. 효과 면에서 보면, 증오는 폭력성을 드러내면서 영적 불안과 맹목성에 사로

잡히게 한다.[184]

추행의 문제에 대해서는, 카르타고 학생들로 구성된 '전복시키는 자들'(Eversores)이라는 깡패 이야기를 끄집어낸다. 이들의 언행은 음탕함으로 악명이 높았다. 이 모임은 다른 학생들을 자신들처럼 타락시키려 했던 자들이라는 뜻에서, '전복시키는 자들'이라고 불렸다. 이름 자체가 아우구스티누스의 취지에 제대로 맞아 떨어지는 무리였다. 그들은 인간을 자신의 처지와 같은 비참함에 빠뜨리기를 좋아하는 마귀의 모습과 다르지 않았다. 마귀가 하는 짓 그대로, 그들은 다른 학생들이 죄짓게 하는 데서 쾌락을 느끼던 자들이었다.[185]

질투심에 관한 문구는 어머니 모니카를 음해한 여종의 일화에서 볼 수 있다. 집안의 악한 여종이 모니카를 음해하여 시어머니와 사이가 멀어져 버린 일이 있었다. 모니카는 인내심과 유순함으로 이 시련을 견디었고, 마침내 어머니의 마음을 돌이켜서 모니카의 남편에게 이 사실을 알려 악한 여종들을 징벌하도록 했다. 그 외에, 험담의 파괴적 본성을 바로 잡아준 덕의 예가 될 만한 일화가 모니카에 관한 문구에 나온다. 모니카는 적대감을 품은 사람들 사이에서 각자가 서로를 헐뜯는 험담을 전해 들었지만, 그 이야기를 다른 이들에게 전하는 대신에 서로를 화해시키려고 노력했다. 대부분의 경우, 이러한 상황을 맞이하면 그 사람이 말하지 않은 것은 물론이고 화가나서 경솔하게 내뱉었을 말까지 상대방에게 전해주어 상호간에 반목의 불길이 더욱 커지게 하기 쉽다. 모니카는 이와 달리 무척이나 드물게도 덕스러움을 보여준 경우였다.[186]

그리고 경솔한 판단의 예는 아우구스티누스의 친구 알리피우스에게 닥친 특이한 사건에서 볼 수 있다. 알리피우스가 도둑으로 체포되었을 때, 그의 건축가 친구의 도움으로 결백을 입증하고 풀려난 일이 있다. 친구의 중재가 없었더라면, 알리피우스는 정황상의 증거들만으로도 범죄자가 되었을 것이다. 이 사건을 두고, 아우구스티누스는 하나님께서 이런 일이 알리피우스에게 발생하도록 허락하신 것은 훗날 자신이 주교로서 판단을 내릴 때 성급한 판단을 피하도록 교훈해주신 것이라고 말한다.[187]

유혹의 문제를 다룬 『고백록』의 다양한 문구들에서 죄의 원천에 관한 몇 가지 추가적인 지혜를 얻을 수 있다. 유혹에 관해서는 이렇게 요점을 정리할 수 있겠다. ① 자기 자신을 바르게 인식하기란 쉬운 일이 아니다. 특히 사람들의 칭찬을 받으면 자신을 되돌아보기가 더 어렵다. ② 칭찬을 받을 때, 모든 영광을 하나님께 돌려야 하지만, 칭찬을 받으면서 쾌락을 추구할 위험에 빠질 수 있으며 이는 마귀의 도구가 될 수 있다. ③ 육체적인 죄에서 오는 쾌락을 상실할까 두려워하면, 하나님을 향한 회심은 지연되고 만다. ④ 육체적인 죄를 절제한 사람에게 오랫동안 남아있던 기억으로부터 유혹거리가 생겨날 수 있다. ⑤ 일반적으로, 육체적 본성에 따른 몽정까지 비난의 대상이 되는 것은 아니다.[188]

유혹의 몇 가지 다른 측면이 있다. 유혹에 대한 성찰에서, 아우구스티누스는 욥기를 인용하여 우리의 삶 전체가 쉼 없이 유혹을 받지만 하나님에 대한 사랑으로 충만하게 되면, 더 이상 유혹에 따라 파멸에 이르지 않게 될 것이라고 말한다. 아우구스티누스 자신은 아직 영적 삶에서 이 단계에는 이르지 못했다고 고백한다. 그는 여전히 오랫동안 유지되어온 죄의 경향성에 이끌리고 있었다. 특히 정욕의 문제가 그렇다.[189]

『고백록』이 회심 후 13년이 지나서 집필된 것임을 고려해 보면, 이제는 끊어버린 그 악덕들이 지닌 경향성과 싸우고 있다는 그의 증언 자체가 육체적 습관을 극복하려 애쓰고 있는 우리들에게 격려가 될 것 같다. 아우구스티누스는 자신의 육체적 유혹을 극복하는 과정에 진척을 이루고 있다면서 이를 기쁜 마음으로 기록했으며, 육체에 대한 완전한 승리를 거둘 수 있도록 계속에서 진전되기를 기도했다.

내게 베풀어 주신 당신의 은혜에 두렵고 떨리는 마음으로 기뻐하면서도 아직 완전해지지 못한 내 모습에 애통해하고 있습니다. 완전한 평화에 이르기까지 당신의 긍휼이 내 안에서 계속 역사해 주소서. 마침내 '사망을 이기고 삼킬 때'(고전 15:54) 나의 모든 것이 당신과 더불어 완전한 평화를 누릴 것입니다.(10, 30, 42)[190]

자기인식에서 가장 힘겨운 것으로는 교만, 그리고 헛된 일을 저지르려는 유혹에 빠질 수 있다는 점이다. 육체에 대한 유혹과 허황된 호기심의 유혹을 찾아내어 이에 대항하는 자신의 진척상황을 가늠해볼 수는 있겠지만, 그 이면에 여전히 숨겨진 동기 즉 칭찬과 자아도취에 빠지기 쉬운 부분을 점검해 줄 방편을 찾아내기는 쉽지 않다. 사실, 칭찬에 집착하는 경향성을 점검할 유일한 길은 내성법적인 자기성찰이 아닐까 싶다. 칭찬받지 못할 때, 우리 스스로 어떻게 반응하는지를 살펴보라는 뜻이다. 더구나, 칭찬이 없을 때 느끼는 박탈감이 어느 정도일까를 생각해볼 필요가 있다. 우리가 얼마나 칭찬에 집착했었는지를 보여주는 좋은 지표일 수 있기 때문이다.

내 마음에 이미 있는 것은 대부분 숨겨져 있는 것들이어서 어떤 경험에 의해 그것이 드러나지 않으면 확실하게 알 수 없습니다. 이처럼 우리는 시련이 계속되는 세상의 삶에서 도무지 안도감을 가질 수 없습니다.(10, 32, 48)[191]

아우구스티누스는 칭찬받기를 좋아하는 것이 가장 위험한 유혹이라고 보았다. 인간의 칭찬을 받는 과정에서 자만심이 커질 수 있었기 때문이다. 스스로 질책한다고 해도 마음에는 그러한 질책에 대한 거부감이 남아있을 수도 있다. 때로는 자신이 헛된 영광을 거부하는 것 자체가 자기기만적 요소가 될 수 있다. 헛된 영광에 대한 경멸 그 자체를 영광스럽게 생각하는 경우도 있기 때문이다.[192]

잘난 체 하려는 유혹이 생겨나는 것도 이와 다르지 않다. 이것은 다른 사람들의 견해를 무시해버리고 자신의 주장만 내세우는 만족감을 얻게 한다. 아우구스티누스는 이러한 유혹의 위험성을 강조한다. 위선적 가면을 쓰고 자기만족과 자기우월감을 과시할 위험이 있다는 것이다. 이러한 사람은 자신이 선을 행할 수 있게 하신 분이 하나님이심을 모른 채, 하나님을 기쁘시게 하기는커녕 자신에게 있는 모든 선이 하나님께서 주신 것임을 인정하지도 않는다. 오히려 자신이 행한 공로 때문에 하나님께서 선하신 분으로 찬양을 받으신다는 교만한 생각을 품기도 한다. 심지어 자신의 공로가 하나님의 은혜에 의한 것이 아니라 자기 스스로 선을 행할 능력이 있어서 가능했던 것이라고 생각하기도 한다. 따지고 보면, 선행이란 하나님의 은혜에 의해 가능하다는 점을 인정하는 자들 중에서도 다른 이들에 대한 영적 질투가 나타나는 경우도 있다.[193]

교만과 허영심에 대한 이들 문구들이 제시하는 도덕적 결론은 이런 것들이다. ① 자신을 과도하게 드러내지 않으면서도 허영심을 바로잡고자 한다면, 하나님을 향한 지속적인 사랑으로 행위의 의도를 정화시켜야 한다. ② 잘난 체 하는 경향성을 누그러뜨리기 위해서는 일상의 유혹과의 싸워야 하며, 은혜를 구하면서 하나님의 긍휼을 위해 기도해야 한다.

> 오, 진리이시여, 칭찬받고 마음이 기쁠 때, 나를 위해서가 아니라 이웃의 이익을 위해서 그래야 한다는 것을 당신 안에서 깨달았습니다.(10, 37, 62) … 당신의 긍휼만이 소망이자 신뢰이며 요새입니다.(10, 32, 48)[194]

더불어, 죄짓기 쉬운 정황들에 관해서도 생각할 필요가 있다. 아우구스티누스가 말한 몇 가지 예 중에서 알리피우스의 경우가 가장 분명한 예가 될 듯싶다. 어느 날 우연히 그는 친구들 몇을 만났다. 그들은 알리피우스에게 자기들과 함께 검투사 경기를 보러가자고 했다. 그는 이런 공연을 좋아하지 않았기 때문에 단호하게 거절했지만, 친구들은 그를 억지로 둘러싸고 공연장에 데리고 갔다. 친구들의 이러한 강압에 대해, 알리피우스는 그들이 자신의 몸을 공연장에 데리고 갈 수는 있을지 몰라도, 피 흘리는 전투장면 공연을 보게 할 수는 없을 것이며 결국은 자신이 도덕적으로 승리하게 되리라고 장담하고 있었다. 이를 본 친구들은 호기심에 자극되어 과연 그의 의지가 어느 정도일지 검증해보자고 더 신이 나서 그를 강압적으로 끌고 갔다. 알리피우스는 눈을 감고 야만적인 전투장면에 마음을 쓰지 않았지만, 군중들의 강렬한 고함소리를 듣고 호기심에 못 이겨 공연을 보기로 마음먹는다. 그때까지만해도 어떤 장면이라도 경멸할 수 있으리라는 우월감이 있었다. 하지만, 피 흘리는 전사들을 보자마자, 그는 공연에서 눈을 뗄 수가 없었다. 이내 그는 검투사 공연을 보러 다니게 되었고 공연에 중독되고 말았다.[195] 알리피우스는 자신이 충분히 강하리라고 확신했지만, 결국 심각한 죄에 빠지고 말았다.

아우구스티누스가 보기에, 알리피우스는 단호하다기보다는 당돌한 사람이었다. 죄짓기 쉬운 정황에 처했을 때, 그는 하나님께 기도하는 대신, 성급하게도 자만심에 사로잡혀 있었다. 자신의 눈을 지키려 했지만 헛된 호기심을 절제하지 못했고 이로 인해 죄의 세계로 들어가는 문이 열려버린 셈이다. 그의 실수는 죄짓기 쉬운 정황에 처한 사람들에게 실제적인 경고가 된다. 무엇보다도, 기도해야 한다. 그리고 외적 감각들에 재갈을 물려야 한다. 그리고 자신의 지적 호기심과 자신감을 겸손히 내려놓아야 한다. 이 사건은 악의적인 유인의 예라고도 할 수 있다. 친구들이 알리피우스를 심각한 죄를 짓는 상황에 몰아넣었다는 점에서 말이다.

아우구스티누스는 마니교가 자행하는 그럴듯한 절제생활도 죄짓기 쉬운 정황의 다른 예라고 말한다. 알리피우스의 경우처럼, 아우구스티누스 자신이 마니교를 시험해보지도 않은 채 겉으로는 매력적이지만 실상은 위조된 이단의 덕에 쉽게 속아 넘어갔던 것을 회고하고 있는 셈이다.[196] 이처럼, 『고백록』을 통해서 우리는 어린 시절 이교도 교육에서, 그리고 거기에서 나온 거짓된 동기에서, 그 음탕한 주제들에서, 길을 잘못 인도한 선생들에게서, 그리고 사악한 동료들에게서, 아우구스티누스에게는 참으로 오랫동안 지속된 죄짓기 쉬운 정황들이 이어지고 있었던 것을 알 수 있다.[197]

3) 죄의 징벌

죄인은 하나님의 법을 거스른 자신의 죄 때문에 징벌을 받는다는 관점이 『고백록』 전체를 관통하는 주제로서 일종의 후렴구처럼 반복된다. 죄란 일종의 자해행위로서, 진리에 대한 혐오는 영적 맹목이기도 하며 불경건한 습관은 불경건에 대한 일종의 징벌이다.[198] 하나님께서 죄인들을 벌하시는 방식들에 대한 아우구스티누스가 설명법을 살펴보자.

우선, 유의해야 할 것이 있다. 아우구스티누스가 죄에 대한 징벌을 말할 때, 하나의 죄에 대해 말하는 것이 아니라 죄의 습관을 염두에 두고 있다는 점이다. 다시 말해, 이 문제에 대해 『고백록』은 중요한 요소에 대한 관심을 우선시하고 있다. 또한 죄인의 마음에 영적 맹목성, 탐욕, 그리고 혼란이 역동적으로 긴밀하게 상호연관되어 있음을 유념해야 할 것이다. 맹목성, 탐욕, 혼란의 악순환은 탐욕의 습관을 형성시키는 맹목성의 원인이 된다.

아우구스티누스에 따르면, 죄인은 죄 그 자체로 징벌을 받고 있으며 죄인은 하나님의 공의로우심을 보여주는 도구이다. 인간이 죄지으면서 누렸던 기쁨은 이내 고통이 되고 만다. 그리고 죄에는 반드시 징벌이 따르게 마련이다.

> 어디로 가든지 그를 벌하시는 당신의 법을 피할 수 없습니다.(4, 9, 14) ⋯ 내 선한 행위는 사실상 당신께서 하시는 일이며 당신의 선물입니다. 하지만 내가 악한 행위는 내 잘못이며 내게 내린 징벌이옵니다.(10, 4, 5) ⋯ 악인들은 다름 아닌 자신들이 지은 악행 때문에 해를

입게 됩니다.(2, 6, 3)[199]

예를 들어, 교만은 지성으로 하여금 영적 맹목성으로 치닫게 하고
탐욕은 의지를 거슬러 그 능력을 무력화시키고 만다. 이 점에서, 지
성에 있어서의 교만, 의지에 있어서의 탐욕, 그리고 이러한 죄들이
완전히 드러나게 전인격적 방탕의 문제를 성찰할 필요가 있다.
  아우구스티누스는 영적 맹목성이 교만에 대한 징벌이라는 점을
보여주기 위해 '징벌적 맹목'(poenales caecitas)이라는 개념을 사용한다.

  높은 곳에 계시고 침묵과 신비 속에 계신 위대한 하나님, 당신은
  쇠하지 않는 법으로 옳지 못한 욕정에 대해 맹목이라는 징벌을 주셨
  습니다.(1, 28, 29) ⋯ 당신은 교만한 자들을 노쇠하게 하시니 그들은 이
  것을 알지 못합니다.(1, 4, 4)[200]

아우구스티누스는 하나님께서 교만과 탐욕에 대하여 정욕 모두를
무력화시키실 것이라고 말한다.

  온전하지 못한 모든 마음은 스스로에게 징벌이 됩니다. 이것은 당
  신이 정하신 법이며, 당연히 그럴 수밖에 없습니다.(1, 12, 19)[201]

아우구스티누스가 자신의 삶에서 구체적인 예를 들어 설명한 부
분들이 있다. 유의해야 할 것은, 교만과 그에 따른 맹목성을 강조하
기는 하지만, 그것에 탐욕과 방탕이 결탁되어 전체의 역동성을 구성
하게 된다는 점이다. 이점에 유의하면서, 아우구스티누스 스스로 하

나님의 진리의 빛을 마음에 아예 담고 있지 않았던 탓에 더듬거리며 살아갔던 시기라고 말했던 청소년기의 일들을 생각해 보자.

> 오, 하나님, 이런 일을 자행하는 동안 내 눈에 안개가 자욱하여 당신의 진리의 빛을 볼 수 없었습니다.(2, 3, 8)[202]

그는 육체적 욕망에 빠져서 하나님의 밝은 빛을 볼 수 없었다. 그의 눈은 영적 수준으로 나아갈 수 없을 정도로 육체적이고 감각적인 쾌락에 집착했다.[203] 더구나, 카르타고의 불량배들과 어울려 다니면서, 장난질은 처벌에서 면책되리라는 착각 속에 친구들과 선생들을 괴롭혔다. 아우구스티누스는 자신을 포함하여 불량배 무리들 모두가 맹목성에 빠져있던 것 자체가 이미 징벌에 해당하는 것이었다고 회고한다. 선과 악을 구분하는 데 필요한 마음의 빛을 하나님께서 거둬들이셨다는 점에서, 그들은 하나님의 영원법이 부과한 징벌을 모면할 수 없다.

> 그들은 상상이상으로 난잡한 행동들을 저질렀습니다. 세상의 습속으로는 용납될 수 있었지만 율법으로는 엄한 처벌의 대상입니다. 비록 습속이 용납한다 해도 당신의 영원법이 용서할 수 없는 행동입니다. 그들의 행동은 더욱 비참해질 것입니다. 그들은 그러한 행동에는 징벌이 없다고 생각하지만 그러한 행동을 계속하는 맹목성 자체가 징벌이라는 것을 깨닫지 못합니다. 그들이 받는 괴로움은 그들이 남에게 끼친 괴로움보다 더 크다고 하겠습니다.(5, 8, 14)[204]

아우구스티누스는 비상한 재능과 학습능력을 가진 학생이었지만, 행복에 이르는 길에 접근조차 못하고 있었다. 겸손의 덕이 없었기 때문이었다. 그는 자신의 재능을 남용했던 모습을 자책한다.[205] 빛을 발견한 후에도 성경을 연구하기 시작했지만, 교만한 탓에 성경의 참 뜻을 깨달을 수 없었다. 영감으로 기록된 성경은 단순함과 겸손의 마음을 요구하는 책이었지만, 아우구스티누스는 키케로의 웅변과 교만에 사로잡혀 있었다. 번뜩이는 지혜를 가졌음에 그는 성경의 깊이를 깨달을 수 없었다. 하나님의 진리를 대항하여 눈 안의 티끌을 흠잡는 단계였다.[206]

이러한 자만심으로 인해 그는 마니교의 환상에 희생되고 말았다. 마니교를 통해 그의 맹목성은 더욱 악화되었다. 사실, 그가 말한 것처럼, 이 시기에 나타난 어리석음은 하나님께서 아우구스티누스의 교만에 벌을 주고 계셨다는 증거가 된다. 그의 이해력은 점점 더 어두워져서 그토록 지성적이던 사람이, 무화과나무가 뜯겨나가면 눈물을 흘린다고 믿게 될 정도였다. 사도 바울이 철학자들의 어리석음에 대해 언급했던 것이 아우구스티누스에게 그대로 맞아 떨어진 셈이다. 자신의 죄로 인해 아우구스티누스는 그 감각이 타락했고, 이로 인해 악행을 저지를 뿐 아니라, 어리석은 교설들을 진리라고 믿게 된 셈이다.[207]

아우구스티누스는 학식을 가진 자들의 점성술 역시 감각이 타락한 경우라고 말한다. 그들은 천체에 관한 놀라운 지식들을 발견했지만, 이렇게 어려운 문제들을 풀어내는 능력인 지성이 어디에서 온 것인지를 탐구할만한 선을 결여하고 있었다. 교만 때문에, 그들은 두 가지 징벌을 받고 있는 셈이다. ① 하나님의 아들께서 성육신하신 진리를 모르고 있으며, ② 가치관이 왜곡되어 스스로를 하나님처럼 여기고 있으면서도 자신에게 나타나는 나쁜 것들에 대해서는 창조주를 탓하는 어리석음을 저지르고 있다. 하나님을 영화롭게 하지 않는 자들은 이처럼 큰 징벌을 받게 된다.[208]

신플라톤주의자들의 경우도 마찬가지이다. 그들은 하나님의 말씀에 대해 말하면서도 그리스도께서 성육신하시어 고난 받고 죽임을 당하신 진리를 받아들이지 않는다. 자신들의 교만으로 인해 그들은 기독교의 위대한 신비에 대해서는 무지한 상태로 남아있다는 점에서, 징벌을 받은 셈이다. 신플라톤주의자들은 하나님께서 인간의 행복을 위한 목적이심을 알기는 했지만, 하나님께 이르는 겸손에 대해서는 무지한 상태에 버려져 있었다. 이들 철학자들이 지닌 교만한 맹목성에 나타난 자기우월감이라는 죄와 그 한계를 말하기 이전의 아우구스티누스의 상태가 그랬다.

> 그 책에서는 '그가 자기 땅에 오매 자기 백성이 영접지 아니하였으나 영접하는 자 곧 그 이름을 믿는 자들에게는 하나님의 자녀가 되는 권세를 주셨다'는 말씀을 읽을 수 없었습니다.(요 1:11-12)(7, 9, 13)[209]

아우구스티누스에 따르면, 얼굴이 부어오르면 눈으로 앞을 볼 수 없게 되는 경우처럼, 교만은 지성을 가둬 버린다.

> 당신은 상처받은 자를 고쳐주신 것처럼 교만한 자를 겸손하게 만들고자 하셨습니다. 하지만 나는 교만으로 부풀어 올라 당신에게서 떨어져 나왔습니다. 내 얼굴이 부풀어 올라서 눈을 덮어 앞을 볼 수

없게 하는 것과도 같았습니다.(7, 7, 11)[210]

아우구스티누스는 그들이 교만을 통해 마귀를 그들의 중보자로 삼고 마귀에게 현혹되는 징벌을 받고 있는 것이라고 보았다. 그들은 다양한 마술들을 통해 빛의 천사인 척 하는 마귀에게 속아 희생된 것이다. 더욱 중요한 것은, 이러한 인간들이 지닌 동기이다. 마귀는 그들에게 자신이 육체를 지니지 않았다는 점을 이용하여 유혹하고 있다. 바로 이점이 그들의 교만에 들어맞은 셈이다.[211]

『고백록』의 이러한 문장들 모두가 교만에 대한 하나님의 징벌을 말해준다. 하나님을 향한 교만과 배신은 맹목성 이외에 또 다른 영향을 미치기도 한다. 하나님을 반역하는 순간, 인간의 감정은 이성과 의지에 반역하게 된다. 그 결과 불순종의 인간이 되어 자신의 능력대로 감정을 통제하지 못하게 되고 하나님께서 세우신 바른 질서를 어지럽히게 된다.

내가 사물들을 통해 안정을 얻을 수 없는 이유는 인간이란 당신 아래에 존재 하지만 사물들보다는 상위의 존재이기 때문입니다. 내가 당신께 의존해 살고, 당신이 사람 아래에 있도록 창조한 모든 것을 내 아래에 둘 때, 당신은 진정한 기쁨이 되십니다. 나를 구원에 이르게 하는 길이자 올바른 수단은 이런 것입니다. 곧 내 육체를 다스리고 당신을 섬겨 당신의 형상에 합당하게 살아가는 것이 그 길입니다. 하지만 교만하게 당신을 거스르고 목이 곧아져서 이것을 방패삼아 당신께 대들었을 때, 내 아래에 있어야 할 사물들이 나보다 윗자리로 올라가 나를 무겁게 짓누르는 통에, 쉬지도 못하고 숨 돌릴 겨

를도 없었습니다.(7, 7, 11)[212]

인간의 외부에 있는 모든 것과 인간 내부의 모든 기능들은 의지의 통제를 받아야 하며, 의지는 하나님께 복종해야 하는 것이 하나님께서 세우신 질서이지만, 불경건한 습관을 자발적으로 선택한 결과 인간의 의지는 노예화되어 버렸다.[213] 이것은 바른 질서를 왜곡하는 것이다. 의지가 감정을 다스리지 못하게 되면 노예화된 의지는 그 뜻을 실행에 옮길 수 없게 된다. 오히려 노예화된 의지는 탐욕을 즐기게 되고 그 결과 탐욕과 결탁하여 그것들을 끊어버리지도 못하게 된다. 끊어버려야 한다는 것을 안다고 해도 다른 반쪽인 탐욕이 그렇게 하도록 놔두지 않는다. 육체가 의지를 거스르는 일, 의지 안에서의 자기갈등, 이 둘은 인간이 육체적 악덕을 자발적으로 형성시킨 것에 대한 하나님의 징벌인 셈이다.

인격 전체에 나타나는 죄에 대한 징벌을 고찰하면서, 아우구스티누스는 자신이 얼마나 방탕과 혼돈 속에서 자아를 상실했었는지를 깨달았으며, 탐욕과 사랑조차 분별하지 못하는 상태였음을 알게 되었다. 그는 이 상태를 교만과 탐욕에 대한 하나님의 징벌이라고 생각했다.

당신의 진노가 강하게 임했지만, 그것조차도 몰랐습니다. 교만 때문에 내게 주어진 징벌, 죽음에 이르게 하는 쇠사슬 소리를 들었지만, 귀가 어두워졌고 당신을 멀리 떠났습니다. 하지만 당신은 나를 버려두셨습니다. 나는 음탕한 생활 속에 지내며 스스로를 낭비하면서 방황했습니다. 하지만 당신은 침묵하셨습니다.(2, 2, 2) … 나는 하나이신 당신을 떠나 여러 조각으로 흩어져 버렸습니다. 나를 거둬주시고 하나로 모아 주소서. 청년기가 되면서 나는 세상적인 것에 만족하고픈 욕망에 불타올랐고 허망한 여러 가지 사랑을 추구했습니다.(2, 1, 1)[214]

아우구스티누스는 자신이 벌을 받고 있다는 것조차 모를 정도로 맹목적이었다. 이 문구에서, 영혼의 교만이란 맹목성과 불경건 속에 영혼을 타락시키는 근본원인이 된다.

죄라는 개념 자체에 징벌이 내포되어 있다. 인간이 하나님을 거절한 것 자체가 영성의 원천을 박탈당한 것이요, 결과적으로 그 자신의 본성 밖으로 나가 진흙탕에서 뒹굴고 있는 셈이다.[215] 습관화된 죄는 영혼 안에 강렬한 불안을 야기하고 하나님께 돌아가기 전까지 이 불안은 해소되지 않는다.

오, 왜곡된 길! 당신을 떠나면 더 나은 것을 찾을 수 있으리라고 생각했던 교만한 내 영혼이여! 내 영혼은 등으로, 옆으로, 배로 이리저리 누워 보아도 불편하고 고통스러웠습니다. 내 영혼은 당신 안에 서라야 편히 쉴 수 있겠습니다.(6, 16, 26)[216]

영혼의 이러한 불안은 죄에 대한 징벌일 뿐 아니라, 하나님의 긍휼의 효과라고도 할 수 있다. 적어도, 경고를 받게 해준다는 점에서 말이다.

아우구스티누스에게서 죄인이란 하나님에게서 맹목적으로 떠나 비틀거리며 해악을 당하는 존재이다. 그 자신이 이런 방식으로 벌을 받고 있었으며, 회개하고 돌아가면 하나님께서 자신을 긍휼로 맞이해주시리라는 점을 유념하고 있었다.[217] 다른 문구에서, 아우구스티누스는 하나님께서 죄 가운데 있는 자신을 찾고 계시며, 긍휼의 마음으로 노하시며, 불법적인 쾌락에 가장 쓰라린 고통을 섞어 넣어주심으로써 온전한 행복을 추구하는 길에 들어서도록 이끌어 주셨다고 고백한다. 반복적인 표현을 사용하면서, 그는 '쓰디 쓴 곤경'이라는 것이 무엇인지 설명한다. 그는 동거생활의 불법적인 쾌락을 언급하면서 그것이야말로 질투, 의심, 두려움, 그리고 다툼이라는 쓰디 쓴 곤경으로 뒤섞인 것이었다고 말한다.[218]

다른 몇 개의 문구에서도, 아우구스티누스는 하나님의 긍휼이 죄인의 비참함에 영향을 주고 있으며 내면의 지팡이를 사용하여 하나님께로 돌아오도록 이끌어 주신다는 점을 강조한다.

> 이러한 욕망을 쫓아가면서 나는 쓰디 쓴 곤경을 겪었습니다. 하지만 당신의 긍휼은 그 곤경을 통해 강하게 역사하시어 당신 아닌 다른 것에서는 만족을 누리지 못하도록 하셨습니다.(6, 6, 9) … 세상일을 추구할 때 수반되는 좌절감 역시 당신의 긍휼에 속하는 것이지만, 왜 그런 좌절을 느껴야 하는지 그 이유가 알고 싶었습니다. 하지만 내 눈에는 어두움이 드리워져 있었습니다. … 내가 불행해질수록 당신께서 더 가까이 오고 계셨습니다.(6, 16, 26)[219]

아우구스티누스의 경우에서 보듯이, 죄인이 겪는 내면의 비참함은 하나님의 긍휼과 은혜의 수단이 될 수 있음을 잊지 말아야 할 것이다.

1) F. Burkitt, *The Religion of Manichees* (Cambridge University Press, 1925), 17-33, 38-40, 78-82; Pr. Alfaric, *L'evolution intellectuelle de saint Augustine* (Paris, Nourry, 1918), 75-158.

2) 5, 10, 20. 그리고 F. Burkitt, *op. cit.*, 38f를 참고하라.

3) Boyer, *Christianisme et Néo-Platonisme dans la formation de saint Augustine* (Paris, Beauchesne, 1920), 49.

4) 4, 15, 25

5) 4, 15, 25

6) 4, 7, 12

7) 1, 1, 1

8) 4, 2, 3

9) 4, 14, 23. 이 책의 원서에는 E. Gilson, *Introduction à l'ètude de saint Augustin*, 302; Pr. Alfaric, *L'evolution intellectuelle de saint Augustine* (Paris, Nourry, 1918), 73; J. Capello, *Confessionum libri tredecim* (Rome: Marietti, 1948), xix등이 소개되어 있다.

10) 6, 3, 4. 그리고 6, 3, 3도 참고하라.

11) 5, 3, 5

12) 5, 5, 8. 그리고 5, 5, 9도 참고하라.

13) 5, 5, 9

14) 이 책의 2장을 참고하라.

15) 10, 6, 10

16) 6, 11, 18

17) 6, 11, 19

18) 6, 11, 18. 그리고 6, 11, 19도 참고하라.

19) 7, 5, 7. 그리고 6, 11, 18도 참고하라.

20) T. V. Moore, *Personal Mental Hygiene* (New York: Grune and Stratton, 1944), 280; M. Adler, *What Man Has Made of Man* (New York: Green and Co., 1937), 62-63.

21) 영적 무지에 대해서는 이 책의 3장 274~279면을, 진리에 대한 혐오에 대해서는 이 책의 3장 177~178면을 참고하라.

22) Summa Theologica, 1-2, 77, 2, ad 4.

23) 6, 11, 19

24) 6, 11, 20

25) 6, 11, 20

26) 5, 10, 18

27) 7, 3, 4

28) 1, 16, 26

29) 1, 16, 25

30) 8, 7, 17

31) 8, 7, 17

32) 6, 4, 6. 그리고 7, 1-3도 참고하라.

33) 10, 22-23, 32-34.

34) 10, 23, 34

35) 10, 23, 34

36) 10, 23, 34

37) 10, 23, 34

38) 6, 2, 2

39) 이 책의 3장 274~285면을 참고하라.

40) 10, 30, 40

41) Boyer, *Christianisme et Néo-Platonisme dans la de saint Augustion*. 11, 12, 15, 27, 195.

42) 이 책의 3장 170~175면을 참고하라.

43) 2, 2, 2. 그리고 V. Bourke, *Augustine's Quest of Wisdom*, 8-10.

44) 2, 2, 3. 그리고 2, 2, 4; 2, 2, 6-7을 참고하라.

45) 2, 3, 8

46) 2, 3, 8

47) 3, 1, 1

48) 3, 1, 1

49) 3, 1, 1

50) 9, 6, 4

51) 4, 2, 2

52) 3, 1, 1

53) 6, 13, 23

54) 6, 15, 25

55) 6, 12, 21-22

56) 이 책의 2장 127~128면을 참고하라.

57) 6, 12, 21-22
58) 8, 7, 17
59) 각각 다른 장에서 인용했기에 출처는 (역자가) 인용문에 표기했다.
60) 8, 11, 26. 그리고 8, 7, 18도 참고하라.
61) 4, 11, 17
62) 10, 30, 41
63) 10, 30, 41
64) 10, 30, 41
65) 10, 30, 42
66) 10, 30, 42
67) 이 책의 4장 313~324면을 참고하라.
68) 10, 31, 43-44
69) 10, 31, 43-44
70) 10, 31, 45
71) 10, 31, 46
72) 10, 31, 47
73) 10, 34, 51
74) 10, 33, 50. 그리고 10, 33, 49도 참고하라.
75) 9, 6, 14
76) 9, 6, 14
77) 10, 33, 50
78) 10, 34, 51
79) 10, 34, 52
80) 10, 35, 54
81) 10, 35, 55
82) 10, 35, 57
83) 3, 2, 2
84) 3, 2, 3
85) 3, 2, 2
86) 3, 2, 2
87) 3, 2, 3. 그리고 10, 1, 1도 참고하라.
88) 3, 2, 4
89) 이 책의 2장 94~98면을 참고하라.
90) 9, 12, 33
91) 9, 13, 34
92) 이 책의 1장 36~37면을 참고하라.

93) 이 책의 3장 156~158면을 참고하라.
94) 5, 10, 8; 7, 3, 5
95) 7, 4, 6
96) 5, 10, 18; 7, 3, 4-5
97) 8, 10, 23-24
98) 8, 1, 1
99) 8, 1, 1
100) 8, 1, 2; 8, 5, 12
101) 7, 21, 27
102) 8, 5, 10
103) 8, 8, 19
104) 8, 8, 20
105) 8, 8, 20
106) 8, 10, 22
107) 9, 1, 1
108) 9, 1, 1
109) 7, 3, 5
110) Wangnereck, *Confessionum*, 220.
111) 8, 9, 21-22
112) 1, 7, 11-12
113) 8, 5, 10
114) Mausbach, *Die Ethik des heiligen Angustinus*, 2, 199.
115) *De lib. arbit.*, 3, 18, 52
116) Wangnereck, *op. cit.*, 50, n.3
117) 8, 5, 10
118) 8, 5, 11-12; 8, 1, 2
119) 이 책의 3장 166~178면을 참고하라.
120) 이 책의 3장 192~193면을 참고하라.
121) 이 책의 4장 318~319면을 참고하라.
122) 3, 12, 21
123) 4, 3, 4
124) 7, 6, 8-10
125) 이 책의 3장 172~174면을 참고하라.
126) 1, 12, 19
127) 1, 9, 5
128) 1, 13, 21
129) 1, 16, 26

130) 6, 6, 9
131) 1, 18, 28
132) 1, 15, 24
133) 7, 9, 15
134) 3, 4, 8
135) 3, 4, 7-8
136) 7, 20, 26
137) 1, 19, 30
138) 2, 3, 6
139) 2, 3, 7
140) 2, 3, 7
141) 2, 3, 5; 2, 2, 4
142) 이 책의 3장 184면을 참고하라.
143) 2, 3, 8
144) 1, 11, 17
145) 3, 4, 8
146) 7, 7, 11; 7, 4, 6
147) 7, 12, 18
148) *Contra Faust*, 22, 27.
149) 2, 5, 10
150) 7, 16, 22
151) 2, 3, 6
152) Bourke, *Augustine's Quest of Wisdom*, 11.
153) 2, 6, 12
154) 2, 6, 13
155) 2, 6, 14
156) 2, 6, 14
157) 1, 18, 28
158) 각각 다른 장에서 인용했기에 출처는 (역자가) 인용문에 표기했다.
159) 13, 2, 3
160) 10, 46, 66
161) 2, 5, 10; 2, 3, 6
162) 1, 18, 29; 3, 3, 6
163) 2, 5, 11
164) 이 책의 3장 253~254면을 참고하라.
165) 4, 8, 13

166) 9, 4, 10
167) 2, 6, 4
168) 3, 8, 16
169) 이 책의 3장 250~261면을 참고하라.
170) 1, 9, 15
171) 13, 21, 29-30
172) 13, 21, 30
173) 이 책의 4장을 참고하라.
174) 3, 8, 16
175) 3, 8, 16
176) ① 교만(superbia)에 대해서는 이 책의 2장 107~112면, 122면, 3장 251~252면, 263~24면을 참고하라. ② 육체의 정욕에 대해서는 이 책의 3장 163면, 181~207면을 참고하라. ③ 안목의 정욕에 대해서는 이 책의 2장 104면, 3장 199~202면을 참고하라.
177) 7, 21, 27
178) 6, 6, 10
179) 2, 8, 16
180) 6, 6, 9
181) 10, 36, 59
182) 8, 2, 4
183) 8, 2, 5
184) 1, 18, 29
185) 3, 3, 6
186) 9, 9, 20-21
187) 6, 9, 14-15
188) 이 책의 2장 129~130면을 참고하라.
189) 10, 28, 39
190) 10, 30, 42
191) 10, 32, 48. 그리고 10, 37, 60을 참고하라.
192) 10, 38, 63
193) 10, 39, 64
194) 10, 37, 62
195) 6, 8, 13
196) 6, 7, 12

197) 이 책의 3장 172~177면,
     237~247면을 참고하라.
198) 이 책의 2장 99~100면, 3장 178면을
     참고하라.
199) 각각 다른 장에서 인용했기에 출처는
     (역자가) 인용문에 표기했다.
200) 각각 다른 장에서 인용했기에 출처는
     (역자가) 인용문에 표기했다.
201) 1, 12, 19
202) 2, 3, 8
203) 6, 16, 26
204) 5, 8, 14
205) 4, 6, 28-31
206) 3, 5, 9; 12, 16, 23
207) 3, 6, 10; 3, 10, 18

208) 5, 3, 3-5
209) 7, 9, 13
210) 7, 7, 11
211) 10, 42, 67
212) 7, 7, 11
213) 이 책의 3장 192~193면을 참고하라.
214) 각각 다른 장에서 인용했기에 출처는
     (역자가) 인용문에 표기했다.
215) 이 책의 3장 250~251면,
     259~260면을 참고하라.
216) 6, 16, 26
217) 5, 2, 2
218) 2, 2, 4; 3, 1, 1
219) 각각 다른 장에서 인용했기에 출처는
     (역자가) 인용문에 표기했다.

IV

하나님께 나아가게 하는
치유책

아우구스티누스는 하나님께 나아가는 길의 여러 장애요소들과 함께 그 난관들을 극복할 다양한 수단 및 방법들을 제안한다. 이들은 적극적 도움이 되는 것들을 치유책이라는 이름으로 설명할 수 있을 듯싶다. (그중에는 이미 앞에서 다룬 것도 포함된다.)[1] 카리타스, 겸손, 진리에 대한 사랑, 그리고 절제 등이 그것이다. (이들 중 어떤 것은 의지의 분열과 허영심 등의 인간의 연약함에 관한 부분에서 다루었다.)[2] 몇 가지 다른 요소들을 살펴볼 차례이다. 물론 이밖에도 여러 가지 치유책을 말할 수 있다는 점 또한 유념해주기 바란다.

덕의 실천에 필요한 사항들을 다룰 때, 영혼의 다양한 요소들이 상호작용을 이루는 역동성을 지니고 있음을 잊어서는 안 된다. 그 중 어떤 요소 하나를 선택하여 다루는 데는 그것이 아우구스티누스의 영혼을 갱생시키는 데 어떤 의의가 있었는지를 평가해보려는 의도가 깔려있다. 아우구스티누스에게 도움이 되었던 요소들은 다른 사람들에게도 적용되어 그들이 일상에서 덕을 실천할 수 있도록 도와줄 수 있을 것이다. 『고백록』에서 말하는 세 가지 요소, 즉 선한 모범, 성경읽기, 그리고 치유의 은혜들을 살펴보려는 이유가 여기 있다.

① 선한 모범을 본받으라

아우구스티누스에게 영향을 준 것들로 크게 두 가지 선한 모범이 있다. 사막의 수도원에서 찾아 볼 수 있듯이 집단이 보여주는 선한 모범이 그 하나이고, 다른 하나는 개인이 보여주는 선한 모범이다. 그리스도, 모니카, 암브로시우스, 심플리키아누스, 그리고 빅토리누스 등의 예가 그렇다.

그리스도께서 아우구스티누스에게 주신 영향은 모든 모범 중에서 가장 심오한 것이라는 점에서, 이것부터 살펴보는 것이 좋겠다. 아우구스티누스는 그리스도께서 말씀과 행위들을 따르라고 우리에게 강권하시며, 무엇보다도 수치스러운 죽으심과 영화로운 부활하심을 통해 우리에게 말씀하신다는 점을 강조한다. 아우구스티누스는 이것을 겸손이라는 덕의 실천과 보상에 관한 객관적 교훈이라고 보았다. 성 육신하신 그리스도께서 우리에게도 겸손을 요청하고 계신다는 것이다.[3] 이러한 뜻에서, 아우구스티누스는 그리스도인들에게 교회라고 하는 궁창 안에서 빛을 발하는 빛이 되라고 촉구한다.

오, 그대들은 거룩한 빛이요, 아름다운 빛이로다. 세상을 향하여 빛을 비추어라. 그대들은 세상의 빛이기에, 말 아래 숨겨 두어서는 안 된다(마 5:14, 15). 그대들이 굳게 붙들고 있는 그리스도께서 높이 오르시어 그대들까지도 높이 올려놓으셨기 때문이다. 그대들의 빛을 온 세상에 비추어라.(13, 19, 25)[4]

아우구스티누스의 생각을 적용하자면, 신앙인들은 그리스도의 삶을 본받아 그리스도를 닮아가는 자들이 되어 빛을 비추는 자들이 되어야 마땅하다.[5]

아우구스티누스의 회심에서 모니카의 역할은 아무리 강조해도 지나치지 않다. 방황하는 아들을 따라다니면서, 모니카는 어머니의 사랑을 듬뿍 베풀었고 스스로 거룩한 삶의 모범을 보여줌으로써 아들의 어리석음을 질책했다. 모니카는 아들 곁에서 아무 말도 없이 지냈지만, 모니카 자신이 믿고 있는 기독교신앙에서 도망쳐 가는 것을 책망했으며 아우구스티누스의 마음에 장차 회심에 이르는 대로를 열어줄 건전한 혼란을 불러일으켰다.[6]

모니카 다음으로 아우구스티누스에게 영향을 준 인물은 암브로시우스이다. 모니카처럼, 암브로시우스는 다루기에 버거운 아우구스티누스의 마음에 점진적이고도 잘 드러나지 않지만 중요한 영향을 주었다. 밀라노의 주교는 모니카의 아들을 마치 아버지 같은 온화함과 인간적인 이해심으로 대해 주었다. 암브로시우스에게 감화를 받은 아우구스티누스는 그의 설교를 경청했다. 아우구스티누스는 웅변술로 유명인사가 되어있는 설교자에게 호기심을 가졌다. 처음에는 암브로시우스의 언변에만 관심을 가졌지만, 점차 이 위대한 설교자

의 언변에 담겨있는 계시의 진리들을 들이마시기 시작했다.[7]

아우구스티누스가 더디고도 잘 드러나지 않게 교회를 향하고 있었지만, 그 길에 암브로시우스가 미친 영향은 무척이나 지대했다. 암브로시우스의 소박하고도 정결한 삶은 그의 친절함과 어우러져 청년 아우구스티누스를 감화시켰으며, 암브로시우스의 성경주해는 교회에 대한 아우구스티누스의 편견을 해소시켰다. 특히 구약성경에 대한 아우구스티누스의 관점을 새롭게 해주었다. 암브로시우스는 아우구스티누스에게 성경을 문자만으로 해석할 것이 아니라 영적 의미를 따라 해석해야 한다는 점을 깨우쳐 주었다. 요컨대, 밀라노의 주교는 성경에 대한 핵심적인 이해를 가능하게 함으로써 미래의 아우구스티누스를 빚어내고 있었던 셈이다.[8]

심플리키아누스의 덕스러운 삶의 모습 역시 아우구스티누스의 회심에 큰 영향을 주었다. 회심을 주저하고 있던 아우구스티누스가 심플리키아누스를 찾아갔을 때, 그는 빅토리누스의 회심이야기를 통해 아우구스티누스에게 교훈을 주었다. 빅토리누스 이야기는 제대로 효과를 나타냈다. 아우구스티누스는 빅토리누스의 겸손과 용기에 크게 감화를 받아서 빅토리누스처럼 살아야겠다는 열정을 품게 되었다.

심플리키아누스를 방문했습니다. … 그는 그리스도의 겸손을 따르라고 권면하려는 목적으로 자신이 로마에 있을 때 친하게 지냈던 빅토리누스 이야기를 들려주었습니다. … 그가 세례를 받아 거듭나서 그리스도의 젖먹이가 되었고 겸손의 멍에를 목에 매고 십자가의 수치 앞에 엎드리기를 부끄러워하지 않게 되었다는 이야기였습니다.(8, 2, 3) … 당신의 종 심플리키아누스에게서 빅토리누스 이야기를 다 듣고 난 후에, 나도 빅토리누스처럼 되고 싶다는 마음이 불같이 일어났습니다. 아마도 심플리키아누스가 빅토리누스 이야기를 해준 이유도 그것이었을 듯싶습니다.(8, 5, 10)[9]

얼마 지나지 않아서 이 열망은 더욱 강렬해졌다. 안절부절하고 있는 아우구스티누스에게 폰티티아누스는 또 하나의 이야기를 전해준다. 수도원을 하려면 도시 외곽으로 나가라고 지시한 암브로사우스의 명령을 따라 사막으로 나가서 수도원을 만든 안토니우스와 수도사들의 이야기였다. 궁에서 일하던 두 신하의 이야기를 폰티티아누스에게 전해 듣고 점점 더 열망에 타오르던 아우구스티누스에게 이 소식은 그야말로 뉴스였다. 두 신하는 안토니의 삶에 관한 책을 읽고 난 후, 즉시 헛된 삶의 길을 버리고 하나님께 헌신하기로 했다는 것이었다. 그들이 즉각 결단을 내렸다는 말에 크게 자극을 받은 아우구스티누스는 자신이야말로 그들처럼 했어야 할 사람이라며 안타까워했다. 두 신하와 자신을 대비시킨 후에 아우구스티누스는 좋은 의미의 자기혐오, 혼란, 그리고 그들을 뒤따라야 하겠다는 열망에 타올랐다.[10]

유의해야 할 것은, 이들 선한 모범들이 누적되어서 아우구스티누스가 점진적으로 마음에 영향을 주었고 회심을 향하여 나아가도록 내적 번민을 불러 일으켰다는 점이다. 회심 직전, 탐욕이 아우구스티누스를 지금 상태에 머물라고 유혹했지만, 카리타스의 실천으로 변화된 수많은 사람들의 모범을 잊지 않고 있던 아우구스티누스는 절제의 턱을 갈망하면서, 절제를 무수한 남녀노소에 둘러싸여 칭송을 받는 여인으로 의인화하여 묘사한다.[11] 모니카, 암브로시우스, 빅토리누스 등등의 강력한 영향에 더하여 교회에 모인 사람들이 보여준 선한 모범은 회심을 학수고대하던 아우구스티누스에게 강력한 설득력을 발휘했다.

『고백록』에서, 아우구스티누스는 당시의 유명인사 빅토리누스의 회심이 자신에게 영향을 주었을 뿐 아니라, 로마의 하층민들에 관한 이야기에서도 영향을 받았다는 점을 강조한다. 유력한 인물이 보여준 선한 모범은 다른 사람들로 하여금 그 인물을 뒤따르도록 영향을 미친다. 빅토리누스가 이교도의 교훈을 가르쳐 왔던 것을 공개적으로 사과하고 진정한 신앙에의 길을 가겠노라고 공언했던 때를 기억하는 신실한 증인들 사이에 기쁨의 열정이 퍼져나가고 있었던 것이다. 신령한 기쁨을 공유하는 즐거움이 회중 전체에게 퍼져갔고, 서로서로 이러한 덕을 권장하는 분위기가 무르익어갔다.

> 회중들이 더불어 기뻐하는 분위기가 조성되면, 회중에 속한 개인들 또한 더욱 큰 기쁨을 누리게 됩니다. 서로서로 이 기쁨의 불꽃을 붙여주고 더욱 크게 타오르도록 영향을 주기 때문입니다.(8, 4, 9)[12]

말하자면, 회중들이 기쁨을 공유하는 분위기가 확산되면, 서로를 격려하게 되고 개인으로는 버겁게 여겼을 때보다는 좀 더 기쁘고 자원하는 마음으로 신앙생활을 실천할 수 있게 되는 셈이다. 기쁨은 덕을 실천하게 하는 적극적 자극요소로 작용하기 때문이다. 두려움을 공유하는 자들이 악행에 동참했던 친구들을 서로 입단속 시켜야 하는 것과는 정반대로, 기쁨을 공유하는 자들은 덕의 실천을 위한 강력한 심리적 자극을 받게 된다. 이처럼, 우리의 교회생활에서, 기독교신앙을 따라 살아가려는 기쁨의 불꽃을 점화시킬 수 있어야 하겠다. 무엇보다도, 교회의 다음 세대에게 덕스러운 삶을 위한 공동의 열정을 확산시켜야 할 것이다. 현대인들은 너무도 이교도적인 분위기에 둘러싸여있다. 구원의 기쁨을 공유하는 것이야말로 사악한 관습들의 두려움에 노출된 현대인에게 효과적인 해독제가 될 듯싶다. 다음세대에게 문란한 성문화를 따르지 말라고 경고하는 것으로는 충분하지 못하다. 그리스도를 따르는 자로서의 순수함을 실천하면 공동의 기쁨을 누릴 수 있음을 반복하여 각인시켜주는 노력이 필요하리라 생각된다.

2
성경을 읽으라

아우구스티누스의 신앙을 향한 여정에서 독서는 중요한 역할을 했다. 키케로의 『호르텐시우스』를 읽은 후, 아우구스티누스는 진리에 대한 탐구에 열정을 쏟게 되었고, 플로티누스의 『엔네아데스』는 아우구스티누스로 하여금 하나님을 영적 관점에서 볼 수 있도록 그의 생각을 바로잡아 주었을 뿐 아니라, 악이란 결여에 지나지 않는다는 사실을 깨닫게 해주었다.[13] 플로티누스의 저술은 아우구스티누스에게 영적 세계를 보게 해주었으며, 기독교에 대한 깊은 이해와 회심의 길로 이끌어주는 자극제가 되었다.[14] 그러나 『엔네아데스』는 아우구스티누스에게 의지의 회심에 전혀 도움이 되지 않는 우쭐거리는 태도를 심어주는 경향이 있었다. 신앙을 받아들이기로 결단하는 것은 성경을 읽은 후에나 가능했다.[15]

특히 사도 바울의 서신이 아우구스티누스에게 가장 큰 영향을 주었다. 이방인의 사도가 기록한 글을 읽은 후, 아우구스티누스는 자신의 비참함을 깨달았고 하나님의 은혜가 필요하다는 사실 또한 절감하게 되었다. 이를 정점으로 그는 플로티누스의 글을 던져 버렸다. 이전에, 그는 사도 바울의 가르침이 구약성경과는 상반된다고 보았지만, 그 난제들은 이제 모두 해소되었다. 더욱 중요한 것은 은혜에 대한 바울의 가르침이 그의 내면에 파고들었다는 점이다.

사도 중에 지극히 작은 자(고전 15:9)라고 하는 바울의 글을 읽을 때 내 마음에 두렵고 떨리는 마음이 밀려들어왔습니다. 나는 당신께서 하신 일을 묵상하면서 두려워 떨었습니다.(7, 21, 27) … 그 책을 집어 들고 가장 먼저 펼쳐지는 말씀을 읽었습니다. 거기에는 '방탕과 술 취하지 말며 음란과 호색하지 말며 쟁투와 시기하지 말고 오직 주 예수 그리스도로 옷 입고 정욕을 위하여 육신의 일을 도모하지 말라'는 말씀(롬 13:13-14)이 기록되어 있었습니다. 그 이상은 읽고픈 마음도 들지 않았고, 더 읽을 필요가 없었습니다.(8, 12, 29)[16]

사도바울에 대한 묵상적 연구를 통해 아우구스티누스는 마음과 의지의 회심에 한 걸음 다가섰다. 보이어가 이 회심을 '심령으로부터의 회심'이라고 부른 것은 참으로 적절한 해석이라 생각된다.[17]

성경읽기의 중요성 이외에, 아우구스티누스는 성경의 실제적인 도덕적 내용들을 설명하고 성경해석에 사용될 수 있는 덕목들에 대해 권면한다. 그에 따르면, 성경은 겸손하신 그리스도에 대해 알려준다. 아우구스티누스가 보기에, 성경만큼 교만을 문제시하는 책은 없다. 성경은 우리에게 겸손히 하나님을 섬기라고 말한다. 특히, 다윗의 시편에는 단순함과 겸손함이 묻어난다.

나의 하나님, 교만하지 않은 다윗의 시편, 그 신앙의 찬양, 그 경건의 노래를 읽고 당신께 부르짖은 것이 무엇이었습니까? … 그 시편을 읽은 후 내 마음이 얼마나 당신을 향해 타올랐습니까? 할 수만 있다면, 그 시편을 세상에 큰 소리로 낭독하여 인간의 교만을 없애버리고 싶었습니다.(13, 15, 17)[18]

아우구스티누스는 성경의 그 어느 책도 헛되게 기록되지 않았다고 말한다. 드러나지 않은 것까지도 우리를 교훈하는 방편이 될 수 있다. 이러한 이유로, 아우구스티누스는 자신의 마음이 더 깊은 뜻을 깨달을 수 있도록 해 주시기를 기도한다. 그는 모든 성경을 통해 그리스도에 대한 좀 더 완전한 지식을 얻을 수 있기를 추구한다.[19]

성경을 읽되 개인의 유익을 위해서만 읽을 것이 아니라, 다른 이들에게 도움을 줄 수 있도록 읽어야 한다. 성경해석이란 무척이나 어려운 것이기 때문에 성경을 연구하기 전에 반드시 기도해야 한다. 하나님께서 성경 안에서 빛을 비추어 유익한 것을 찾아내고 자기주장을 내세우거나 심각한 토론거리를 찾으려 하지 않도록 이끌어주시도록 말이다. 또한 성경에 대한 모든 토론에는 형제애가 스며들게 해야 한다. 아울러, 성경은 남의 말꼬리를 잡고 늘어지는 논쟁거리를 제공하는 것이 아니라, 카리타스를 위해 기록된 것이라는 점에 잊지 말아야 할 것이다.

여러 논쟁들을 들은 후에 생각해 보았습니다. 그 논쟁들을 두고 논쟁하고 싶지는 않습니다. 그러한 논쟁은 누구에게도 유익을 주지 못할 뿐 아니라 논쟁을 듣는 자들을 망하게 만들기 때문입니다(딤후 성경의 특정한 구절에 대한 해석에서 자기소견을 고집하는 것은 어리석고도 경솔한 짓이다. 이러한 태도는 교만에서 나온다. 예를 들어, 무척이나 어려운 창세기 주해 과정에서 혹자는 자신들이 본문에서 찾아낸 것들만이 모세의 주장이라고 말하는 경우도 있었다. 실제로 그들은 모세의 주장을 존중한 것이 아니라 자신의 주장을 내세운 것으로서, 이는 진리에 대한 사랑에서가 아니라 자신들의 주장을 관철시키기 위한 의도에서 나온 것에 지나지 않는다. 그렇지 않다면, 그들은 다른 이들의 생각에도 진리가 담겨 있다는 생각으로 기꺼이 수용해야만 했을 것이다. 진리는 극단적인 방식으로 개인에게 속하는 것이 아니다. 진리를 사랑하는 모두에게 공유되어야 한다. 자신들의 극단적인 주장을 내세우는 자들은 하나님의 공의로운 심판을 받게 될 것이다. 이러한 자들은 가장 치명적인 오류와 죄에 빠져들게 될 것이다.[21]

더구나, 창세기 자체가 무척이나 풍요로운 해석의 대상이기에 그중 특정한 어느 것을 모세의 주장이라고 내세우는 것은 신중하지 못한 처사일 것이다. 이러한 뜻에서, 아우구스티누스는 성경해석에서 따라야 할 실천적 지침을 제시한다. 성경은 무척이나 깊고 풍요로운 의미를 지니고 있기 때문에 성경을 읽으면서 복합적인 의미들을 찾아낼 수 있고 또한 그렇게 해야만 한다. 성경의 단어들로부터 캐낼 수 있는 진리들이 그 단어들 안에 숨겨져 있기 때문이다.

오, 나의 하나님, 모세가 당신께로부터 재능을 받지 못했다고 성급하게 말하고 싶지는 않습니다. 이 말씀을 기록할 때, 모세는 우리가 그 말씀 안에서 찾아낼 수 있는 진리, 찾아낼 수 없는 진리, 또는 아직 찾아내지 못했지만 언젠가는 찾아낼 수 있는 진리 모두를 알고 있었을 것 같습니다.(12, 31, 42)[22]

심각한 논쟁거리를 만나면, 성경이 원래 말하고자 하는 것 즉 카리타스를 증진시키려는 목적에서 기록되었음을 잊지 말아야 한다. 말하자면, 진리는 카리타스와 일치한다는 점을 기억해야 할 것이다.

모두들 형제애를 실천하라. 또한 하나의 전체단위를 이루는 우리들 모두는 진리의 원천이신 하나님을 사랑해야 한다. 성경을 읽는 자로 하여금 다른 사람들을 이겨먹으려고 자기주장을 고집하지 못하게 하라. 성경기록자들은 영감을 받아 기록했으며 모든 의미들이 빛과 진리 모두를 증진시키려는 의도에서, 우리들이 그들의 삶을 따라주기를 바라는 마음으로 기록되었다. 우리는 카리타스의 정신을 가지고 믿음에 일치하도록 해석해야 하며 그러한 유익을 추구해야 한다.[23]

아우구스티누스는 자신이 성경문구를 이해할 수 없을 때마다 그 문구가 무의미하다고 단언하지 않았으며 그 대신 자기 자신보다 성경에 대한 해석에 더 나은 기술을 가지고 있을법한 다른 사람의 의견을 구했다고 말한다. 성경을 읽는 자에게 겸손이 필요하다는 점을 보여준 셈이다.

이 절에 담긴 당신의 뜻을 이해할 수 없다면, 나보다 더 지혜로운 자들로 하여금 당신께서 그들에게 주신 이해력을 따라 말씀을 더 잘 해석할 수 있도록 이끌어 주소서.(13, 24, 36)[24]

시편에 대한 성찰에서 아우구스티누스는 자신의 일상적인 삶의 문제에 대한 건전한 해법을 찾아 적용하면서 성경을 자신의 삶에 적용하는 방법을 보여주고 있다.

분을 내어도 죄를 짓지 말라(시 4:4 ; 엡 4:26)는 절을 읽었습니다. 오, 나의 하나님, 이 말씀이 내게 큰 감동이 되었습니다. 앞으로는 죄를 짓지 않기 위해 지난날 죄를 지은 나 자신에게 분을 내야 한다는 것을 알게 되었습니다. 나 자신에게 분을 내는 것이 옳다고 하는 이유는 내가 죄를 지은 것이 마니교의 주장처럼 어둠에 속한 본성 때문이 아니라 나 자신이기 때문입니다. 그들은 스스로에게 분을 내지 않았기 때문에 진노하시는 날, 곧 하나님의 공의로운 심판 때에 나타날 진노를 쌓고 있는 것이라 하겠습니다.(롬 2:5)(9, 4, 9-11)[25]

아우구스티누스가 성경에 담긴 도덕적 가치들을 찾아낸 것도 이러한 방식이었다. 덧붙일 필요도 없이, 이 원칙은 아우구스티누스가 그랬던 것처럼 성경을 삶에 적용하고자 하는 모든 자들에게 동등하게 적용될 수 있는 것임에 틀림없다.

그러나 성경연구에서 개인은 반드시 교회의 지도를 받아야 한다. 그 필요성은 아우구스티누스의 삶에서 분명하게 입증되었다. 암브로시우스를 만나기 전, 자신의 영특함에도 아우구스티누스는 성경을 문자적으로만 읽었기 때문에 성경을 거스르는 결과를 낳고 말았다.

암브로시우스의 권위 있는 지도를 받아 성경을 읽게 되면서, 아우구스티누스는 구약성경에 나타난 많은 사건들의 상징적 특성을 깨달을 수 있었으며 그의 마음이 열려 성경의 더욱 심오한 영적 의미들을 찾고자 노력하게 되었다. 제아무리 지성적인 사람이라 해도, 성경에 대한 바른 해석을 위해서는 교회의 도움을 받아야 한다는 뜻이다.

암브로시우스가 회중에게 하는 설교에서 '의문은 죽이는 것이요 영은 살리는 것임이니라'(고후 3:6)는 성경말씀을 성경해석의 규범이라고 강하게 권한 것을 기꺼운 마음으로 들을 수 있었습니다. 그는 문자대로만 읽으면 뜻이 통하지 않는 것처럼 보이는 말씀의 참뜻을 신비하게도 영적 해석으로 보여주었습니다.(6, 4, 6)[26]

결론적으로, 아우구스티누스는 성경의 탁월한 권위를 하늘의 궁창에 비유하면서 성경의 참 뜻이 우리를 인도해주는 빛처럼 발산되고 있다고 보았으며 성경저자들이 진정한 하나님의 음성을 기록한 것이라고 말한다.[27]

③
은혜로 치유받으라

『고백록』에서 아우구스티누스는 하나님의 은혜가 죄에 유린된 영혼을 치유하고 영혼의 평화와 질서를 회복시킨다고 말한다. 2권에서 그는 하나님의 은혜만이 자신을 죄의 진흙탕에서 건져낼 수 있다고 말하면서 영혼의 의사이신 하나님께서 『고백록』을 읽는 독자들을 자신과 유사한 도덕적 질병으로부터 지켜주실 것이라고 한다. 다만, 그는 독자들에게 자신들의 무지함을 하나님께서 도와주시지 않은 것이라고 탓하지 말라고 한다.

스스로의 연약함을 아는 사람이라면 감히 자신의 순수함과 죄 없음이 스스로의 능력에서 오는 것이라고 말 할 수 있겠습니까? 회심하여 돌아오는 자를 용서하시는 당신의 긍휼이 덜 필요하다는 이유로 당신을 덜 사랑해도 될 사람이 과연 누구입니까? 당신 앞에 서게 될 때, 내가 이 책에 기억하여 고백하는 내용들을 읽은 후 자신만큼은 당신의 음성에 순종하여 그런 죄를 짓지 않았으리라고 장담할 사람이 있다면, 그 사람으로 하여금 나를 비웃지 말게 하소서. 나는 병든 자였지만, 의사이신 당신께서 치유해주신 자이며, 나를 비웃는 그 사람을 병들지 않게 하신 것도 당신께서 치유해주셨기 때문입니다.(2, 7, 5)[28]

다른 곳에서도 아우구스티누스는 하나님의 은혜의 치유를 언급하면서 치유하시는 은혜라는 표현이 하나님의 초자연적 도우심의 전 과정을 뜻하는 것이라고 말한다. 자신의 영적 맹목성과 육체적 정욕을 극복하게 하시며 그리스도인이 되게 하시고 악한 습관에 내재된 고질적 경향성에도 덕스럽게 살아가도록 인도하시는 모든 과정이 은혜의 도우심에 의한 것이라는 생각이다. 2권에서 도덕적 삶에 은혜가 필요하다고 말하면서 하나님의 은혜를 습관적인 죄에 대한 치유책이라고 설명하는 것만 보아도 충분할 듯싶다.[29]

아우구스티누스는 자신이 얼마나 교만으로 부풀려져 있었는지 그의 얼굴이 부어올라 눈을 덮어서 앞이 보이지 않을 정도였다고 말한 후, 하나님 은혜가 잘못을 바로잡아 균형을 맞추는 과정을 두 가지 특징으로 묘사한다. 하나님은 영혼 안에 쉼 없는 상태를 조성하심으로써 아우구스티누스에게 창조주를 찾도록 이끌어가셨다.

영적인 지팡이로 나를 인도하시어 내 영혼의 눈이 당신을 확실하게 볼 때까지 쉼을 얻지 못하게 하셨습니다.(7, 8, 12)[30]

여기에서 말하는 영혼의 영적인 지팡이는 눈을 치유하는 안약과도 같다. 이로 인해 교만의 붓기가 조금씩 빠지기 시작했고 마침내 영의 눈이 치유되었다.

치유하시는 당신의 손이 닿자, 상처의 부기가 빠지고 어두워진 영혼의 눈은 아픈 과정이기는 해도, 치유하시는 안약 덕택으로 나날이 회복되어갔습니다.(7, 8, 12)[31]

하나님의 은혜는 내면의 쉬지 못함과 혼란을 통해 점진적으로 역사하고 계셨다. 다른 문단에서, 아우구스티누스는 하나님의 은혜를 갈증에 목말라 하며 돌아오는 죄인들을 위한 샘에 비유하기도 한다.

당신의 샘물을 마시고 싶은 갈증에 당신께로 돌아갑니다. 아무도 나를 방해하지 못하게 하소서. 그 샘물을 마시면 살아날 것 같습니다.(12, 10, 10)[32]

그는 이제 더 이상 하나님과 분리되어 살아가기를 원치 않았다. 하나님 안에서 살고픈 욕구를 가지게 되었기 때문이다.

내가 내 생명의 주인노릇하지 않게 하소서. 지금까지 병들어 있었습니다. 내가 내 생명의 주인이 되려는 것은 죽는 것이며, 당신 안에 살아야만 회복될 수 있습니다.(12, 10, 10)[33]

하나님은 우리들 자신보다도 우리를 더 잘 아시며 우리 곁에 임재해 계신다. 우리가 진정으로 살고자 한다면, 하나님께 의존하여 살아야 한다.

당신은 나의 깊은 곳보다 더 깊은 곳에 계시며, 내가 올라갈 수 있는 곳보다 더 높은 곳에 계셨습니다.(3, 6, 11) … 내 생명의 생명이신 주님(7, 1, 2) … 하나님, 당신은 생명을 주시는 생명의 생명이십니다.(10, 6, 10)**34**

또한 아우구스티누스에 따르면, 하나님은 우리 영혼의 빛이시며 음식이시며 영혼을 소생시키시는 능력이 되신다.

오, 하나님, 당신은 내 마음의 빛이시며 내 영혼의 음식이시며 내 마음과 내 생각의 심연을 이어주는 힘이십니다.(1, 13, 21)**35**

이처럼 아우구스티누스가 하나님의 은혜를 음식에 비유하는 대목은 『고백록』의 다른 문단에서도 볼 수 있다.

나는 강하게 하며 성장하게 하는 음식이다. 너는 성장하여 나를 먹으라. 네가 먹은 음식을 네 몸으로 변화시키듯 나를 너의 몸으로 변화시키지 말라. 오히려 너 자신을 나와 같이 되도록 변화시켜라.(7, 10, 16)**36**

말하자면, 머뭇거리고 있는 아우구스티누스에게 하나님께서 자양분이 되어 주신 것이다. 이 문단에서, 아우구스티누스는 육체의 자양분을 영적 자양분에 비유했다. 육체적으로, 인간은 생물학적 동화작용에 의해 음식을 체내에 흡수한다. 영적으로, 하나님의 은혜라는 음식은 우리 영혼을 하나님께로 이끌어간다. 다시 말해, 인간은 하나님을 영적 자양분으로 삼아 하나님의 것으로 변화되어 간다. 아우구스티누스는 죄인인 자신에게 주시는 하나님의 은혜를 무척이나 다양한 형태로 묘사한다. 그는 하나님 은혜의 권능을 확신하고 있었다. 하나님께서 치유하시기로 작정하신다면, 죄인의 모든 상처 즉 그의 기억과 상상 안에 여전히 남아있는 모든 습관들의 심리적인 영향들까지도 치유하실 수 있다고 믿었다.[37]

은혜의 권능은 인간으로 하여금 하나님의 손을 굳게 붙잡을 수 있게 한다. 회심 직전의 아우구스티누스가 그랬던 것처럼 말이다. (앞에서 말했듯이),[38] 정욕의 쾌락을 상실해버리면 아무것도 할 수 없으리라는 두려움 때문에, 아우구스티누스는 세상을 버리고 하나님께 나아가는 길에서 뒷걸음질 쳤지만, 의인화된 '절제'의 환상을 본 후, 다른 사람들이 성적 절제를 실천할 수 있게 된 것은 그들 자신의 능력만으로 가능한 것이 아니라 은혜에 의해 가능했다는 사실을 깨닫는다. 우리가 혹시 과거의 악에 다시 떨어지지나 않을까를 두려워하는 자들에게 길을 안내하고 있다면, 하나님의 은혜를 굳게 믿으라고 촉구해야 할 것이다. 죄의 습관에 얽매인 많은 사람들은 습관의 반복적이고도 반항적인 경향성 때문에 반복적으로 유혹에 굴복하게 마련이다. 자신의 의지가 그 유혹들에 맞설 수 없다고 절망적으로 생각하는 것이 그 원인일 수 있다. 실제로, 그리스도인들조차도 자신들의 옛날 죄의 병이 재발하는 것은 아닐까 싶은 두려움을 가지고 있다가 슬그머니 과거의 유혹거리에 넘어가기도 한다. '절제'의 화신이 아우구스티누스에게 했던 말처럼, 치유책을 찾아야만 한다.

너 자신을 하나님께 맡기기를 두려워하지 말라. 하나님은 네가 다시 타락의 길에 빠지지 않도록 해주실 것이다.(8, 11, 27)[39]

의지의 분열 문제를 다루는 부분에서, 우리는 이러한 의지의 갈등이 죄로부터 벗어나게 하는 능력을 무력화시킨다는 점, 그리고 영혼이 개선되기 위해서는 의지의 통합 혹은 목적의 단일화가 꼭 필요하다는 점을 볼 수 있었다. 의지의 통합은 아우구스티누스와 모니카 모두의 경우에서 볼 수 있듯이 하나님 은혜를 힘입을 때 비로소 가능해진다. 모니카는 아우구스티누스가 덕을 지속적으로 실천할 수 있도록 도와주시기를 기도했다.[40] 아우구스티누스의 경우, 하나님의 은혜를 힘입어야만 정욕을 극복할 수 있다는 사실을 깨달았을 때 비로소 그 습관들을 극복해낼 수 있었다.[41] 사도 바울의 경우에서처럼, 그는 그리스도의 은혜 안에서 육체적 습관들이 지닌 폭력을 치유할 효과적인 해법을 찾을 수 있었다.

> 오호라 나는 곤고한 사람이로다. 이 사망의 몸에서 누가 나를 건져내랴. 우리 주 예수 그리스도로 말미암은 하나님의 은혜로다.(롬 7:24-25)(8, 5, 12)[42]

아우구스티누스 역시 자신의 정욕의 습관을 이겨낼 수 있게 하시는 은혜를 수시로 기도했다.

> 당신께서 명하시는 것을 행하게 하시고 당신께서 원하시는 것을 명하여 주소서.(10, 29, 40)[43]

이 부분은 그리스도인들이 악덕에 희생된 자들을 인도해내는 과정에서 강조해야 할 대목이기도 하다. 우리는 하나님의 은혜를 간구

해야만 한다. 최소한의 은혜만으로도 정욕의 강력한 충동을 극복해 낼 수 있기 때문이다.[44]

의지에 관해서 생각하면서, 우리는 아우구스티누스의 회심을 방해했던 그 모든 요소들로부터 우리의 의지가 자유로워질 수 있도록 노력해야 할 것이다. 쾌락의 자기합리화, 두려움, 죄짓기 쉬운 정황들을 벗어나지 못하고 머뭇거리는 일들 모두가 의지를 분열시키고 만다. 강한 의지를 갖는 자는 죄의 쾌락으로부터 벗어나게 하는 적극적 가치와 동기를 하나로 통합시켜 영혼의 유일한 목적이신 그리스도를 그 중심에 모시게 된다. 우리는 그리스도의 마음을 옷 입을 수 있기를 노력해야만 한다. 죄짓기 쉬운 정황들을 회피하는 것만으로는 충분하지 못하다. 영혼의 적극적인 갱신을 통해 더욱 강화되어야 할 것이다.

> 믿는 자들은 다음과 같은 권면을 듣게 됩니다. '무질서한 교만의 야만성과 사치스러운 게으름과 거짓 지식을 멀리하여 너희 안에 있는 야수를 길들이고 가축을 다스리며 뱀의 독기를 빼내라.'(13, 21, 30) … 우리는 탐욕 속에서 죄악을 행하고 죽은 자였지만 선한 삶을 통해 살아있는 영혼이 되어, 사도를 통해 주신 말씀, '너희는 이 세상을 본받지 말라'는 말씀이 우리 안에 구현되어야, '오직 마음을 새롭게 하여 변화를 받아'라는 말씀 또한 이루어질 수 있습니다.(13, 21, 32)[45]

우리에게 격려가 되는 것은 이러한 적극적인 영적 갱신이 점진적인 과정이었다는 점이다. 아우구스티누스가 신앙을 향하여 느릿느릿 다가섰던 것처럼 말이다. 하나님의 은혜는 다양한 도구들, 즉 지옥에 대한 두려움과 양심의 죄책감, 내적 혼란과 슬픔, 암브로시우스의 인간미 넘치는 다정함과 신앙의 어머니다운 모니카의 정성, 선한 모범을 보여준 회중들, 키케로와 플로티누스 독서 및 무엇보다도 성경읽기 등을 통해 정원에서 일어날 아우구스티누스의 극적인 결단의 순간을 예비하고 있었다. (하나님 은혜의 점진적 특성에 대해서는 이미 살펴보았으므로),**46** 여기에서는 아우구스티누스의 회심 직전의 몇 가지 사건들을 언급하는 것으로 충분해 보인다. 이 시기에, 그의 육체는 방해거리가 되었고 그의 의지는 결단을 유예하고 있었다. 하지만 그는 은혜를 힘입어 자신의 과거의 삶을 향해 뒷걸음질 치며 밀려나지 않게 되었다.**47**

'절제'의 화신을 본 후, 얼마 지나지 않아 아우구스티누스는 내적 갈등이 고조되어 자신이 도덕적 개선이 필요한 고통스러운 자기애에 빠져있음을 깨닫게 되었다.

여전히 그 허황된 소리를 희미하게 들으며 머뭇거리고 있었습니다. 그녀는 다시 내게 이렇게 말하는 것처럼 보였습니다. '불결한 너의 지체가 말하는 소리에 귀를 기울이지 말라. 네 몸의 지체를 쳐서 복종시켜라. 그 지체들이 너에게 속삭이는 쾌락은 네 주 하나님의 법에 어긋난 것들이다.' 마음속에서는 스스로를 대상으로 벌이는 논쟁이 계속되고 있었습니다.(8, 11, 27)**48**

자신의 비참함에 대한 분명한 깨달음과 하나님의 은혜에의 의존 필요성을 인식한 아우구스티누스는 회심의 은혜를 간구한다.

당신께 부르짖었습니다. '오, 주여, 어느 때까지입니까? 오, 주여,

어느 때까지입니까? 영원히 분노하시려 하십니까? 내 이전의 죄악을 기억하지 마소서.' 나는 그 죄악에 여전히 묶여 있는 것 같았습니다. 그래서 간절히 당신에게 부르짖었습니다. '언제까지입니까? 언제까지입니까? 내일입니까? 내일입니까? 왜 지금은 아닙니까? 왜 지금 당장 내 불결함이 끝나지 않는 것입니까?'(8, 12, 28)[49]

하나님께서 이 기도를 들으셨다. 그 즉시 아우구스티누스는 신비한 음성을 들었고 그에게 들려진 경고의 말씀을 따라 어머니가 믿고 있는 신앙을 마음으로 받아들이기로 결심한다. 그때 이후로 모든 의심이 사라지고 마음에 평화가 찾아왔다.[50]

『고백록』을 통해, 우리는 악한 습관들로 괴로워하는 자들을 위한 개선 프로그램을 재고해 볼 필요가 있다. 우리는 그들에게 덕과 악덕의 원인들에 대한 추상적인 설명을 줄 수 있을 뿐 아니라, 아우구스티누스의 삶에 나타난 사건들을 통해 구체적인 예를 말해줄 수 있을 듯싶다. 혹은 다른 이들이 덕을 통해 악덕을 이겨낸 사례들을 말해주는 것도 좋겠다. 『고백록』에 나타난 하나님은 사랑하시는 아버지이시다. 하나님은 죄지은 그의 자녀들을 가장 신비한 방법으로 은혜의 자리로 돌아오도록 역사하시는 분이시다. 우리 영혼이 지성과 의지를 비롯하여 여러 표현기능들을 사용할 수 있는 것처럼, 하나님의 은혜는 믿음, 소망, 사랑, 겸손, 그리고 절제를 비롯하여 초자연적 삶으로 인도해주는 덕목들을 사용하신다.[51]

이들 덕목들 즉 선한 모범의 영감을 주시고 성경을 깊이 묵상하게 하시며 기도하는 습관을 통해 하나님의 은혜를 힘입게 하시는 모든 방법들을 통해 우리는 그리스도의 마음을 옷 입을 수 있게 된다. 또한 그리스도를 본받고 아우구스티누스의 뒤를 따르고자 하는 자들은 이러한 적극적 방편들을 통해 자신의 악한 습관들을 무력화시킬 수 있을 것이다. 죄에 대한 소극적 치유책들을 무시해서는 안 되겠지만, 이러한 적극적 방편들이 더 큰 영향을 줄 수 있을 듯싶다. 우리는 하나님을 위한 삶의 매력에 더 크게 이끌리어 죄가 주는 매력을 거스르며 살고자 하는 자들이어야 하기 때문이다.

당신의 샘물을 마시고 싶은 갈증에 당신께로 돌아갑니다. 아무도 나를 방해하지 못하게 하소서. 그 샘물을 마시면 살아날 것 같습니다. 내가 내 생명의 주인노릇하지 않게 하소서. 지금까지 병들어 있었습니다. 내가 내 생명의 주인이 되려는 것은 죽는 것이며, 당신 안에 살아야만 회복될 수 있습니다.(12, 10, 10)[52]

1) 이 책의 2장을 참고하라.
2) 이 책의 3장을 참고하라.
3) 이 책의 2장을 참고하라.
4) 13, 19, 25
5) 13, 21, 30
6) 모니카의 덕에 관해서는 다음 문구에서 볼 수 있다. 3, 11-12, 19-21; 5, 7, 13; 5, 9, 16; 9, 9-11, 19-28
7) 5, 13, 23; 5, 14, 24
8) Boyer, *Christianisme et Néo-Platonisme*, 52.
9) 각각 다른곳에서 인용했기에 출처는 (역자가) 인용문에 표기했다.
10) 8, 6, 14-15
11) 이 책의 2장을 참고하라.
12) 8, 4, 9
13) 이 책의 3장을 참고하라.
14) Switalski, 69-73.
15) 이 책의 2장과 3장을 참고하라.
16) 각각 다른곳에서 인용했기에 출처는 (역자가) 인용문에 표기했다.
17) 8, 6, 14
18) 13, 15, 17. 또한 4, 12, 19도 참고하라.
19) 11, 2, 3. 또한 11, 2, 4도 참고하라.
20) 12, 18, 27. 또한 11, 2, 3도 참고하라.
21) 12, 25, 34; 12, 27, 37
22) 12, 31, 42. 또한 12, 25, 35를 참고하라.
23) 12, 30, 41
24) 13, 24, 36
25) 9, 4, 9-11
26) 6, 4, 6

27) 13, 15, 16; 13, 29, 44
28) 2, 7, 5. 또한 4, 5, 11도 참고하라.
29) 이 책의 2장을 참고하라. 또한 E. Gilson, *Intriduction á lètude de saint Augustin*, 185.
30) 7, 8, 12
31) 7, 8, 12
32) 12, 10, 10
33) 12, 10, 10
34) 각각 다른 곳에서 인용했기에 출처는 (역자가) 인용문에 표기했다.
35) 1, 13, 21
36) 7, 10, 16
37) 이 책의 3장을 참고하라.
38) 이 책의 2장을 참고하라.
39) 8, 11, 27
40) 이 책의 3장을 참고하라.
41) 이 책의 2장을 참고하라.
42) 8, 5, 12
43) 10, 29, 40. 이 표현은 10, 31, 45; 10, 37, 60에서도 볼 수 있다.
44) *Summa Theologica*, 3, 62, 6.
45) 각각 다른 곳에서 인용했기에 출처는 (역자가) 인용문에 표기했다.
46) 이 책의 2장을 참고하라.
47) 8, 11, 25
48) 8, 11, 27
49) 8, 12, 28
50) 8, 12, 28-29
51) 이 책의 2장을 참고하라.
52) 12, 10, 10

V

고백록, 윤리를 말하다

『고백록』의 윤리는 일상적 삶의 구체적 정황들과 밀접하게 연관되어 있다. 모두가 행복을 원한다. 욕구를 만족시켜줄 대상을 추구하고 있는 셈이다. 하나님은 진리 그 자체이시다. 하나님의 진리를 소유한 자들은 기쁨을 누리게 될 것이다. 하나님은 선 그 자체이시다. 인간이 자신의 중력이라 할 의지를 그분에게 향할 때, 만족을 얻을 수 있다. 하나님은 아름다움 그 자체이시다. 인간이 그분을 향할 때, 인간의 연약한 이해력을 넘어서는 방식으로 인간 영혼의 모든 능력이 그 아름다움에 도취될 것이다. 감각적 대상들 모두는 그것들을 소유하는 순간, 허상에 불과하다는 것을 깨닫게 만들지만, 하나님의 아름다우심은 불변하시며 이 땅의 모든 욕망들을 압도하는 참 기쁨을 주신다.

하나님께로 나아가는 길은 무엇인가? 하나님은 인간에게 율법과 양심을 주셨다. 인간이 자신의 약점에 대한 건전한 통찰을 터득하지 못한 단계에 있다고 해도, 그에게는 이미 자연법의 기본원리들이 주어져 있다. 진정한 자기지식은 하나님의 은혜를 통해 터득된다. 이 은혜를 얻기 위해 기도해야 할 것이다. 하나님의 은혜를 거절하면, 인간의 자기지식은 성숙할 수 없다. 교만과 무질서한 욕정이 인간의 지성을 맹목적이게 만들어 버리고 인간의 감정들을 무디게 만들어 버리고 만다.

인간을 궁극목적에 이르게 하는 덕목들 중에서, 『고백록』은 독특한 세 가지 기독교적 덕목들을 강조한다. 카리타스, 겸손, 그리고 성령의 도우심이 그것이다. 인간은 피조물에 드러난 하나님의 선하심을 사랑할 능력을 가지고 있다. 특히 우정에 관심이 많은 사람들이라면 반드시 유의할 것이 있다. 인간의 우정이 진정으로 바른 것이 되고자 한다면, 진정한 사랑의 능력이 있어야 한다. 아우구스티누스의 쓰라린 경험에서 볼 수 있듯이, 우정 또한 하나님 안에 있는 것이어야 한다. 그렇지 못하면 진정한 행복에 이를 수 없으며, 사랑의 대상이던 친구와 결별하는 순간 쓰라린 상실감을 경험하게 될 것이다. 여기에서 우리는 몇 가지 중요한 윤리적 교훈들을 얻을 수 있다. ① 하나님께서 친구들 사이를 이어주시지 않는다면, 진정한 우정이 성립될 수 없다. ② 친구 역시 죽을 수밖에 없는 존재라는 사실을 깨닫지 못하면, 친구에 대한 사랑이 마침내 영혼을 노예화하게 되고 그 결과 영혼이 산산이 조각나는 비참함을 겪게 될 것이다. ③ 우정이 진정한 것이 되려면, 인간에 대한 사랑을 하나님을 향한 사랑에 통합시켜야 한다. 인간의 우정을 하나님과 적대적인 것으로 만들지 말아야 한다는 뜻이다. 우정에서 드러나는 아름다움은 그 무엇이라도 하나님의 선물임을 깨달아야 한다. 친구와의 우정이 좋다면, 그에게 하나님을 사랑하는 자가 되라고 열심히 권해야 하는 이유가 여기 있다.

우정의 예를 들어 설명한 이웃에 대한 관계에 있어서만 아니라, 물질적 피조물의 사용에 있어서도, 인간은 카리타스의 덕을 실천해야 한다. 물질적 부와 아름다움은 하나님을 영화롭게 하는 기회가 될 수 있다. 물질적 피조물들에 집착하지 않는 한에서 말이다. 피조물을 그 적절한 한계 내에서 사용하는 사랑으로 대해야 하건만, 너무도 자주, 탐욕은 그 범위를 벗어나게 한다. 탐욕에는 타락이 따르기 마련이다. 그 무질서한 획득욕구를 제어하기 위해서는 물질적인 것들을 필요에 의해서만 사용해야 할 것이다. 물질적인 것들에 마음을 빼앗겨서는 안 된다는 뜻이다.

카리타스의 기초는 겸손이다. 우리는 예수 그리스도에게서 겸손의 가장 탁월한 예를 볼 수 있다. 그리스도께서는 인간을 가르치시기 위해 인간이 되셨으며 그리스도를 닮아가도록 우리를 격려해주신다. 그리스도를 닮아가는 것은 겸손의 적극적 측면이라 할 수 있다. 자신의 비참함을 깨닫는 데 그치지 않고, 은혜로 모든 죄인을 치유하시는 중보자에 대한 완전한 신뢰에 이르게 한다. 이것은 지적 정직성과 동의어이다. 개인의 부족함을 신실하게 인정하는 것을 뜻한다. 겸손은 우리를 진리에로 이끌어주며 진리는 우리를 겸손에로 이끌어준다. 윤리적 관심에서 해석하자면, 겸손이란 진리를 실천하려는 의지를 가진 유순함이다. 그는 자신에게 주어지는 질책들을 수용하며 미심쩍은 부분들에 대해 기꺼이 진리의 충고를 들으려 하는 자이다. 겸손의 덕에서 흘러나오는 유순함은 비록 자신의 뜻과 다르다고 해도 하나님의 뜻을 따르려는 마음가짐으로 이어진다.

카리타스와 겸손 이외에, 절제가 있다. 이는 하나님의 은혜에 의해 가능한 덕으로서, 엄밀하게 말하자면 초자연적인 덕이다. 절제를 실천하고자 한다면 반드시 하나님의 도움을 받아야 한다. 초자연적 은혜에 의해 가능한 일이기 때문이다. 자신의 능력으로 절제를 실천할 수 있으리라 생각하는 자는 헛고생만 되풀이 할 따름이다.

절제는 모든 욕정들을 카리타스의 덕에 종속시킨다. 유한한 인간의 애착들이 지나치게 많은 대상들에 허비되지 않게 해준다. 이러한 절제가 없다면 카리타스 자체가 상실되기 쉽다. 역으로, 카리타스의 덕에 이끌림을 받아 인간의 모든 집착이 바람직한 방향을 향하게 된다면, 절제의 덕이 구현될 가능성이 높아진다. 절제가 하나님의 은혜를 통해서만 실천될 수 있다는 점을 보여주는 명문장이 있다.

당신께서 명하시는 것을 행하게 하시고 당신께서 원하시는 것을

명하여 주소서.(Da quod jubes, et jube quad vis) (10, 29, 40)

『고백록』에서, 하나님께 나아가는 길의 장애요소 혹은 그 길의 행진을 지체시키는 요인들 중 첫째는 맹목성이다. 진리의 인식을 위해서는 단지 지적 노력 그 이상이 요구된다. 『고백록』은 우리의 삶의 방식을 개혁해야 한다는 점을 깨우쳐 준다. 그리고 하나님께서 진리를 볼 수 있는 빛을 비추어주신다는 점 또한 깨닫게 해준다. 진리를 추구하는 과정에서 도덕적 열심을 태만하게 되면, 우리 영혼은 종교 무관심주의의 소용돌이에 빨려 들어가기 쉽다. 거기에서 빠져나오기란 무척이나 어렵다. 그 상태에서는 진리를 성찰하거나 탐구할 여유조차 사라져 버린다. 사실, 현대인의 삶에는 세상적인 것들로 가득차 있으며, 진리 아닌 다른 것들이 우리의 관심을 사로잡고 거기에 탐닉하게 하는 경우들이 너무도 많다.

이러한 지적, 도덕적 무관심은 자기합리화를 통해 스스로를 정당화하곤 한다. 지성만의 작용으로 이런 일이 생겨난다고 볼 수는 없다. 정욕, 두려움과 교만과 같은 의지적이고 정서적 요소들이 연루되어 있다. 자기합리화는 금지된 쾌락을 정당화하려는 정욕을 은닉시키고 결과적으로 불경건에 이르게 하는 유혹에 빠지게 한다. 예를 들어, 불경건한 습관들을 단번에 끊어버리지 못하고 지연시키는 과정에 자기합리화가 슬그머니 개입되곤 한다. 자기합리화는 교만의 도구가 된다. 그 결과 자기합리화는 영적 맹목성에 이르게 한다. 나아가, 스스로를 죄인으로 인정하기를 거부하는 단계가 되면 죄는 더 이상 구제불능이 되고 만다. 자기합리화가 깊어지면 진리에 대한 혐오로 이어진다. 자신들이 진리와는 상반되는 무엇인가를 사랑하고 있기에,

혹은 진리가 자신들의 흠결을 폭로할 것이 두려워서 진리를 혐오하는 셈이다.

우리 모두가 서로에게 이러한 경향성이 없는지 경고해주는 것이 좋을 것 같다. 현대인에게는 개인의 동기를 엄격하게 검증할 기회, 정욕과 교만에 대한 다양한 경고들이 드러날 기회가 줄어들고 있다. 우리 양심을 자주 성찰하고 세심하게 검증하면 자기합리화의 경향성으로부터 자유로워지는 데 도움이 될 듯싶다.

하나님께 나아가는 길의 또 다른 장애요소는 정욕의 문제이다. 정욕은 자기정당화를 추구하는 과정에서 합리화된 형태의 두려움과 결탁하기 쉽다. 우리는 정욕의 쾌락을 잃게 되지나 않을까 두려워하고 있다. 두려움, 정욕, 그리고 이성의 결탁은 두 단계의 결과로 이어진다. 우선, ① 스스로를 온전히 하나님의 은혜에 내어맡기기를 두려워하게 된다. 이어서, ② 정욕의 고질적인 경향성을 거절하면서도 우유부단한 상태에 빠진다. 이는 정욕의 악덕과의 아우구스티누스의 오랜 싸움에 나타난 단계들이다.

아우구스티누스 당시, 우리 시대와 다르지 않게 대부분의 무대연극은 사회적 통념을 벗어난 사랑을 공연의 주제로 삼았다. 이 주제들은 공연애호가들로 하여금 죄짓기 쉬운 정황에 빠뜨린다. 아우구스티누스가 살았던 4세기에도 그랬고 오늘날도 여전히 그렇다. 부적절한 사랑이 자아내는 슬픔에 감정이 이입된 젊은 아우구스티누스는 불량배들과 어울리고 말았다. 생각해보면, 욕정에 타락되지 않도록 지켜내려는 자세는 결코 내숭떨기라 할 수 없다. 부절적한 사랑의 무대공연이 자아낸 대리적 슬픔과 진정한 긍휼은 분명히 다르다. 진정한 긍휼은 이웃을 향한 사랑의 실천으로 이어진다. 무대공연에서 느끼는 대리적 슬픔은 관객의 상상력을 자극하는 무질서한 쾌락과 욕망일 뿐이다. 심지어 때로는 죄를 짓게 하는 경우도 있다.

아마도 행복에 이르는 길의 최대 장애요소는 의지의 분열일 듯싶다. 구체적으로 말하자면, 영혼 안에서 욕망들의 갈등하는 것이 문제이다. 상반되는 욕망들 때문에 의지는 우유부단하여 결단을 내리지 못하게 되고, 그 대상을 선택하고 추구하기를 머뭇거린다. 아우구스티누스를 오랫동안 우유부단한 상태에 머물게 한 것은 행위들을 통합시킬 주된 목적 혹은 대상을 확정하지 못했기 때문이었다. 상반되는 두 대상을 향하여 의지가 분열되어 있었던 셈이다. 그 결과, 도덕적 개선도 기약할 수 없었다.

아우구스티누스의 이러한 소극적인 모습에 일종의 교훈이 담겨 있다. 죄 짓는 습관들을 끊어버리고자 한다면, 의지의 능력을 구현함에 있어서 상반된 각각의 대상을 추구할 것이 아니라, 의지의 통합을 이루어 최종적인 목적을 추구해야 한다는 것이다. 덕을 실천하거나 악덕을 극복하려 한다면, 의지의 분열을 극복하고 의지의 통합을 이루어 분명한 목적을 지향해야 한다. 이를 위해서는 무엇보다도 하나님의 은혜를 힘입어야 하며, 그 은혜를 간구해야 한다. 하나님은 인간을 아름다움 그 자체이신 하나님을 향하도록 이끌어 주실 수 있으며, 그때 비로소 다른 대상을 향하려는 유혹을 떨쳐버릴 수 있다.

악한 습관이라는 쇠사슬과 관련하여 중요하게 생각할 것은, 악한 습관의 시초가 육체를 거스르는 것이 아니라 하나님을 거스르는 것이라는 점이다. 육체가 영을 거스르게 되는 것은 그보다 더 극악무도한 반란에서 기인한다. 인간이 하나님을 거스른 사건에 대한 형벌인 셈이다. 이러한 뜻에서, 불경건한 습관을 단절시킬 방호벽은 하나님의 율법에 대한 겸손한 순종에서 찾을 수 있겠다.

아우구스티누스가 악한 습관의 쇠사슬을 일종의 필연과도 같다고 말한 것은 아주 중요한 대목이다. 인간이 자신의 습관을 반복하는 것은 습관을 통해 쾌락을 얻을 수 있다고 생각하기 때문이다. 또는 견딜 수 없는 긴장감에 짓눌려 자신으로서는 습관의 폭력을 이겨낼 힘이 없다는 절망감으로 악한 습관의 충동에 굴복하여 그 습관을 반복하기도 한다. 따라서 악한 습관을 제거하기 전에 먼저 마음의 태도부터 바로잡는 노력이 필요하다. 다시 말해, 악한 습관의 고질적인 경향성을 거스를 수 있다는 확신이 필요하다.

아우구스티누스가 불경건한 습관들과 싸워 이겼다는 내러티브는 사악한 경향성에 사로잡혀 지내는 자들에게 소망을 주는 소식일 듯싶다. 그가 하나님의 은혜를 힘입어 습관을 이겨냈다는 내러티브는 그 이야기를 읽는 자들에게도 실현될 수 있는 이야기라는 점을 기억할 필요가 있다. 정욕의 습관을 끊어내고자 한다면, 오랜 기간 지속되어온 정신과 신체의 습관이 하루아침에 제거될 수 있는 것이 아니라는 점부터 깨달아야 한다.

『고백록』에서 교육에 관한 아우구스티누스의 예리한 관찰들은 몇 가지 요점으로 정리될 수 있겠다. ① 어린 시절에 무질서한 경향성이 나타나면 즉각 교정해주어야 한다. 그렇지 않으면, 치명적인 습관들이 생겨나서 훗날 더욱 심각해지고 말 것이다. 부모는 이러한 교정의 책무를 소홀히 해서는 안 된다. 자녀들의 악한 습관들에 대해 직접적인 책임이 있는 셈이다. ② 가정에서 부모의 권위가 상충하게 되면, 부모 중 그 어느 쪽도 효과적인 훈육을 할 수 없다. 예를 들어, 청소년기 아우구스티누스의 불경건에 대해 어머니는 계속 경고했지만, 아버지는 이교도적 관념에서 이를 승인해주었고 결과적으로 어머니의 경고는 무의미해지고 말았다. ③ 어린 시절 아우구스티누스에게 어머니 모니카가 베푼 교육은 모든 어머니들의 귀감이다. 아우구스티누스가 거짓 교설에 놀아나는 동안에도 그는 어머니가 전수해준 예수 그리스도에 대한 가르침을 기억하고 있었다. 그리스도의 이름이 없는 그 어떤 신조도 그를 매료시키지 못했던 이유가 여기 있다.

『고백록』에서 아우구스티누스는 죄의 심각성과 비참성을 강조한다. 죄란 하나님 자리를 대신하여 피조물을 추구하는 선택의 왜곡이다. 죄란 거짓을 선택한 것이다. 죄를 반복하면 가치가 왜곡되고 만다. 그 결과 진정한 선의 모조품 혹은 실체의 그림자를 추구하게 된다. 더구나, 죄는 교만에서 비롯된 의지의 왜곡이다. 인간은 하나님처럼 되고자 하되 왜곡된 방식을 택하였다. 하나님에게만 속하는 것들을 자신들의 것인 양 소유하려는 것을 말한다. 이러한 뜻에서, 교만의 다른 이름은 무질서한 자기사랑이다. 교만 혹은 이기심은 모두를 위한 보편적 선이 되시는 하나님을 추구하지 않고 오히려 하나님께 자기이익을 위한 사적인 선을 요청하는 지경에 이르게 한다.

아우구스티누스는 죄에 대해서만 아니라, 죄의 원천에 대해서도 관심을 가졌다. 그는 정욕, 호기심과 교만이 죄의 주된 세 가지 원천이라고 말한다. 이는 성경이 말하는 진리이기도 하다. 아우구스티누스가 교만과 허영심을 유혹하는 민감한 것들을 예리하게 분석해 준 것은 중요한 공헌이다. 예를 들어, 인간은 자신만 쾌락을 즐기기를 원하면서 기를 쓰고 다른 이들의 칭찬까지 받으려 한다. 아우구스티누스가 말한 점성술사들의 경우가 그렇다. 아우구스티누스는 교만한 점성술사들이 지식이란 하나님의 선물임을 인정하지 않으려 든다는 점을 지적한다. 그리고 교만과 허영심의 해독제를 소개한다. 하나님을 향한 사랑이라는 거듭난 행위에 의해, 인간의 의지를 하나님을 향해야 함을 겸손히 인정하고 자기 자신의 동기 자체를 정화시켜야 한다는 것이다.

『고백록』의 친숙한 주제, 즉 죄인에게는 죄의 형벌이 따른다는 관점은 죄가 자기파괴적인 것이라는 관점과 일치한다. 교만의 형벌로서의 맹목성, 습관적인 불경건의 형벌로서의 의지의 노예화, 하나님의 계명에 대한 불순종에 따른 전 인격의 완전한 타락 등은 죄로 인한 인간의 비참함에 해당한다. 또한 인간의 죄에 대한 애통함은 하나님의 긍휼에 속하는 것이기도 하다. 불경건한 쾌락 때문에 애통해하는 경우, 하나님을 향한 섬김과 사랑을 통해 진정한 행복을 찾아야 한다는 사실을 깨우쳐주는 방편이 되기도 한다.

죄에 대한 치유책으로 아우구스티누스가 제시한 대안은 꽤나 다양하다. 그 중에서, 선한 모범, 성경읽기, 그리고 치유하시는 은혜를 집중적으로 요약해보자. 이들 각각이 아우구스티누스에게 어떤 영향을 주었는지 쉽게 단정 지을 수는 없다. 개인 혹은 집단이 보여준 선한 모범들이 모여서 아우구스티누스에게 엄청난 영향을 주었다고 말하는 것이 좋을 듯싶다. 또한 개인보다 집단이 보여준 선한 모범은 그에게 선한 모범을 따라 살아야 하겠다는 열정에 불을 붙여주었다. 한 집단이 기쁨을 공유하고 있다는 것은 구성원들로 하여금 덕을 실천하도록 독려하고 덕의 실천을 한 층 더 용이하게 만들어 주는 요인이 될 수 있다.

성경읽기와 관련하여, 아우구스티누스는 성찰적 연구를 권한다. 그는 성경말씀을 자신의 삶에 엄격하게 적용하여 자신의 삶을 개선

했다. 그에 따르면, 성경은 겸손하신 그리스도에 대해 교훈하며, 그리스도께서는 우리에게 하나님을 모시고 섬김으로써 교만을 벗어던지라고 말씀하신다.

아우구스티누스는 성경을 연구함에 있어서 교회의 가르침을 따라야 함을 잊지 않는다. 성령께서 성경의 다양한 의미들을 보여주신다는 점, 성경에서 이러한 성령의 역사를 찾아낼 수 있고 또한 그래야만 한다는 점을 강조한다. 영감을 받아 성경을 기록한 자들은 성경을 기록하는 과정에서 진리의 빛을 따라 그 뜻이 드러나고 우리들 삶의 문제들에 실제적인 의미를 지닌 것이 되기를 바라는 마음으로 기록했다. 성경에 드러나는 모든 진리에 이러한 의미들이 내포되어 있다. 우리는 신앙에 일치하는 해석을 받아들이고 또한 그 은혜를 누릴 수 있도록 카리타스의 마음으로 성경을 읽어야 한다.

하나님 은혜의 치유능력에 관해, 아우구스티누스는 은혜야말로 모든 종류의 영적 개선 프로그램의 중요한 요소이어야 한다고 강조한다. 은혜는 그 목적을 성취하기 위하여 무척이나 다양하고도 신비한 방식으로 역사한다. 이러한 탓에, 일상적으로 영혼의 진리를 향한 여정에서 고통스러운 자기이해의 불길이 타오르는 지점 즉 죄의 암세포를 발견해내기 전까지는 우리들이 은혜의 자각증상을 느끼지 못할 수 있다. 자각증상이 생긴 이후에 우리는 은혜의 빛을 받아 우리에게 이미 은혜를 받아들이도록 하나님의 손길이 닿아 있었고 그분께 도움을 구하는 손길을 붙들어 주신다는 사실을 분명하게 깨닫게 된다. 하늘에 이르러서야 영적 웰빙을 누릴 수 있는 길고도 험난한 여정은 그때 비로소 시작된다.

이제까지 말했던 『고백록』의 윤리에 대해 열 개의 문장으로 그 개요를 정리할 수 있을 듯싶다.

1. 하나님은 인간의 목적이시며 초월적인 방식으로 인간의 모든 열망을 만족시키시는 분이시다.

2. 우정을 소중히 여기는 자들이라면, 유의해야 할 것이 있다. 하나님께서 주입시켜주시는 카리타스가 인간의 우정을 적절하게 방향 짓는 데 필수적인 요소이라는 점, 하나님께서 친구들 사이를 이어주셔야만 참된 우정이 성립될 수 있다는 점이다.

3. 카리타스의 기초는 겸손이라는 덕에 있다. 겸손의 가장 탁월한 모범은 예수 그리스도이시다. 그리스도께서는 인간을 격려하시며 그리스도를 닮아가는 자들이 되게 하시기 위해 인간의 연약함을 입으셨다.

4. 절제는 어디까지나 초자연적인 덕으로서, 절제를 위해 우리는 반드시 이렇게 기도해야 한다. '당신께서 명하시는 것을 행하게 하시고 당신께서 원하시는 것을 명하여 주소서.'

5. 자기합리화는 소망적 사고에 지나지 않으며, 양심이 스스로를 기소한 법정에 나서기를 회피하면서 즐겁지 않은 책무들은 회피하고 오히려 쾌락을 누리고자 하는 태도이다.

6. 의지의 허약함 혹은 의지의 분열은 삶의 참된 목적을 세우지 못했기 때문에 생겨나는 현상이다. 의지의 강력함 혹은 의지의 통합은 영혼의 모든 능력을 동원하여 유일한 절대적 목적에 집중하는 것이며, 이를 위해서는 의지를 분열시키는 상반되는 목적들에 마음을 쓰지 말아야 한다.

7. 악한 습관이 시작되는 원인은 육이 영을 거스르는 것이 아니라, 영이 하나님을 거스르는 데 있다. 그 결과 의지는 육체의 노예가 되어 버렸다.

8. 인간은 교만 때문에 하나님 대신 피조물 즉 실세의 그림자를 선택하고 말았다.

9. 각각의 죄에는 그에 따른 형벌이 뒤따르게 마련이다.

10. 죄를 이길 수 있게 하는 치유책 중에서 아우구스티누스가 강조한 선한 모범, 성찰적인 성경읽기, 그리고 하나님의 은혜에 유의할 필요가 있다.

옮긴이의 변명

 늘 정성껏 글을 교정해주던 조교가 졸업하면서 했던 질문이 생각난다. "목사님 글의 대부분은 아우구스티누스에 관한 것이네요. 왜 그렇게 아우구스티누스를 좋아하시는지 이유가 궁금해요." 질문을 받을 당시에는 딱히 답을 주지 못했던 것 같다. 꽤 긴 시간이 지났지만 이렇게 답해주고 싶다. 아우구스티누스 안에 내 모습이 담겨 있기 때문이라고.

 오랫동안 수많은 연구들이 쏟아져 나왔다는 점에서, 아우구스티누스를 다시 이야기한다는 것은 새삼스럽기도 하다. 그럼에도 아우구스티누스는 여전히 우리의 거울이며 우리 시대에 읽어야 하는 고전이다. 특히 『고백록』의 윤리를 집중적으로 모색하려는 시도는 새로운 시도임에 틀림없다. 이 책을 『고백록』 대신 읽는 책으로 감히 독자 여러분께 소개하는 이유가 여기 있다.

 아이러니하게도, '아마존'에서 이 책을 발견했을 때는 2009년에 출판된 것으로 알았지만, 막상 배달을 받고 보니 1951년에 출판된 박사학위 논문을 리프린트한 책이었다. 그래서인지, 각주에 소개된 문헌들의 출판년도 역시 당시의 연구를 반영하고 있다. 적잖게 고민스러웠다. 무려 60년 가까이 된 이 책을 번역하는 것이 의미가 있을까, 상대적으로 낡아버린 참고문헌들을 독자들은 어떻게 생각할까 등 여러 질문들을 상정하던 중에, 아우구스티누스의 『고백록』 자체가 시대를 초월한 고전이라는 점에서, 이 책 역시 나름대로 의미가 있을 듯싶어 번역에 착수했다. 이 점 독자 여러분께 정중히 양해를 구한다.

다만, 이 책이 『고백록』 대신 읽는 책으로 손색이 없도록 하기 위해 영어원서에서 인용한 라틴원문들은 필자의 짧은 실력이나마 충실히 번역하여 본문에 넣어보았다. 같은 의도에서, 무척이나 많은 각주들 은 종합편으로 묶어 각 장의 책 뒷부분에 배치하였다. 독자 여러분께 서 거침없이 읽어 내려갈 수 있도록 고안한 것으로 받아주시기 바란다.

이 책이 나오기까지, 많은 도움과 수고가 있었음을 기억하고 싶다. 과분한 관심과 격려로 후원해주시는 예수소망교회 곽요셉 목사님과 〈새세대 교회윤리연구소〉의 후원교회 목사님들께 깊이 감사드린다. 아울러, 번역계약으로부터 출판에 이르는 모든 과정에 기꺼이 애써 주신 북코리아 이찬규 사장님께도 감사의 뜻을 전한다. 바라기는, 이 책을 통해 아우구스티누스 안에 있는 우리들의 모습을 재발견하는 기회가 되었으면 한다.

2011년 한여름
아우구스티누스를 거울삼아 살고픈 마음에서
문시영

참고문헌

I. Texts and Translations of St. Augustine's Confessions

Campbell, James M., and McGuire, Martin, *The confessions of St. Augustine*, Books 1-9 (selections), With Introduction and Notes, New york: Prentice Hall, 1936.

Capello, Joseph, *Confessionum libri tredesim*, Rome: Maritti, 1948.

Knoll, pius, *Confessionum libri tredesim*, Leipzig: Trubner, 1898.

Labriolle, Pierre de, Saint Augustin, *Confessions*, 2 vols., a revision of CSEL text, and translated into French by the same; paris: Societe D'Edition "Les Belles Lettres," 1925-1926.

Matthew, Sir Tobie, *The Confessions of St. Augustine*, English Translation revised and emended by Dom Roger Hudleston, Lodon: Burns, Oates and Washbourne, 1923.

Pusey, Edward, *The confessions of St. Augustine*, English translation, Oxford: 1838. Reprinted by "everyman's Library"; New York: Dutton, 1936.

Sheed, Frank J., *The Confessions of St. Augustine*, English translation, Lodon: Sheed and Ward, 1949.

Skutella, Martin, *Confessionum libri tredecim*, revision of CSEL text, Leipzig: Teubner, 1934.

Vega, Angel, *Obras de San Agustin*, "Bibliotheca de autores cristianos"; Madrid: La Editorial Catolica, S.A., 1946.

Wangnereck, Heinricus, *Notae in Confessiones Sancti Augustini*, Dillinges, 1631. Rome. Reprinted by Mariettl, 1938.

II. Literature

A Monument to St. Augustine (Symposium), London: Sheed and Ward, 1930.

Aquinas, Thomas, *Summa Theologica*, with notes by De Rubeis, Billuart, and others, Rome: Marietti, 1938.

Adler, Mortimer, *What Man Has Made of Man*, New York: Longmans, Green and Co., 1937.

Alfaric, Prosper, *L'evolution intellectuelle de saint Augustin*, Paris: Nourry, 1918.

Allers, Rudolph, *Self Improvement*, New York: Benziger, 1939.

Aristotle, *Nichomachean Ethics*, translation by Browne, London: Henry G. Bohn, 1914

Augustinus, Sanctus Aurelius, *Contra Adversarium Legis et Proghetatum*, ML 42.603-666.

_____, *Contra Academicos*, CSEL, de. by P. Knoll, 1922, 63.3-81.

_____, *Contra Adimantum Manichaeum*, CSEL, ed. by J. Zycha, 1891, 25.115-190.

_____, *Contra Faustum Manichaeum libri tres et triginta*, CSEL, ed. by J. Zycha, 1891, 25.251-787.

_____, *De Civitate Dei libri viginti et duo*, 2 vols., ed. by B. Dombart-Kald, fourth edition; Leipzig: Teubner, 1928-1929.

_____, *De Doctrina Christiana libri Quattuor*, ML 34.15-122.

_____, *De Dono Perseverantiae ad prosperum*, ML 45.993-1034.

_____, *De Libero Arbitrio libri tres*, ML 32.1221-1310.

_____, *De Musica libri sex*, ML 32.1081-1194.

_____, *De Trinitate libri quindecim*, ML 42.817-1098.

_____, *De Vera Religione*, ML 34.121-172.

_____, *Epistola* 231, CSEL, ed by Al. Goldbacher, 1911, 57.504-508.

_____, *Enarrationes in Psalmos*, ML 36.57-1028.

_____, *Quaestiones in Heprareuchum*, CSEL, ed. by J. Zycha, 1895, 28: 2.3-506.

_____, *Retractationes libri duo*, ML 32.583-656.

_____, *Sermones*, 1-363, ML 39.1493-1638.

Battifol, Pierre, *Le Catholicisme de saint Augustin*, Paris: Gabalda, 1929.

Bourke, Vincent, *Augustine's Quest of Wisdom*, Milwaukee: Bruce, 1945.

Boyer, Charles, *Christianisme et Neo-Platonisme dans la formation de saint Augustin*, Paris: G. Beauchesne, 1920.

_____, "De fundamento moralitatis secundum Sanctum Augustinum, " in *Acta Hebdomadae Augustinianae-Thomisticae*, Turin: 1931, 97-109.

_____, *Essais sur la doctrine de saint Augustin*, Paris: G. Beauchesne, 1932.

_____, *L'idee de verite dans la philosophie de saint Augustin*, Paris: G. Beauchesne, 1920.

Burkitt, Francis, *The Religion of the Manichees*, Cambridge University Press, 1925.

Garvey, Sister Mary Patricia, *St. Augustine: Christian or Neo-Platonist?* Milwaukee: Marquette University Press, 1939.

Gilson, Etienne, *Introduction a l'etude de saint Augustin*, Paris: J. Vrin, 1931.

Henry, Paul, *Plotin et L'Occident*, Louvain: 1934.

Hughes, Philip, *A History of the Church*, vol. three, New Youk: Sheed and Ward, 1947.

Maritain, Jacques, "St. Augustine and St. Thoman, " in *A Monument to St. Augustine*, London: Sheed and Ward, 1930, 199-223.

Mausbach, Joseph, *Die Ethik des heiligen Augustinus*, 2 vols., 2 ed., Freiburg in Br., 1929.

Merkelbach, Henry, *Summa Theologiae Moralis*, 2 vols., Paris: Desclee, 1938.

Migne, Jacques, Patrologiae Cursus Completus, Series Latina, 221 vols., Paris: 1843-1864.

Moore, Thomas V., *Personal Mental Hygiene*, Grune and Stratton, New York: 1944.

Ottley, Robert L., *Studies in the Confessions of St. Augustine*, London: Scott, 1919.

Platz, Philipp, *Der Romerbrief in der Gnadenlehre Augustins*, "Pontificia Universitas Gregoriana, " Wurzburg: Rita-Verlag und Druckerei, 1937.

Portalie, Eugene, "Augustin, " in *Dictionnaire de Theologie Catholique*, Paris: 1909, 1.2268-2472.

Roland-Gosselin, Bernard, "St. Augustine's System of Morals, " in *A Monnument to St. Augustine*, London: Sheed and Ward, 1930, 225-248.

_____, *La morale de saint Augustin*, Paris: Riviere, 1925.

Sales, St. Francis de, *Oeuvres de saint Francois de Sales*, vols. 13-14, Annecy: Abry, 1906.

Switalski, Burno, *Plotinus and the Ethics of St. Augustine*, Chicago: Capitos Press, 1946.

Tertullian, *Liber de praescriptionibus adversus haeretico*s, ML 2.9-74.

Van Hoonacker, A., *Les Douse Petits Prophetes*, Paris: J. Gabalda, 1908.

찾아보기

고백록, 윤리를 말하다
『고백록』과 함께 읽는 아우구스티누스의 윤리

2011년 8월 5일 초판 인쇄
2011년 8월 10일 초판 발행

지은이 l 존 F. 하비
옮긴이 l 문시영
펴낸이 l 이찬규
펴낸곳 l 북코리아
등록번호 l 제03-01240호
주소 l 462-807 경기도 성남시 중원구 상대원동 146-8
       우림2차 A동 1007호
전화 l 02-704-7840
팩스 l 02-704-7848
이메일 l sunhaksa@korea.com
홈페이지 l www.bookorea.co.kr
ISBN l 978-89-6324-137-1 (93230)

값 17,000원

* 본서의 무단복제를 금하며, 잘못된 책은 바꾸어 드립니다.
* 이 책은 2011년 새세대 교회윤리연구소(NICE)의 지원을 받아 번역, 출판되었습니다.
* 이 도서의 국립중앙도서관 출판시도서목록(CIP)은 e-CIP홈페이지(http://www.nl.go.kr/ecip)와
  국가자료공동목록시스템(http://www.nl.go.kr/kolisnet)에서 이용하실 수 있습니다.
  (CIP제어번호: CIP2011003252)